AF392284

* 9 7 8 9 7 7 6 7 4 3 9 0 8 *

أزمة تعلُّق

د. ماهر عبد الحميد

أزمة تعلُّق

أنماط التعلُّق والعلاقات الحميمية

alkarmabooks.com

facebook.com/alkarmabooks

twitter.com/alkarmabooks

instagram.com/alkarmabooks

عبد الحميد، ماهر.

أزمة تعلق / ماهر عبد الحميد ـ القاهرة: الكرمة للنشر، ٢٠٢٢.

٣٢٠ ص؛ ٢٠ سم.

تدمك: 9789776743908

١ـ التنمية البشرية

أـ عبد الحميد، ماهر

بـ العنوان

رقم الإيداع بدار الكتب المصرية: ١٦٥٨ / ٢٠٢٢

٢٤٦٨١٠٩٧٥٣١

تصميم الغلاف: كريم آدم

إهداء

إلى نديم، وإلى فيروز
«حبي وشغفي».

إلى كل من أحب وشغف بأحدهم
أو يحب ويشغف بأحدهم
أو تمنى لو كان أحب وشغف بأحدهم
أهدي إليكم كتابي الأول: «أزمة تعلُّق».

المحتويات

مقدمة

الإنسان كائن اجتماعي، اتولد وكبر واتكونت شخصيته في وجود الآخر وبالتفاعل معاه. الآخرون بيشكلونا نفسيًا وعقليًا، وبيأثروا على صحتنا النفسية والجسدية ورفاهيتنا وسعادتنا.

عشان كده العلاقات الإنسانية مهمة، مهمة لأنها جزء منا ومن تكويننا، مهمة لأننا بيها ومعاها بنمارس أنفسنا وإنسانيتنا، نختبرها ونعيشها ونطوِّرها ونعيد تشكيلها، وهي أيضًا بتطورنا وتعيد تشكيلنا. العلاقات رفقة في الرحلة، ونس واطمئنان ومشاركة وتجاور وأحلام مشتركة للمستقبل ولباقي الرحلة.

وعشان الرفقة تبقى حلوة، محتاجين نكون أنفسنا الحقيقية كما هي بدون تزييف، نعبَّر عن أنفسنا ونمارسها ونختبرها بحرية أمام عيون متقبلة ومعجبة ومقدرة بدون خوف.

وعشان ده يحصل، محتاجين ثقة وأمان، محتاجين علاقة آمنة، بيت آمن، نسكنه ويحمينا ونرتاح فيه ونستمد منه الدعم والتشجيع، عايزين بيت يفهمنا ويحس بينا ويستجيب لينا ونشوف نفسنا فيه.

علاقاتنا الأولى بالأم والأب والمحيطين (علاقات التعلُّق الأولى)، كانت أول علاقات تشكلنا وتبنينا، تصبنا في قوالبها، وتغرس فينا خارطة طريق وبرامج للتعامل مع الآخرين في علاقاتنا المستقبلية، وخاصة علاقاتنا القلبية وطريقتنا في تربية أطفالنا.

أوقات الأمور كانت حلوة، وقِدرنا نتصب في قالب مرن، وتتغرس فينا خرائط لعلاقات آمنة، نظرة مطمئنة لأنفسنا وللآخرين وللدنيا والعلاقات، نظرة كلها تفاؤل وأمل في بكرة.

وأوقات اتصبينا في قوالب جامدة كتفتنا وخلتنا نشوف الدنيا من منظور واحد، وبنتعامل معاها بطريقة محددة مش قادرين نفلت منها. اتغرست فينا خريطة ألغام، كلها خوف وتحذيرات ورعب، خايفين من كل خطوة ومن كل شخص ومن أنفسنا كمان، خايفين من الدنيا.

يمكن الخوف من الحب أو الارتباط أو الهجر، في الأصل أزمة تعلُّق.

يمكن غيرتنا وخناقاتنا وتحكماتنا، في الأصل أزمة تعلُّق.

يمكن هروبنا في جلدنا أو انفعالاتنا المبالغ فيها، أو عدم استمتاعنا الجنسي أو العاطفي، أو سر انجذابنا لأشخاص معينين، هي أزمات تعلُّق.

يمكن شكل النهاية وما بعد النهاية حصل قبل كده أثناء أزمة تعلُّق.

يمكن استمرارنا في علاقات سيئة، أو عزلتنا، أو تكرارنا لعلاقات مسيئة، أو إحساسنا بعدم الأمان، ومخاوفنا، وشكوكنا، هي أزمات تعلُّق.

حسب نظرية التعلُّق، إحنا اتولدنا متبرمجين بالرغبة والغريزة إننا

نكون قريبين ومتصلين بالآخرين، وعلى الأخص بشخص واحد أقوى وأكثر حكمة، نشعر معاه بالأمان والحماية والطمأنينة، ونقدر نواجه ـ في وجوده ـ أعباء وضغوط الحياة اليومية، ونتذوق المتعة والرفقة والونس.

هذا الكتاب يقدِّم نظرة عامة على نظرية التعلُّق وأنماط التعلُّق وتأثيراتها على العلاقات الحميمية والعلاج، يمكن يقدر يقدم لنا خريطة حب للحصول على ما نتمناه من علاقات قوية وحميمية وقرب ورفقة.

الجزء الأول

نظرية التعلُّق
نظرة عامة

تمهيد

التعلُّق هو رابطة أو ارتباط عاطفي ونفسي ثابت ومستمر مع شخص آخر.

البداية كانت من عالم نفسي بريطاني اسمه جون باولبي، اللي شاف إن الأطفال بيتولدوا بغريزة داخلية اسمها «غريزة التعلُّق»؛ غريزة إنشاء علاقة عاطفية، هدفها الاقتراب جسديًّا وعاطفيًّا من شخص ما يقدم لهم الحماية والاطمئنان. وشاف إن ده ضروري لبقاء الطفل حيًّا، ولنموه العقلي والعاطفي والاجتماعي، وإن الميل للتعلُّق بيستمر معانا طول العمر في صداقاتنا وعلاقاتنا الحميمية، متأثرين بطبيعة ومواصفات العلاقة الأولى، العلاقة مع الأم.

قبل باولبي كان الاعتقاد إن الطفل بيرتبط عاطفيًّا بمن يطعمه ويهتم بيه، لكن باولبي قال إن الطعام مش هو العامل المهم للتعلُّق، إحنا بنرتبط عاطفيًّا بمن يحتوي تقلباتنا الداخلية ويساعدنا أن نهدأ، من يلاعبنا ويحمينا ونطمئن بجواره، من يساعدنا على التعامل مع بحر العواطف العاصف حتى نستقر.

هدف التعلُّق الأساسي هو تخلص الطفل من توتراته الداخلية، ومساعدته على تنظيم وإدارة مشاعره السلبية، وتلبية احتياجاته وتهدئته حتى يعود لحالة التوازن والسكينة، حالة الشبع.

الطفل بيخرج للعالم وهو كيان عاطفي بدون أدوات تحكم في اندفاعاته أو تهدئة لانفعالاته، وتدفعه غريزة التعلُّق (الرغبة في القرب من أجل الحماية والطمأنينة) إلى التصرف بهدف جذب انتباه الآخرين للاهتمام به عن طريق البكاء والابتسام والأصوات الطفولية. إحنا الكبار عندنا الغرائز المكملة، غريزة الرعاية، بننجذب للوجوه الطفولية البريئة والمستديرة والعيون الكبيرة المستعطفة والداعية إلى الاهتمام والرعاية.

من خلال التفاعل اليومي بين الأم والطفل، الحوار اليومي، الرقصة اليومية، البكاء والمناجاة من الطفل، والحضور المحب المستجيب والمتفاني من الأم، بتنشأ علاقة عاطفية بين الاثنين وتقوى مع الوقت.

طبيعة العلاقة وجودتها وأمانها بتتوقف على مقدم الرعاية، الأم، على وجودها العاطفي، وحساسيتها لعالم الطفل الداخلي، وإشاراته الجسدية (بكائه مثلًا)، وفهمها واستجابتها الكافية والثابتة المستقرة. لما الطفل يعرف إن الأم قريبة ومنتبهة لما يشعر به، ويلاقيها بتقدم له ما يريد بشكل كافي وباستمرار، يطمئن لوجودها، ويثق إنها يمكن الاعتماد عليها، ويثق في نفسه إنه محبوب ومهم ومسموع ومُعتنى بيه ويستحق.

التعلُّق وتنظيم الانفعالات

ما هدف التعلُّق إذن؟

هدف غريزة التعلُّق هو الاقتراب من آخر محب ومتقبل نشعر معه بالأمان، ونستطيع أن نطمئن في وجوده، وأن يساعدنا أن نطمئن، وأن نتعامل بكفاءة مع مشاعرنا السلبية.

هدف التعلُّق هو الوصول للسلام والتوازن والاستقرار النفسي والسكينة، ومساعدتنا على اكتساب المتانة والمناعة النفسية.

التعلُّق في الحالة دي هو عملية تنظيم للذات، وإدارة للمشاعر، عن طريق رقصة ثنائية متزامنة ومتناغمة بين الأم وطفلها، بتقوم فيها الأم بدور المنظم لمشاعر الطفل، بتسلفه جهازها النفسي عشان تساعده ينظم توتراته.

الطفل بيتولد ككيان عاطفي، تحت رحمة توتراته وجهازه العصبي الحساس والمتهيج وغير المستقر، والطفل ما يقدرش بمفرده يتعامل مع كل هذا الكم من المشاعر الطاغية من الخوف أو الألم أو الانزعاج أو الجوع أو الغضب، ما بيقدرش يهدِّي ويحتوي ويطمن نفسه. غريزة التعلُّق بتنشط وبتخليه يبكي عشان حد ينقذه، إن الأم تحضر وتفهم هو عايز إيه. مع الوقت الأم بتقدر تفرق بين أنواع البكاء، وبتعرف الطفل محتاج إيه، بتحضنه وتضمه وتهدِّيه بصوتها الدافي، وبنظرات عينيها الحنينة، وبتعبيرات الوجه الهادية والمحبة، وباستقرارها العاطفي. الطفل لما يسمعها ويلمسها ويشمها ويحسها ويشوفها، بيبدأ في الهدوء والاطمئنان، ويبدأ يلعب معاها ويناغيها وتلعب معاه وتناغيه. أثناء الرقصة الثنائية دي، الطفل بيشوف نفسه في عينين أمه المحبة

والمعجبة والمتقبلة، وبيتعرف على نفسه تدريجيًّا. «بتعيط ليه؟ إنت زعلان؟ إنت جعان؟ مين مزعلك؟ إنت خايف؟ عايز ماما؟ أنا هنا جنبك. اطمن»، بالكلمات البسيطة دي بيبدأ يعرف نفسه، ويبدأ وعيه بيها وبوجودها وأهميتها وتأثيرها، ويبدأ في تعلم لغة العواطف والتعبير عن نفسه.

أحيانًا الأم ما بتاخدش بالها لما يبكي وينادي، فيزيد من البكاء لحد ما تيجي. أوقات ما تفهموش ولا تعرف هو بيبكي ليه، فيستمر في البكاء لحد ما تعرف. أوقات ما تعرفش تهدِّيه وتطمنه أو تستعجل أو تكون استجابتها غير كافية، فيحبط الطفل ويغضب، ويفقد الثقة فيها لفترة، وبتتلخبط الرقصة اليومية وحالة التناغم بس بترجع من جديد.

الطفل بيتعلم من الرقصة دي إن الأحوال السلبية بتيجي وتنتهي، وإن الأمور هتبقى على ما يرام، وبيتعلم إزاي يعبر، وإزاي يطلب اللي محتاجه، وأهم حاجة بيعرفها؛ إن فيه كيان مهتَّم ومنتبه له وبيحبه وبيحس بيه وبيفهمه وبيصدقه وواثق إنه موجود ويقدر يتسند عليه، ومن هنا يبدأ يحس بالأمان.

وفي حالات الإحباط وفقدان التناغم، بيتعلم الطفل إن دي طبيعة العلاقات، وإن الآخرين أوقات مش هينتبهوا لنا ولا هيفهمونا أو يحسوا بينا، وإننا ممكن نفقد التناغم والانسجام والتواصل مع الآخر، أو إننا أوقات ما نحصلش على اللي محتاجينه وعايزينه أو نحصل على أقل مما نريد، أو إننا نتعرض للإخفاق. وبيتعلم إننا أثناء الأزمات دي محتاجين الصبر والقبول، والتفاؤل بإنها هتتحسَّن والأزمة هتنتهي، وإننا نحاول نتعلم أدوات جديدة لجذب الانتباه، وللتعبير بشكل

أفضل عن أنفسنا عشان نساعد الآخر يفهمنا بشكل أفضل، وإننا نحاول تحسين التواصل واستعادة الثقة والانسجام من جديد.

كل الأحوال النفسية دي بتنتقل إلى عالم الطفل الداخلي وبتستقر في وجدانه، حالة الاحتضان والاحتواء والفهم والحساسية، حتى حالة الأرجحة والحمل على الأيدي والاتصال بالجلد والصوت وتعبيرات الوجه بتتخزن في القلب والجسد معًا.

وده دور التعلُّق وهدفه الأساسي: المتانة النفسية وإدارة المشاعر، الأمان والثقة، المتعة والمشاركة والانسجام.

استجابة الأم لأحوال الطفل بتتسمى بـ«عملية الدوزنة»، الأم وكأنها بتعيد التناغم والانسجام للطفل المضطرب.

الدوزنة هي قدرتنا على إننا نحس باللي جوه شخص تاني، نشوفه ونسمعه ونفهمه ونشعر بعالمه الداخلي، إننا نقدر نعرف حالته الداخلية ونتفاعل معاه في تجربته العاطفية. ودي بتعتمد على حضورنا النفسيّ المحب وانتباهنا الكامل والإنصات العميق والتفهم للآخرين ومشاعرهم.

الدوزنة والقدرة على التناغم هما جوهر إدارة الانفعالات والمتانة النفسية والركن الأساسي في تكوين الشخصية وفي إقامة علاقات حميمية مهمة ومشبعة وصحية.

لما الأم بتقدِر تنتبه وتستجيب للطفل وتحتويه بتنمو علاقة آمنة بينهم. شعور بالأمان بيساعده يستمر في النمو العاطفي والعقلي والاجتماعي بشكل صحي. بتتحول الأم إلى قاعدة أمان له، يطمئن لوجودها فيقدر يخرج ويلعب ويستكشف. وكل شوية يرجع يطمئن

لوجودها، ويقول لها على اكتشافاته، ويعتبرها الملاذ الآمن والملجأ اللي بيجري يستخبى في حضنه لو تعبان أو خايف أو زعلان.

قاعدة أمان وملاذ آمن

إحنا بنتولد وعندنا غريزتين عكس بعض: غريزة التعلُّق (إقامة علاقة)، وغريزة الاستكشاف والتعلُّم (الاستقلالية).

غريزة التعلُّق: أنا بادوَّر على حد يحميني ويرعاني ويطمني، عايز الأمان، واللي بينشط الغريزة دي هو الشعور بالخوف.

غريزة الاستكشاف والتعلُّم: غريزة التوسع والمعرفة واكتساب الخبرات وإثراء الذات والتجريب والفاعلية والنمو واللعب والعمل والبحث عن المتعة والإنجاز، والغريزة دي بتنشط لما نكون مطمنين وحاسين بالأمان اللي بيملانا بالشغف والفضول.

الغريزتين دول ما بيشتغلوش مع بعض. لو غريزة التعلُّق اتنشطت بسبب الخوف والتهديد، غريزة الاستكشاف والانطلاق والتعلم بتتوقف عن العمل، ويعود الطفل للبحث عن قاعدة أمانه أو يتأكد من وجود الأم قريبة منه. بنشوف ده في عودة الطفل لأمه وهو بيبكي لما بيتصاب أو يخاف، وفي نظرات عينيه اللي بتدوَّر عليها لما تختفي، وفي ندائه وبكائه المرير لما يتوه عنها أو يبعد، وفي خجله وانطوائيته وهي غايبة.

لما باعوِّد الطفل ويلاقي الأم مرحبة ومهتمة وباقية بيطمن، وتنطفي غريزة التعلُّق تدريجيًا لتشتعل غريزة التعلم والاكتشاف واللعب مرة أخرى.

عن طريق العلاقة دي مع الأم بيتعلم التوازن بين الأمان والاكتشاف. البقاء بجوار الأم مطمئن، لكنه بيحرمه يكون نفسه، وبيحرمه من التعلم واكتساب الخبرات. والانطلاق والاستقلالية، بيحرمه الأمان والسند اللي بيعتمد عليه.

عشان كده العلاقة الآمنة مع الأم بتغرس جواه قاعدة أمانه، عشان يقدر يستقل وينطلق وهو مطمئن إن هناك من هو موجود لأجله لما يحتاجه، وإن الأم مستنياه لو احتاج مساعدة أو راحة أو دعم. بيؤمن إن له بيت باقي ودافي ومفتوح، سكن له، سند وضهر يستطيع الاعتماد عليه من غير تردد.

نمط تعلُّق آمن

باولبي بيقول إن العلاقة الأولى بتمنحنا نمط ثابت للعلاقات، بيأثر في طريقتنا لتقييمها وتثمينها وكيفية التصرف داخلها وتوقعاتنا منها (العلاقة دي مهمة؟ تستاهل؟ نتصرف إزاي مع الآخر؟ عايزين منها إيه؟).

لما العلاقة بالأم بتبقى آمنة، بتبقى بوصلة داخلية وخريطة حب، نموذج للحميمية اللي بيرغبها ويرغب في منحها. وبنبقى وإحنا أطفال أو كبار واثقين من نفسنا ومن استحقاقنا للحب والاهتمام، وواثقين من الآخرين، وإنهم محبين وطيبين وهيهتموا بينا ويدعمونا لما نحتاج، وإن الحياة آمنة وكريمة. وبيبقى عندنا إحساس قوي بذاتنا وقادرين نعبر عنها، ومنتبهين لحدودنا ونقدر ندافع عنها. وبنكبر مستقلين من غير خوف من الحميمية والاقتراب، ومحبين ومهتمين

من غير خوف من الهجر ومن غير إلغاء للذات. ونملك متانة ومناعة نفسية تخلّينا قادرين على تنظيم مشاعرنا القوية وتقلباتها من غير ما نفقد السيطرة. ونملك من الذكاء العاطفي اللي يخلّينا قادرين على فهم الآخرين والانسجام معهم واحتوائهم.

الوضع ده مثالي، لكن للأسف ٦٠٪ تقريبًا فقط من الأطفال بيقدروا يكوّنوا نمط تعلُّق آمن، والبقية في أنواع مختلفة من أنماط التعلُّق غير الآمنة (القلِقة والمليئة بالمخاوف).

إيه اللي حصل لهم؟

تعلُّق غير آمن (الخائفون)

عشان الطفل يقدر يكون نمط تعلُّق آمن محتاج يجاوب بنعم على التلات أسئلة الآتية:

١- هل أمي قريبة وموجودة؟

٢- هل أمي منتبهة لي وواخدة بالها مني؟

٣- هل أقدر أعتمد على إنها هتستجيب لاحتياجاتي وتقدر تطمني وتهدِّيني كويس وباستمرار من غير تقلبات فجائية؟

لو الطفل كوّن قناعة على أي سؤال من دول إن الإجابة «لا»، بيكوّن علاقة تعلُّق قلِقة وغير مطمئنة.

شايف إنها مش موجودة ولا فاضية له ولا واخدة بالها، ولا قادر يثق إنها هتطمنه وتلبي احتياجاته، أو متقلبة بين الحضور والغياب، الاهتمام وعدم الاهتمام، بيحصل عدم إشباع لاحتياجات التعلُّق (الأمان والحماية والرعاية والتطمين)، ويبقى الطفل في حالة الخوف

والكرب من غير وجود لحد يهتم بيه ويطمئنه ويساعده، ويفضل جهازه العصبي إما في حالة ترقب وقلق زائد ومستمر، أو يحاول يكبت مشاعره عشان ما يحسش بالانفعالات والخوف، ويتكون جواه نمط تعلُّق غير آمن ومليان بالمخاوف.

العالم باولبي شايف إن الطفل لما تنشط عنده غريزة التعلُّق بسبب الخوف أو التهديد بيبدأ يدور على الأم سواء ببصره أو بالنداء أو بالبحث، ولو فشل في الوصول إليها أو ما لقاش استجابة بيحس باليأس والاكتئاب.

إحنا محتاجين نمط دائم وثابت للتعامل مع المشاعر السلبية والكروب، وإلا هنفضل في دائرة الخوف والتحفز باستمرار. وبالتالي هنفقد القدرة على التعامل الصحي مع التقلبات الداخلية والضغوط الخارجية.

وجدت عالمة النفس الكندية ماري أينسورث، في تجربتها لدراسة ردود أفعال الأطفال عند رحيل الأم، إن بعض الأطفال أظهروا تعلُّقًا قويًّا بأمهاتهم، والبعض الآخر أظهروا ردود أفعال مختلفة وغير صحية، بما فيها الغضب تجاه الأم عند عودتها. ووجدت أن هناك ثلاثة أنماط للتعلُّق (للعلاقة) بين الأطفال وأمهاتهم ولاحقًا أضيف نوع رابع:

١– النمط الآمن: يظهر توتر وانزعاج مع رحيل الأم، ويطلب التهدئة، ويهدأ بسهولة عند عودة الأم.

٢– النمط التجنبي اللامكترث: لامبالي، ولا يوجد تفضيل للأم عن الغرباء (مفيش فرق).

٣- النمط القلِق: يظهر مستوى عالي من التوتر عند رحيل الأم، وعند عودتها يظهر سلوك متناقض، يطلب تهدئتها له وفي نفس الوقت يحاول عقابها على الرحيل.

٤- النمط التجنبي الخائف: ملوش شكل واضح للتعامل.

التعلُّق غير الآمن هو طريقتنا في العلاقات عندما تصبح رابطتنا العاطفية ملوثة بالخوف، وتمتلئ بثقوب المخاوف والشكوك وعدم الثقة.

عندما يلوث الحب بالخوف والشكوك يصبح طعمه مريرًا، وحالته متقلبة وغير مستقرة، إما منكمشًا وخائفًا من التجلي والاقتراب، أو متعلقًا مذعورًا وغاضبًا خائفًا من الهجر والرحيل.

النمط الآمن
السعيد في الحب

بيتقال عليه النمط المتوازن عاطفيًّا وعقليًّا (حوالي ٥٠-٥٥٪).
لو إنت من النمط الآمن ممكن تلاقي نفسك بتقول الكلام الآتي:

ـ كتير من الناس أهل للثقة ويُعتمد عليهم.

ـ باعبَّر عن مشاعري وأفكاري بهدوء وسلاسة، وباحب أشاركها مع اللي باحبهم، وباحب هما يعملوا كده برضو، ومتوقع منهم استجابة، وما باخافش من زعلهم ورفضهم ولا إني أكون عبء.

ـ مبسوط في أغلب علاقاتي، وباحب العلاقات القوية وما باخافش منها، وبرضو ما باخافش أكون لوحدي.

ـ لو اللي باحبه طلب الانفصال هازعل شوية وبعدين هاتجاوز الموقف.

ـ ما باخلقش الكثير من الدراما في العلاقات.

ـ ما باشكش في العلاقة مع كل خناقة، وما باخافش من الخناقات.

ـ ممكن أبان للبعض ممل أكتر مني مستقر.

ـ باقدر أعبر عن اختلافي بسهولة، وما باخافش من زعل حد.

ـ باغير بس باتجاوز الغيرة بسرعة.

ـ لو اللي باحبه اتصرف ببرود باسأل إيه اللي حصل، بس ما باشغلش بالي كتير.

ـ باحترم وأقبل الآخرين كما هم، وأتوقع إن اللي باحبه يحترمني ويقبلني كما أنا.

ـ باتوقع إن الآخر يكون حساس ومستجيب لاحتياجاتي ومشاعري بطريقة ملائمة.

ـ باسيب نفسي أحس مشاعري، بس نادرًا ما بافقد السيطرة.

ـ أنا قادر على التفهم والتجاوب واحتواء الآخر.

ـ أنا متوازن بين احتياجاتي للحب واحتياجاتي للإنجاز والنجاح والحرية.

ـ لما أنضغط باقدر بسهولة أطلب الدعم والتطمين من الشريك أو الأصدقاء.

من أين جاء أصحاب النمط الآمن؟

برغم إن مفيش والد مثالي ولا طفولة مثالية، فالنمط الآمن اتكوَّن نتيجة نموذج تربية غرس داخل الطفل الشعور بالثقة في قيمته وقدراته، الإيمان إنه قادر على الحصول على الحب والرعاية من الوالدين بشكل منتظم وثابت ومستقر.

الطفل بيثق في الآخرين لما الأم تمنحه الحب والرعاية والأمان بشكل كافي وثابت، ويقدر يكوِّن قناعة بإن «هناك من يهتم لأمره وموجود علشانه، ويستطيع اللجوء إليه والاعتماد عليه».

أصحاب النمط الآمن في الطفولة

النمط الآمن كطفل هو الأكثر شعبية من أقرانه والأسعد حالًا. وكمراهق بيقدر يعبر عن خبراته الشعورية، والتعامل مع الخلافات، وأكثر توكيدية لذاته، وفي نفس الوقت قادر على تفهم وجهات نظر والديه، وأوقات بيغضب من والديه لكن مش بدرجة كبيرة. كمان انتقاله للجامعة أكثر سلاسة ويسر من غيره.

أصحاب النمط الآمن في الرشد

النمط الآمن بيمتلك رؤية صحية للعلاقات وطرق متوازنة للتعامل معها، بيقدر يكوِّن علاقات قوية وعميقة بسهولة.

النمط الآمن متكامل عاطفيًا ومعرفيًا، ومتوازن بين الحميمية والاستقلالية، يقدر يحب بدون ما يلغي ذاته. اللي بيساعده إنه واثق من نفسه وقيمته وجدارته واستحقاقه للحب والاهتمام، وإحساسه الجيد بالمواجدة والتعاطف تجاه الآخرين، وإنه بيقدر يثق في الآخرين ويقدر يعتمد عليهم بسهولة.

ثقته بنفسه بتخليه يقدر يكون نفسه كما هي من غير تزييف، ويقدر يعبر عن مشاعره وأفكاره للآخرين من غير خوف من الرفض. ولو حصل وتم رفضه لأي سبب، ثقته بنفسه وقيمته واستحقاقه ما بتتهزش، وما بيتألمش بشكل كبير بسبب رفض الآخرين وأفكارهم السلبية عنه. ذكاؤه الاجتماعي بيخلي عنده قدرة عالية على التواصل الجيد. وذكاؤه الاجتماعي وتواصله الجيد بيساعدوه على العمل في فريق، والتعاون مع الآخرين، وفهم الرسائل العاطفية المرسلة من الآخرين

والاستجابة لها بكفاءة، وبيعرف يكسب ثقة زملائه لأنه واضح ومعبر ومفهوم. كل ده بيخلي الشخص الآمن أكثر نجاحًا ودخلًا.

النمط الآمن في العلاقات

- النمط الآمن شخص مستقر نفسيًّا، ويستطيع أن يكوِّن قاعدة أمان لنفسه ولغيره، وده ركن أساسي لنجاح العلاقات.

- شخص شايف نفسه يستاهل يتحب، وإنه قادر على فعل ما يلزم للحصول على علاقة تقدم الحب والاهتمام اللي يستاهله، عشان كده ما بيخافش من الرفض، ولا بيلغي ذاته، ولا بيقبل علاقات غير صحية.

- ثقته إن الآخر متاح ومحب ومهتم وموجود عشانه لما يحتاجه، بتخليه يتسند عليه وهو مطمن.

- لأنه معبر وواضح فما بيحبش الألعاب النفسية.

- مش خايف من الفقد والهجر، وعارف إنه يقدر يتجاوزهم لو حصلوا، وده بيخليه قادر على الاستمتاع بالحب.

- رؤيته المتوازنة للعلاقات إنها هات وخد، وتبادل الدعم والحب والتطمين والرعاية والاهتمام والمشاركة بتخلي طريقته متوازنة بين الاهتمام بحقوقه وحقوق الآخر. وعارف إن العلاقة بتتبني باتنين، عشان كده عارف مسؤولياته، ومتوقع إن الآخر عارف مسؤولياته.

- عنده من الذكاء العاطفي اللي يسمح له باحتواء الآخر وحل الخلافات معه بشكل جيد.

إيه الفرق بين النمط الآمن والأنماط الخائفة والقلقة؟

قدرة النمط الآمن إنه يحس مشاعر الآخرين والتناغم معهم، بتخليه قادر يفهمهم، ويظبط موجته مع حالتهم، ويتجاوب معاهم، ويتحمل المشاعر السلبية من غير ما ينزعج، وده بيعمق التناغم والانسجام، واطمئنانهم واستقرارهم النفسي بيتنقل للآخر فيحس بالأمان والاستقرار، وده بيخليهم أفضل محبين وأمهات وآباء وأصدقاء ومعالجين. وده الفرق الأساسي بينهم وبين غير الآمنين (الخائفين القلِقين).

اتنين من العلماء اسمهم فونجي وماين، بيقولوا:

أكثر صفة تفرق بين النمط الآمن والأنماط القلِقة، هي قدرة الأول على معرفة ما يجعل الناس يتحركون، أن يعرف دوافعهم واهتماماتهم، وأن يعرف صراعاتهم الداخلية، وأن يملك الفهم لأسباب تصرفات والديهم في السابق.

النمط الآمن يملك رؤية إيجابية لنفسه وللآخرين، وعنده مستوى منخفض من الخوف من القرب والحميمية، ومستوى منخفض من الخوف من الهجر، وده بيخلي علاقاته الحميمية قوية. ممكن تكون علاقاته غير كاملة، بس هو مرن بما يكفي للتعامل والتكيف مع ما تأتي به الحياة.

قدرة الآمن على تطوير الحميمية وتقويتها مرتفعة، لأنه بيقدر يعبر عن مشاعره وحبه، وعنده من الأمان الكافي اللي يخليه يفتح قلبه وينكشف على الآخر بسهولة، وبيقدر يتفهم احتياجات الآخر للمساحات والاستقلالية. كمان بيقدر يقيِّم العلاقة والآخر والصعوبات

والاختلافات بموضوعية. ومهارات التواصل والصلابة النفسية بتخليه يعرف يتعامل مع الصعوبات دي كويس.

لما بتحصل خلافات وتعارضات بينه وبين الآخر، بيقدر الشخص الآمن إنه يبذل مجهود مناسب عشان يفهم وجهة نظر الآخر، وإنه يلاقي حل وتوافق يرضيهم هما الاتنين. وبرغم إنه ما بيحبش يحط حواجز أو يتكلم عن الحدود كتير إلا إنه في نفس الوقت لو تعداها الآخر بيقدر يدافع عنها من غير عدوانية أو إنه يشيل أضغان أو يحس باحتقان. تعامله الكفء مع الخلافات بيظهر في عدم رغبته في التصعيد والهجوم المضاد أو تجنب الخلافات، بيحاول السعي لحلول وسط. أيضًا هو سريع المغفرة، وبيشوف العلاقة والآخر بإيجابية، وقليل اللوم. ممكن يعبر عن غضبه بسهولة بس بيهدا بسرعة وما بيشيلش، هو شخص آمن في غضبه، وبيغضب لأسباب حقيقية، وبيوصَّل ضيقه بشكل صحي.

الشخص الآمن جاهز للارتباط والالتزام، وما بيخافش من وضع عنوان للعلاقة أو تطويرها لمستويات أعلى.

شعور الفرد بالأمان الداخلي بيظهر في ممارساته الجنسية. الآمن بيحب الجنس الحميم، وبيمارسه في إطار من الحب، مش من أجل إرضاء الذات فقط أو لإرضاء الآخر فقط، ومش بهدف التحكم في الآخر أو السيطرة عليه، ولكن كنوع من المشاركة والاستمتاع الملتزم داخل علاقة. الآمن بيشوف إن الحب والجنس معًا وجهان لعملة واحدة، وأحد تعبيرات الحب ولغاته.

صفات النمط الآمن

- بيظهر ويشارك مشاعره بسهولة للناس القريبين منه.
- بيحب إن شريكه يشاركه مشاعره.
- بيرتاح في القرب من الآخرين، وبيرتاح وهو لوحده.
- بيتوقع إن شريكه هيحترم كينونته وذاته كما هي.
- بيتوقع إن شريكه هيكون متجاوب وملبي لاحتياجاته بطريقة حساسة ولائقة.
- بيبني الحميمية بسهولة.
- بيسيب نفسه يحس بمشاعره كلها، الإيجابية والسلبية، وما بينزعجش منها أو يتوتر.
- بيفهم وبيستجيب بحساسية لمشاعر الشريك.
- لما يتوتر يستطيع بسهولة طلب الدعم والتطمين من الآخرين، وقادر على استقبالهم.
- يستطيع منح الاحتواء والتطمين واستقباله.
- عنده توازن جيد ما بين الحميمية والاستقلالية، مساحاته متوازنة ومنضبطة.
- متوازن معرفيًا وعاطفيًا بشكل متكامل، وبيستخدم ده لتصحيح أخطاء الآخر. وينتج عنه توازن نفسي وسلوكي.
- متفائل، يرى الجانب المضيء.
- يستطيع فهم وجهات النظر المتعاكسة، وجهة نظره ووجهة نظر الآخر والتعامل معها بدون أن يفقد رؤيته أو يتوه عنها أو يتجاهل وجهات نظر الآخرين وينكرها.

- عنده القدرة على معرفة مسؤولياته ومسؤوليات الآخرين وتحديدها بدون لوم الذات أو لوم الآخرين كطريقة مستمرة.

- عنده قدرة على الاهتمام بمشاعره واحتياجاته واحتياجات الآخرين ومشاعرهم، بدون إلغاء لذاته أو الآخر، واحترام الناحيتين.

- يدرك حدود مسؤولياته وما تحت سيطرته وما ليس تحت سيطرته.

- يدرك أن الأحداث تقع بدون توقع أو قدرة على منعها، وعليه أن يقبلها ويتعامل معها.

- صاحب النمط غير الآمن بيشوف صاحب النمط الآمن ممل جدًّا، وأحيانًا ثباته وحضوره واطمئنانه غير مريح بالنسبة له.

النمط التجنبي اللامكترث
الخائف من الحب

النمط التجنبي اللامكترث هو أحد أنماط التعلُّق القلِقة، واللي بيميل للانفصال عن عواطفه حوالي ٢٠٪ من البالغين، ومنتشر في الرجال أكثر من النساء.

هؤلاء العابرون كجزر منعزلة. الساكنون في قلاع حصينة وباردة تقتلهم العزلة والوحدة. ساكنو الجبال، والهاربون إلى كهوف ذواتهم خوفًا من الخذلان والألم. قلوبهم أشبه بمقابر فرعونية تاهت في الزمان، تحيطها السراديب والفخاخ والأبواب السرية الموصدة بطلاسم سحرية، تنادي على المغامرين الشغوفين والصبورين لاكتشافها واستخراج كنوزها. هؤلاء الخائفون من الحب، والهاربون منه، والمشتاقون إليه، والمتحرقون للحصول عليه. هؤلاء المناضلون من أجل الحرية، والمضحون من أجلها بالحب والوصال والاقتراب.

لو إنت شخص تجنبي لامكترث ربما تتفق مع هذه الجمل:

ـ ما باحبش أتكلم عن مشاعري.

ـ أنا فخور بنفسي إني مستقل وباعمل حاجتي بنفسي وما باحتاجش حد.

ـ الناس دايمًا بتخذلني.

ـ مش عايز مساعدة من حد، مش محتاج حد.

ـ العلاقات عبء وتعب ومحتاجة مجهود وما تستاهلش كل التعب ده.

ـ أغلب اللي واعدتهم زنانين وعايزين قرب كتير وبسرعة شديدة، مستعجلين وأنا مش جاهز.

ـ الكلام على المشاعر واخد أكتر من حجمه، المشاعر مش مهمة.

ـ مفيش حاجة اسمها حب.

ـ الحب الحقيقي وهم.

ـ أنا باحبك بس مش عايز ارتباط.

ـ أنا مش مستعد.

ـ أنا مش بتاع جواز.

ـ أنا محتاج مساحة ووقت بتاعي.

ـ أنا مش هاتغير عشان خاطر حد.

ـ أنا ما باستريحش لما حد يقرب جدًّا مني، بانزعج وأتوتر.

ـ اللي باحبها غالبًا بتلح عليَّ علشان أكون أكثر حميمية وقربًا.

ـ أنا بافتقد اللي باحبها لما تكون بعيدة، ولكن لما نبقى مع بعض لفترة طويلة بافتقد مساحتي الخاصة.

ـ باستريح لما اللي معجب بيها تشوف ناس تانية، ده معناه إنها مش هتحاول تخلي الأمور بينا جدية.

ـ لو اللي بواعدها اتصرفت ببرود فأنا عادي بابقى لامبالي.

ـ أوقات في العلاقة باحصل على اللي أنا عايزه، بس بعدها بابقى مش متأكد من إن ده هو اللي أنا عايزه.

ـ أنا بارجع لطبيعتي بسرعة بعد الانفصال.

ـ ما باعرفش أقدم دعم واحتواء.

ـ استقلالي وحريتي قبل كل شيء.

ـ أوقات بابقى غاضب ومتضايق من اللي باحبها بدون سبب واضح.

ـ أنا بافضِّل ممارسة الجنس العابر عن العلاقات الملتزمة.

من أين جاء أصحاب النمط التجنبي اللامكترث؟

لما تكون الأم متاحة عاطفيًا ومنتبهة ومستجيبة بشكل مستقر وثابت، بنكوِّن طريقة تعلُّق آمن، خريطة الحب جوانا آمنة، مطمئنين إنها موجودة علشانا، وإننا مفهومين ومحسوسين ومقبولين، وبنكبر واثقين في أنفسنا والآخرين، وحاسين بأهميتنا واستحقاقنا للرعاية والاهتمام والحب ومتوقعين حصولنا عليهم، وبتكون الحياة مكان آمن وكريم، وقادرين على إدارة مشاعرنا القوية وخاصة السلبية، مطمئنين ونقدر نمنح الاطمئنان، مش خايفين من الآخر إنه مش هيهتم أو هيرفضنا ويتركنا، عندنا أمان داخلي، ونقدر نعمل توازن بين الحب والاستقلالية، الاتصال والارتباط والحرية.

لكن للأسف، اللامكترث ما كانش محظوظ بما يكفي.

النمط اللامكترث في العلاقات اتكوَّن نتيجة بيئة رافضة

لاحتياجاته أو بتعاقبه على طلبه وإعلانه لها، وما حصلش على الاهتمام أو الاستجابة أو التطمين، الأم غائبة عاطفيًّا، مش موجودة، لامكترثة ولامبالية بالطفل واحتياجاته وانفعالاته، أو مش عارفة تتعامل مع احتياجاته، أو رافضاها وشايفاها عبء وهم تقيل، أو بتعاقبه بالانتقاد أو السخرية أو التهديد أو حتى الضرب لما يعبر عن احتياجاته للقرب والأمان والتطمين أو انفعالاته السلبية زي البكاء أو الغضب أو الخوف.

- ممكن الطفل يبكي لأي سبب عشان حد ييجي ينقذه. ونتيجة للغياب والإهمال يقول لنفسه: «إيه اللي بيحصل؟ هو أنا مش مسموع ولَّا مش موجود ولَّا وجودي غير مهم؟ بكائي مش فارق، استغاثتي بلا جدوى، مفيش فايدة، محدش هييجي أو هيهتم، هافضل لوحدي لحد ما أموت، هافضل في اللي أنا فيه من حرمان وجوع وخوف وألم إلى الأبد، مفيش حاجة هتحصل أو هتغير اللي أنا فيه».

- ممكن يبكي وتحضر الأم وهي خايفة أو متوترة أو عصبية أو بتزعق، فيقول لنفسه: «أنا اللي جبت ده كله لنفسي، أنا عملت لنفسي مشكلة، أنا السبب، احتياجي هو السبب، أنا عبء على الآخرين ومسبب لهم هم ومتاعب وبازعلهم وأضايقهم، احتياجاتي هي اللي مسببة ده كله وبتخليهم يعاقبوني، بلاش منها أحسن».

- ممكن يبكي من الألم، فتحضر الأم وترضعه، بيحاول يوصَّل لها إنه موجوع، لكن هي مش فاهماه ومصرة ترضعه، فيقول

لنفسه: «محدش فاهمني، ولا حد هيفهمني مهما حاولت، محدش حاسس بيَّ وباللي أنا فيه».

- ممكن تكون الأم متحكمة ومسيطرة، وبتفرض عليه اللي هي عايزاه من غير اهتمام لمشاعره واللي عايزه، فيحس إنها بتبتلعه وخانقاه وبتلغيه، أو بتستخدمه كممسحة نفسية، منديل كلينيكس، تطلَّع عليه توترها وانفعالها وغضبها، أو تشكيله همها وتعبها وخوفها وألمها، وكأنها بتطلب منه يهدِّيها ويحتويها ويطمنها ويطبطب عليها، ويتحول إلى أب أو أم لها أو كاتم أسرار أو مصدر دعم لاحتياجاتها العاطفية، فيتحول إلى راعي ومسؤول من سن صغيرة، أو الإرضائي أو المبهج أو البهلوان أو المهرج أو المنقذ أو البطل محقق الأحلام، وهنا بداية الذات المزيفة؛ طفل سرقت منه طفولته وكبر قبل الأوان.

- ربما هذا هو الطفل الذي هرع إلى حضن أمه كي تطمئنه، فاستقبلته بصفعة، ونسي أنه صُفع، لكن آثار الصفعة ما زالت باقية في وجدانه.

هيعمل إيه الطفل في مواجهة بيئة رافضة أو مهملة؟ وهيلجأ لمين وملوش ملجأ؟ مفيش حد بيهتم ولا يطمن، مش قادر يثق في حد، الكل خذله وخانه ورفضه وتركه. مفيش أمل احتياجاته تتلبى، مفيش حل غير إنه يدفنها جواه وينفصل عنها وينساها ويتصرف باستغناء، لا يحتاج إلى شيء ولا ينقصه شيء.

عدم الاهتمام بالطفل والانتباه له والاستجابة لاحتياجاته، بيخليه

عاجز إنه يشوف نفسه ويتعرف عليها، وبيخليه ينفصل عنها ويتكون مكانها ثقب، خواء (أنا مين؟ وحاسس بإيه؟ وعايز إيه؟ وإيه بيبسطني؟ مش عارف).

دانيل سيجل أحد البارزين في نظرية التعلُّق بيقول:

حتى الرضيع يفهم مشاعر الأم الرافضة وغير المهتمة بمعرفته، التي تترك له شعورًا عميقًا بالخواء.

مفيش قدام الطفل للتعامل مع انفعالاته القوية واحتياجاته للحب والاهتمام غير المشبعة إلا إنه يلغيها ويتجنبها قدر الإمكان، ينفصل عنها، وما يحسش بيها، ويخاف منها.

بيتعلم من بدري يكبت مشاعره ورغبته الطبيعية إنه يجري ناحية والديه أو يقترب منهم لما يحتاج الأمان والتطمين والاحتواء، بيتعلم ما يحتاجش حد.

جود كاسيدي الباحثة في التعلُّق بتقول عن طريقة الطفل للتأقلم:

في العديد من التفاعلات المؤلمة والمحبطة مع رمز تعلُّق رافض أو لامبالي أو معاقب، يتعلم الطفل أن إظهاره لتوتره وألمه وخوفه سيؤدي إلى الرفض أو العقاب، أو لن يجد صدى، فلا أحد يهتم، وربما يجلب المزيد من الأذى. ويتعلم أنه بإخفائه لبكائه واضطرابه ومشاعره السلبية يصبح قادرًا ولو جزئيًا على أن يشبع احتياجات التعلُّق (أن يبقى قريبًا جسديًا من الأم بمسافة أمان تحميه من الرفض والخذلان)؛ مجرد البقاء في علاقة فارغة من دون مضمون أو إشباع، وأن يحتفظ بوجود علاقة ولو كانت لا تقدم له إلا القليل، أو لا تقدم شيئًا، أو لا يتوقع منها شيئًا، ولا ينتظر منها شيئًا.

الطريقة اللي الطفل اتعلمها للاحتواء والحماية من المشاعر السلبية طريقة دفاعية:

ألَّا نظهر أبدًا للعالم احتياجنا للقرب والحب، ألَّا نظهر أبدًا ضعفنا واحتياجنا وتعلُّقنا، وربما حتى لأنفسنا.

طفل قرر يكمل رحلته في الحياة وحيدًا ومنفردًا، إيه الأسباب؟

- بعض الأمهات عندهم نمط تجنبي لامكترث خلَّاهم غير متاحين عاطفيًّا، ومعندهمش مهارات الاستجابة والرعاية لأطفالهم، ما بيعرفوش يدعموا الأطفال ويحتووهم ويطمنوهم.

- بعض الأمهات معندهمش القدرة على المواجدة والإحساس بالطفل ومشاعره واحتياجاته، مش عارفين يحسوا بيه، ومش شايفينه ككيان منفصل عنهم له طبيعته واحتياجاته المختلفة. والبعض منهم بيفشلوا إنهم يكونوا رابطة عاطفية مع الطفل تخليهم يحبوا يقدموا الرعاية المطلوبة (بيفشلوا يكوِّنوا مشاعر الأمومة أو الأبوة تجاه الطفل).

- بعض الأمهات عندهم مشاكل نفسية وضغوط وحرمان، مع عدم وجود حلقات دعم نفسي من الآخرين، ومفيش قدامهم غير الطفل ياخدوا منه الدعم والتطمين والحميمية والرعاية والاهتمام والحماية، وتحوُّله إلى والد أو زوج نفسي، في حالة من انعكاس الأدوار وفي حالات تُعرف بزنى المحارم العاطفي. باختصار هما بيعاملوا الأطفال بالطريقة اللي اتعاملوا بيها في طفولتهم (الإهمال والرفض واللامبالاة وعدم الاكتراث)، والنتيجة إعادة إنتاج أطفال لامكترثين كمثال يوضح انتقال أنماط التعلُّق عبر الأجيال.

اللامكترث الكبير: اللامبالي

- اللامكترث يحرق أعصابنا. شيء محبط ألّا يستجيب أحدهم لمحاولاتنا المستمرة للولوج في قلبه.

- اللامكترث مش شايف مشكلته، وخاصة خارج العلاقات العاطفية.

- اللامكترث بيتجنب العلاقات العميقة، ودي طريقته للحياة ومرتاح لها، هي في النهاية درع أمانه اللي اتعود عليه.

- اللامكترث مشاكله بتظهر في العلاقات، لأن العلاقات بتتطلب منه أن يخلع درعه، ويكون حاضر عاطفيًّا، يكشف عن قلبه الداخلي، ويعبر عن مشاعره واحتياجاته، وأن يشعر بالاحتياج القوي للاقتراب والحب، وأن يثق في الآخر ويستند عليه، وكل ده مرعب بالنسبة له.

- اللامكترث بيخاف من الحب والاقتراب والضعف والاحتياج والاستناد، ببساطة لأنه بيخاف من الرفض والترك والخذلان، وبالتالي هو ما بيثقش في حد ولا بيقدر ينفتح على حد. اتعلم من التجربة الأولى (حبه الأول مع الأم) إن الحب مؤذي، وإن المشاعر لا تأتي بخير، وإن الناس لا يوثق بهم، محدش بيهتم، الكل لامبالي. التجربة الأولى سابت بصمتها جواه، سابت جرح الرفض والهجر والخذلان والخيانة والإذلال في أعماق قلبه، وما كانش فيه طريقة قدامه غير إنه يخبيه، إنه يقفل على كل حاجة، احتياجه للحب والقرب والحميمية، والخوف والألم والغضب، يقفل عليهم كلهم وينساهم، وينفصل عن

عالم الانفعالات، ويلجأ لعقله يتعامل مع الدنيا من خلاله وما يفتحش قلبه لحد.

- اللامكترث مش بطَّل يحب أو يحتاج، هو بس فقد لغة المشاعر من الأساس، فقد الاتصال بقلبه، كبر واتشكل حول أفكار سلبية عن الحب والاقتراب والثقة بالآخرين، عن نفسه والناس والعالم والعلاقات. وعشان ينجح في ده ويخبي الجانب المهم بيلجأ لمجموعة من السلوكيات والأفكار والمشاعر والحِيل عشان يبني أسوار باستمرار حوالين قلبه، وده خلاه متميز في حاجات أهمها الاستقلالية والعقلانية والإنجاز، لكنه أيضًا يفتقد حاجات زي المهارات الإنسانية والاجتماعية، وأهمها مهارات التعامل مع عالم الانفعالات والعلاقات الحميمية والذكاء العاطفي.

- اللامكترث عاطفيًا، قرر إنه يعيش مستقل، لا يحتاج حد ولا عايز حد يحتاجه، ولا عايز مساعدة من حد، ولا بيطلب مساعدة من حد. هو أصلًا مش واثق إن فيه حد موجود عشانه ولا مهتم بأمره، ولا حد يقدر يساعده، مفيش قدامه غير نفسه يعتمد ويتسند عليها. لكن خلف قناع القوة والاستقلالية والثبات والهدوء والاكتفاء واللي بيعدي الإخفاقات بسرعة، يوجد طفل مهمل ومحروم ومليان خوف وألم. وأوقات لما قلبه ينفتح أو قلبه يتكسر بيلاقي طوفان من الحب والاحتياج والخوف والألم.

- اللامكترث برغم استقلاليته هو شخص ـ في أغلب الأحوال ـ طيب وودود ومتعاون، بس ما تقرَّبش قوي ولا تخترق مساحته

الشخصية الكبيرة نوعًا ما، لأنه وقتها بيتضايق وممكن يتوتر لدرجة الهلع، للدرجة اللي تخليه يهرب أو يختفي أو يترك العلاقة، ويتحول لشبح أو يزقلك بعيد عنه. الخوف من الرفض والهجر لما بيتنشطوا بيدفعوه وبعنف إلى الرحيل والاستقلال، بيتشبث بنفسه وذاته وقوقعته عشان يطمن، بيعمل عكس أصحاب النمط القلِق (النمط المناقض له)؛ لما يواجهوا الخوف من الهجر بيحاولوا الاقتراب بشدة وبشكل مهووس عشان يطمنوا ويهدوا وبيبقوا أكثر تشبثًا بالآخر.

- اللامكترث عايز علاقات، بس عايزها بمواصفات خاصة (ما تلزقش وما تبقاش ملزق، أنا عايز مساحة أكبر من العادي، اقبلني زي ما أنا، أنا ما باحبش أتكلم عن نفسي كتير، ولا باحب أتكلم عن مشاعري، وكمان ما باحبش التطفل، فبلاش تسأل عن حاجات شخصية أو حاجات مش عايز أحكيها، أنا بادخل العلاقات ببطء وعلى مهلي، فبلاش تضغط عليَّ واديني وقتي). العلاقات القوية بالنسبة له سجن وعبء وصداع، فقدان للذات والاستقلالية.

- اللامكترث بيترعب من التحكم فيه والسيطرة عليه والخصم من حريته، ومحاولات ابتلاعه. وده بالنسبة له موت، ممكن يتنازل عن أي شيء في سبيل الاستقلال والحرية.

- اللامكترث عالمه عالم فردي أحادي مش عالم من التفاعل الاجتماعي والإنساني العميق (أنا أهتم بنفسي وإنت اهتم بنفسك وكل واحد يهتم بنفسه)، لدرجة إنه برغم قدرته على

العمل الجماعي لو حس بتهديد بيبعد، كتير منهم بيعيش حياة منفردة حتى داخل العلاقة الرومانسية، ما بينفتحش عليها تمامًا، وشايل جزء كبير جدًّا من نفسه لنفسه، موجود ومش موجود، جنب الباب دايمًا ومستعد للهروب، وكأنها علاقة لكنه لم يحضر بعد.

اللامكترث في التعامل مع عالم المشاعر والاحتياج العاطفي
كانت معضلة اللامكترث في حاجتين:
١ - إنه ما لقاش حد يشبع احتياجه للقرب والرعاية والأمان، فقرر يكبتهم وما يحسش بيهم أو يطلبهم من حد أو يحتاجهم أصلًا من حد، أو يعتمد على حد.

٢ - إنه ما لقاش حد يتعامل مع مشاعره السلبية القوية، يحتويها ويساعده يفهمها ويعبر عنها ويهدِّيها، ويعلمه مهارات المتانة والصلابة النفسية، وما كانش قدامه حل غير إنه يهرب من المشاعر السلبية ويكبتها، يطفي شعوره بيها أو يمنع ظهورها من الأساس، وأصبح مش فاهم لغتها لما يحسها فيه وفي الآخرين، مش فاهم هي بتقول إيه ويتعامل معاها إزاي.
التجنبي ما لقاش قاعدة أمان أو ملاذ آمن، فقرر ما يدوَّرش عليهم براه.

بالنسبة له عالم الانفعالات والمشاعر مخيف، ممكن يغرق فيه بسهولة، وما بيعرفش يتعامل مع أمواجه وتقلباته ولا يستمتع بهدوئه، خايف ينزل البحر، أو بينزل يا دوب على الشط، فاتح قلبه نص فتحة

وماسكه عشان يهرب بسهولة لو خاف (لو الاحتياج للحب قوي ومصحصح جوايا هيتعبني، هيفتتني ما بين الاحتياج للقرب والخوف منه، بلاش أحتاج).

الانفصال عن مشاعره واحتياجاته كان الحيلة الدفاعية اللي قرر اللامكترث إنه يحمي بيها نفسه من أي رفض أو هجر أو خذلان، إنه يمنع ما يزعجه من المنبع، يرفضه وما يحسش بيه، اتعلم إنه يعتمد على نفسه فقط لتهدئة وتطمين نفسه والاهتمام بيها، مكونًا استقلالية مزيفة في مقابلة الحياة والناس (استقلالية ترفض الاتصال بالآخر)، عشان يقدر يستمر في وهم إنه قادر على الاهتمام بنفسه بدون مساعدة حد، وعشان كده عنده رغبة قليلة أو دافع قليل لطلب الدعم والمساعدة من الآخرين.

اللامكترث طافي قلبه وقافله ومش حاسس بأهمية العلاقات ولا فايدتها، تلاقيه متردد وخايف من الارتباط العاطفي، ولو دخل علاقة بيبقى دايمًا على الشط مش عايز الأمور تتعمق عشان ما يتربطش ويقدر يهرب، أو بيحاول بصعوبة عمل توازن بين احتياجه القوي جدًّا للحرية واحتياجه للحميمية.

خايف طول الوقت يفتح قلبه ما يعرفش يلم نفسه أو يتعامل مع مشاعره القوية (إيجابية أو سلبية)، ويبقى تحت رحمة الآخرين أو تحت رحمة عواطفه.

اللامكترث بجانب إطفاء المشاعر كمان بيحتاج يبعد عن الناس ويعمل حواجز، وينعزل، ما يحبش الاتصال الجسدي، بيخاف منه كتير، ممكن توصل إنه ينام في سرير منفصل عن شريكه أو حتى غرفة منفصلة.

بيهتم جدًّا بالحدود والأسرار والغموض، لا معلومات شخصية ولا حكاوي خاصة، ولا ذكريات طفولة، ولا كلام فيه محتوى عاطفي عميق. ولما تظهر مشاعر أو حاجات خاصة أو مشاعر سلبية في الآخرين (حزن أو غضب أو خوف)، يتوتر وما يعرفش يتصرف غير بتغيير المواضيع أو تسطيح الحالة أو السكوت وإطفاء نفسه والانكماش داخل قوقعته.

هتلاقيه بيهرب من المواقف الاجتماعية اللي فيها انفعالات كبيرة، لا بيحب أفراح ولا عزاء ولا زيارة مرضى، بيتوتر ما يعرفش يتصرف إزاي ولا يقول إيه.

حتى في الجنس، عملي وبرجماتي ومهتم بالأداء أكتر من المشاعر، أوقات كأداء واجب، أوقات بيتهرب منه لو بدأ يحس إنه هيتورط عاطفيًّا، يمكن عشان كده بيحب الجنس العابر والعلاقات المفتوحة.

لو بيحب، عايز حبيبه، بس مش عايز وجوده، بيحبه ويفتقده بس من بعيد، لو سمحت ما تقرَّبش.

لو فكر في الحب، عايز حبيب مثالي، حبيب غالبًا مش موجود في الحقيقة، بيحط تفاصيل وشروط عالية، يمكن دي طريقته عشان يقول مش لاقي حد.

أوقات يقابل حد والدنيا حلوة، بس بعد ما الأمور تمشي ويبدأ قلبه يفتح، يخاف، ممكن يبعد فجأة، أو يطلَّع فيه القطط الفاطسة، ويدقق في أصغر عيوبه، ويقارنه بالحبيب المثالي أو بالعلاقات السابقة بتاعته (القديم بيحلى دايمًا) أو بعلاقات الآخرين (كل العلاقات حلوة وسعيدة إشمعنى أنا).

اللامكترث والثقة بالنفس

لما الأطفال بيحسوا بالأمان بينمو عندهم الإحساس بالثقة بالنفس والآخرين، لكن في الأنماط غير الآمنة ده سا بيحصلش.

اللامكترث وصلت له الرسالة بإنه مش مهم ومش فارق وما يستاهلش وغير كفء، مش عارف يتعامل ولا يحصل على اللي عايزه، ولا عارف يثق في حد وفي وجوده ومساندته، وبيتوقع إنه مش هيلاقيهم عند حد. وكتعويض نفسي من الصغر فضل الاستقلال والاعتماد على نفسه فقط وعدم التعلُّق بحد. وبالتالي تقديره لنفسه ارتفع جدًّا بشكل غير صحي، وشاف إن الآخرين وحشين وأقل منه، ضعفاء ومحتاجين واعتماديين ومتطلبين، وإنهم مش هيقدروا يفهموه أو يساعدوه، بالعكس الآخرين عبء ملوش داعي. الحيلة دي كانت حماية للذات الهشة من صفعات الرفض أو الجروح النرجسية الأخرى.

عقلية اللامكترث

بالإضافة إلى إلغاء الاحتياج للحب وللآخرين ورفض الاعتماد عليهم، وكبت المشاعر والموقف السلبي والمتشكك والعدواني تجاه الآخرين ورغبته القوية في الاستقلال، هناك أيضًا مجموعة أفكار وقوانين وقناعات يستخدمها اللامكترث تساعده على الهروب والابتعاد عن الحب.

جواه صوت داخلي بيديه خريطة إزاي يشوف ويتعامل مع الآخر، الصوت ده بيشتغل كفلتر سلبي بيشوف من خلاله الآخرين والعلاقات.

الصوت الداخلي ممكن يكلمه كده:

ـ إنت مش محتاج حد.

ـ ما تتعلقش قوي ولا تقرب قوي عشان ما تتئذيش.

ـ محدش بتاع ارتباط والتزام.

ـ الستات هتحاول تسيطر عليك وتتحكم فيك.

ـ ليه هو/ هي متطلبين قوي كده وزنانين.

ـ إنت هتضطر تستحمل كتير قوي عشان تكمل.

ـ فيه حاجات تانية في الحياة أهم من الحب والرومانسية والكلام الفارغ ده.

ـ إنت لازم تحمي نفسك وإلا هتتئذي في العلاقة دي.

ـ إنت كتير عليه/ عليها.

في سبيل ده، وإنه دايمًا يحافظ على المسافة كبيرة أو يتهرب من الحب بيستخدم أساليب وطرق كتيرة، سلوكيات الإبعاد والانفصال:

• لوم الآخرين ونفي المسؤولية في الخلافات: شايف إن الآخر هو اللي غلطان (لو إنت عملت ده كويس ما كانش هيبقى ده رد فعلي).

• ما بيعرفش يحط احتمالات تانية لتصرفات الآخر.

• ما بيشوفش غير عيوب وأخطاء الطرف الآخر، وما بيشوفش الحلو، عايز يخلق مساحة تبعده عن الطرف الآخر.

• من هواة المقارنة، دايمًا بيقارن الشريك الحالي بالشريك القديم، وغالبًا المقارنة بتبقى لصالح القديم (القديمة تحلى)،

والمقارنة مع الآخرين، دايمًا أحوال وأزواج وزوجات الآخرين أحسن من حاله وحال شريكه.

- بيفكر بالأبيض والإسود (أي حاجة أو أي شخص إما حلو تمامًا أو وِحش تمامًا).

- بيحط معايير عالية للعلاقات، وعايز منها ومن الطرف التاني حاجات صعبة أو غير واقعية أو غير ممكنة وبالتالي «مفيش حد ينفع».

- مش موجود في العلاقة، مش مركز معاها، بيشغل نفسه بأي حاجة تقلل الحميمية والقرب عشان ما يحبش أو ما يحبش قوي.

- بيتهرب من التعبير عن الحب (أنا مش جاهز ولا مستعد أحب حد).

- بيتهرب من الاقتراب الجسدي (بيتهرب من العلاقة الجنسية، أو ينام في غرفة منفصلة، أو ما يحبش اللمس والأحضان والقبلات أو مسك الإيدين أو حتى البقاء بقرب الآخر جسديًا، أو بيمشي جنبه وهو عامل مسافة معاه).

- حتى داخل العلاقة الجنسية بيعملها بشكل ميكانيكي من غير اندماج عاطفي، مجرد أداء واجب عايز ينجزه بسرعة.

- أوقات الاندماج العاطفي بيبقى كويس وبيقرب نفسيًا من الآخر، فيلجأ بدون وعي لطرق لتخريب الحالة دي عشان يلغي حالة القرب ويبعد نفسيًا، فتلاقيه بيخترع مشاكل، وبيزود الدراما والنكد والخناقات مع الطرف الآخر، أو يبدأ يشتكي منه أو من الناس أو من الدنيا أو يدخَّل نفسه في مشاكل ما تنتهيش.

• ممكن يبوظ حالة القرب العاطفي دي كمان بكثرة الانتقاد والتقليل من الآخر، أو بالعدوان السلبي، أو الهجوم عليه، أو الكذب أو التهديد أو حتى المسايرة الزائفة (يطاوعه عشان يريح دماغه).

الطرق دي وغيرها بتبوظ حالة القرب والارتباط العاطفي، وتمنع العلاقة إنها تبقى أقوى أو أعمق، وبتخلي العلاقة سطحية وهشة، وبالتالي وجود حب قوي بيبقى مستحيل (وهو ده اللي عايزه اللامكترث بدون وعي منه).

اللامكترث لما بيحب

لو حصل ودفاعات اللامكترث اللي بيعملها لكبت المشاعر أو الابتعاد عنها فشلت لسبب أو لآخر، وقدر يفتح قلبه، بيبقى عاطفي جدًّا، وبيحس بطغيان المشاعر، وإنه مش قادر يسيطر عليها أو ينظمها، وخاصة المشاعر المكبوتة من زمان، وده وضع مرعب للامكترث، ببساطة لأنه بيخاف من المشاعر، بيخاف يحس. عشان كده ما بيسمحش للمشاعر المكبوتة دي تظهر (مشاعر الفقد والهجر والرفض والألم والخوف والغضب)، ولا بيسمح لنفسه يكون في موقف يخليها تظهر، ويهرب منها، وبيزق أي حد يقرب من المناطق دي.

اللامكترث كوالد

الأطفال بيعيشوا على العواطف والانتباه، في نفس الوقت، اللامكترث شخص غائب نفسيًّا ولامبالي بمشاعر الآخرين، عشان

كده في الجانب العاطفي مع الأطفال بيبقى مهمل ورافض نفسيًّا وبعيد عنهم وغير موجود. عدم قدرته على الاحتواء بتخلِّيه ما يعرفش يتعامل مع اضطراباتهم العاطفية.

غيابه النفسي ونقص انتباهه بيخلي الأطفال يحاولوا الحصول على انتباهه بشدة وإلحاح لكن من غير فايدة، أو يكرروا محاولات جذب الانتباه. ومع كل مرة للرفض القاسي من الوالد اللي شايف الاحتياجات والمشاعر نوع من الضعف لازم نحتقره، ده بيخلي الطفل يتوقع إنه مهما عمل مش هيحصل على حاجة، وبيبدأ هو كمان يتحول لنمط لامكترث.

حالة الغياب العاطفي واللامبالاة عند اللامكترث بتخليه مش متجاوب مع الأطفال، ولا حساس لاحتياجاتهم، وغير متفاعل عاطفيًّا وأحيانًا جسديًّا، وكتير بيتبنى طريقة التحكم في تربية الأطفال بدون مراعاة ولا اهتمام بالأطفال عايزين إيه.

مع الوقت الطفل بيلجأ إلى الوالد الآخر عشان يستمد منه الدعم العاطفي، لو كان الوالد الآخر حساس ومستجيب وحاضر نفسيًّا بيساعد الطفل على تكوين نمط تعلُّق آمن مع هذا الوالد، لكن لو كان الآخر من نمط التعلُّق القلِق فبينتهي الحال بالطفل إنه يكوِّن أنواع متعددة من الأنماط غير الآمنة. وتبقى طريقة تعلُّقه متقلبة ما بين الوالد اللامكترث بارد القلب، والوالد القلِق المتقلب عاطفيًّا، ويفقد الطفل الوصلة الصحية للحب والتعلُّق.

مهارات مفقودة

في العلاقة مع الأم بنتعلم إننا نشوف انفعالاتنا، ونفهم احتياجاتنا، وتنظيم انفعالاتنا، إننا نحتويها ونتحملها ونعبر عنها بشكل صحي، ونهدِّي أنفسنا ونعمل ده مع غيرنا، بتعلمنا لغة الانفعالات والتعامل معاها (الذكاء العاطفي)، بنحس إننا مهمين ومتشافين ووجودنا محبوب ومقدر ومهم.

في حالة الغياب النفسي والرفض ما بتتعلمش لغة الانفعالات ولا تنظيمها أو التعبير عنها، بتتغرس فينا أحاسيس عميقة إننا مش مسموعين ولا متشافين، وإن وجودنا ملوش أهمية أو تأثير، بالعكس مزعج وعبء، إن مفيش حد هيهتم بينا ويفهمنا ويسمعنا ويشوفنا ويحبنا ويقدرنا ويساعدنا ويحتوينا مهما عملنا.

كمان بنفقد الاتصال مع عالم الانفعالات والاحتياجات تمامًا، لا بنحس بيها ولا بنفهمها (أنا مش عارف حاسس بإيه ولا عايز إيه، باحب إيه وباكره إيه)، وما بنعرفش نعبر عنها لو حسيناها، وبنخاف منها، لأننا ما بنعرفش نتعامل معاها، وبنكره ضعفنا واحتياجنا لأنهم بيخلونا معرضين للإيذاء والرفض، وبنخاف نعلنهم أو يظهروا أحسن يتم استغلالنا، وبنخاف نطلب أو نعبر أحسن نترفض أو الآخرين يشوفونا عبء.

وكتير ما بنقدرش نفهم الآخرين، أو نستجيب ليهم، أو نحتويهم بكفاءة، أو نعرف نتصل بيهم ونتواصل معهم قلبيًّا، أو نخاف من مشاعرهم السلبية واحتياجاتهم وقربهم، فنهرب.

وبنفقد الثقة في أنفسنا واستحقاقنا، وفي الآخرين ووجودهم ودعمهم ومساعدتهم.

نفشل في التوازن بين الحب والاستقلالية.

مؤلم للطفل رفض طلبه، والفكرة بتتكون جواه (مش هاطلب حاجة من حد ولا هاعبَّر عن حاجة لحد. محدش موجود ولا حد مهتم ولا حد هيفهمني، أنا كمان مش هاسمح لحد يشوف بكائي وخوفي وألمي وغضبي وضعفي واحتياجي، وهابان قدام العالم إني قوي وهادي وفرفوش ومهتم بالآخرين ومنقذ ليهم).

طرق الإطفاء النفسي والانغلاق

اللامكترث عشان يعرف يعيش بطريقته اللي عايزها، اتعود من صغره يستخدم طرق إطفاء للمشاعر وإجهاض للعلاقات القوية، وطرق تواصل وسلوكيات معينة تحميه من ألم الرفض أو الاحتياج، وتتعامل مع مخاوفه ومشاعره السلبية زي الغضب والحزن والألم والشعور بالخزي أو الذنب، وكل ده بيتم بلا وعي منه.

طريقة اللامكترث للتعامل مع الاحتياجات والمشاعر إنه ما يحسهاش أو يحس درجة قليلة منها، ولو حصل وحس، على طول يبلعها ويكتمها ويبعدها عن وعيه، أو يشتت نفسه، أو ينعزل، وربما يدخل في عالم الفانتازيا. كتير منهم ما بيعرفش هو حاسس بإيه، ولا بيعرف يعبر عنه. وكتير منهم ردود أفعاله العاطفية بطيئة، ممكن ما يحسش الحاجة في وقتها، محتاج وقت، مثلًا في حالة حداد بيبقى كتير مش مستوعب إنه مش حزين، وبياخد أوقات أو أيام وحتى شهور لحد ما يحس بالحزن. حتى في الحب ممكن يستنى لحد ما يروح بيته ويراجع اللي حصل ويعيش مشاعره هناك مع نفسه بأثر رجعي

في الأمان بعيد عن الناس. حتى مع الحزن والمواقف الصعبة ممكن يعمل كده، يستنى لحد ما يقفل عليه باب غرفته ويعيط ويلعق جراحه. أوقات لما المشاعر جواه تكتر، ما يقدرش يستحملها، ومش نافع معاها الهروب والتشتيت والكبت، وبتخرج عن السيطرة، فبيبقى في حالة انفعالية شديدة، أشهرها نوبات الغضب العارمة لما تفشل كل آليات الكبت أو يفيض بيه، أو الوقوع في الحب اللي ممكن يخليه في حالة غير الحالة، وسبب ده إنه معندوش طرق تانية لاحتواء المشاعر وتحمل وجودها من غير ما يفقد التركيز والسيطرة، وما يعرفش يهدِّي نفسه ويرجع للحالة المتزنة إلا بالطرق بتاعته، تخدير وكبت وتقليل تفاعل وتشتيت وهروب ونوم.

نظام الإغلاق والإطفاء العاطفي بيشتغل في الأوقات المهمة، لما احتياجات التعلُّق تظهر (أثناء الكروب المختلفة، وقت ما يحتاج بشدة القرب لأحد والتطمين والحماية والرعاية)، ده الوقت المرعب بالنسبة له واللي كل الأجهزة جواه بتشتغل عشان تلغي الاحتياج والإحساس.

يمكن بسبب الطريقة دي، اللامكترث ما بياخدش باله كويس من الأخطار أو التلاعب أو التهديد، ما بياخدش باله من الأوضاع السيئة أو حالته السيئة أو احتياجه للمساعدة، مش مركز لأن حسَّاساته للخطر بطيئة أو ما بتحسش، كمان لو حست بتعطل نفسها بنفسها، بتخدر نفسها، أوقات كتيرة بيستنى في أوضاع بالغة السوء والإيذاء وهو مش واخد باله وفاكره عادي وطبيعي (جزء من ده لأنه كان العادي والطبيعي في طفولته)، وكتير بيتئذي ويلوم نفسه إزاي ما أخدتش بالي مع إن الأمور كانت واضحة. ببساطة أجهزة الإنذار بايظة ما بتشتغلش.

في العلاقات مع الناس برضو بيهرب، بيحط مسافات، وبيمنع نفسه من الاقتراب، أو بيزق اللي بيقتربوا. مثلًا، ما بيحبش الاتصال الكتير أو الكلام في أمور شخصية أو يكشف عن نفسه أو يفتح قلبه لحد أو يعبر عن حاجة أو يطلب حاجة، تكلمه في الشغل أو الكورة أو أي حاجة مفيهاش عواطف إنسانية خاصة تلاقيه متجاوب ومتواصل بشكل حلو، وعند المواضيع العاطفية يخرس ما يعرفش يعبر، ولو الطرف التاني في حالة سلبية بيحس اللامكترث بتوتر وما يعرفش يقول إيه ولا يعمل إيه، وأوقات كتيرة إما بيسكت أو بيغير المواضيع أو بيغير انتباهه أو بيمشي، وأوقات بيتكلم كتير بس في الحقيقة ما بيقولش حاجة، أو يرد على الأسئلة الشخصية بجمل قصيرة أغلبها: «أنا كويس. كله تمام».

ويوم ما يفيض بيه لطلب المساعدة، يرسل تلميحات من تحت لتحت، أو يستنى الآخر ياخد باله من نفسه ويهتم. وحتى في الغضب كتير من الأوقات وهو زعلان بيعمل سلوكيات العنف السلبي والاستفزاز، بيتهرب من المواجهة اللي بيخاف منها لأنها بتبقى كلها انفعالات ما بيعرفش يتعامل معاها بكفاءة.

أوقات أصلًا لما بيبقى محتاج دعم وتطمين بتبقى طريقته الانعزال، سواء عشان يهضمها ويتعامل معاها بنفسه (سيبوني في حالي أنا هاقعد مع نفسي شوية وكله هيبقى تمام)، أو لأنه مش قادر يطلب أو مش متوقع استجابة.

وأوقات كتيرة بيقاوم المساعدة من الآخرين وبيرفضها لأنه ما بيحبش حد يساعده (أنا قوي وباعرف أتصرف لوحدي. مش عايز

أبان خايب). وأوقات كتيرة بيحتاج يتأكد إن الآخر فعلًا مهتم، وبيستناه يحاول كتير ويلح عليه عشان يطمن إنه فعلًا عايز يساعده.

شعاره في الحياة لمواجهة الأحوال السيئة: «ما تهتمش بالوِحِش. ما تركزش كله بيعدي. لا أملك رفاهية الانتظار. كمل وما تقفش. طنش». مش بس كده، هو كمان بينسى ذكرياته المؤلمة، بيتجاهلها وبيلغيها أول بأول، أو بيقلل من أهميتها، أو بيشغل نفسه عنها، أو بيقلل تأثيرها.

ولأن الكثير من اللامكترثين اتعودوا على كبت الذكريات المؤلمة وعدم تذكرها، فمثلًا الكتير منهم ما بيفتكرش الأحداث السلبية في الطفولة أو بيفتكر القليل، وعندهم فجوات كبيرة في الذاكرة، ولأن الجانب السلبي والمؤلم مفقود، بيوصفوا طفولتهم إنها سعيدة، وإن والديهم بيحبوهم، لكن مع التركيز بيلاقوا ذكريات قليلة أو غير محددة أو واضحة للأحداث اللي بتأكد الاعتقاد ده (حتى في العلاقات طريقتهم دي بتخليهم أوقات يشوفوا إن علاقتهم مفيهاش مشاكل أو حتى سعيدة).

صفات النمط اللامكترث

- الانفصال عن المشاعر، عدم الإحساس بيها أو فهمها، عدم القدرة على التعبير عنها.

- عدم القدرة على هضم المشاعر السلبية، واللجوء إلى كبتها لحد ما تفيض وتخرج في نوبات عارمة، وخاصة الغضب، بدون مقدرة على التعامل الصحي معها.

- عدم الإحساس بالاحتياج للقرب.
- عدم القدرة على التواصل العاطفي الفعَّال.
- عدم القدرة أو الرغبة في الشكوى أو طلب المساعدة أو قبولها.
- عدم القدرة على احتواء الآخر وطمأنته.
- الانزعاج من المواقف العاطفية والمشاعر السلبية وعدم القدرة على التصرف.
- احتقار المشاعر واحتقار التعبير عنها.
- احتقار الضعف والاحتياج والخوف منهم.
- الخوف من الحب والاقتراب.
- الخوف من الارتباط العاطفي.
- إحساس عالي بالثقة بالنفس واحتقار الآخرين.
- الاستقلالية الشديدة والحدود القوية.
- السعي للعمل والإنجاز والنجاح بشكل قوي.
- الاهتمام بالأشياء المادية.
- الميل للعقلانية والعلاقات العملية والعابرة.
- عدم الثقة في الآخرين وفي وجودهم أو الاعتماد عليهم والاهتمام منهم.
- الانفصال عن الآخرين نفسيًّا وربما جسديًّا أيضًا.
- عادات إدمانية أو قهرية.
- تجنب الخلافات والمشاكل.
- تأثيره مرهق ومخرب للعلاقات.

النمط القلِق
المتردد، الخائف في الحب

أحد أنماط التعلُّق غير الآمنة (الخائفة). نسبتهم حوالي ٢٠٪ وينتشر في النساء أكثر من الرجال.

تسميات أخرى: مشغول البال، المقاوم، المتعلق، العاطفي، الرومانسي.

هؤلاء هم المحبون بجنون، أبطال قصائد الشعر والأغاني والأفلام الرومانسية، وأبناء الخوف والحزن والشوق والظنون والغضب. الحالمون بالحب المشتعل، والمحترقون بلهيبه. تلمع أعينهم دومًا وتتوهج عندما يرون الحبيب، تسري في عروقهم وأجسادهم كهرباء التواصل وكيمياء التفاعل وسكرة الحب والجنون. تقتلهم الوحدة، ولا يطيقون العزلة. هم بلا حب يشعرون بالضياع والتيه والخواء، لا شيء يهم سوى الحب، ولا شيء أهم من المحبوب، ولا سعادة إلا في لحظة اقترابه والهيام به ومعه. لا يريدون شريكًا في الحب والوجود، تقتلهم نظرات التجاهل وبرودة المشاعر، وتثير غضبهم

وجنونهم لحظة الإهمال أو الفراق. هم أطفال في كل أحوالهم، سعداء وأشقياء في الحب، خائفون ودائمًا على أطراف أصابعهم خوفًا من الرحيل، غاضبون عند الإهمال، مستجدون عند الفراق، باكون فاقدون للرغبة في أي شيء بعد الرحيل. السائرون بثقب كبير بداخلهم، فراغ لا يمتلئ، وجوع للحب لا ينتهي أو يطمئن.

أصحاب النمط القلِق ممكن يقولوا:

ـ باكتئب لما اللي باحبه يبص لحد تاني.

ـ حاسة إني مش حلوة كفاية.

ـ باخاف لو بعدت مش هالاقي حد تاني.

ـ لو اللي باواعده اتصرف ببرود باقلق أكون عملت حاجة غلط.

ـ لو عايز يفسخ معايا، باحاول أوريه إيه اللي هيخسره.

ـ دايمًا خايف/ خايفة إن اللي باحبه يحب حد تاني.

ـ لما أبقى لوحدي بابقى قلقان/ قلقانة أكتر وحاسس/ حاسة بعدم الاكتمال.

ـ باخاف إن اللي باحبه يبطل يحبني.

ـ باخاف إن اللي باحبه لو عرفني على حقيقتي مش هيحبني.

ـ باخاف إن اللي باحبه ما يبادلنيش نفس الحب.

ـ أنا مهووس/ مهووسة بالتفكير دايمًا في العلاقة وفي اللي باحبه.

ـ باتعلَّق بسرعة.

ـ أنا حساس/ حساسة للتقلبات المزاجية للي باحبه.

لو لقيت نفسك متفق مع أغلب الجمل دي، أهلًا بك في عالم النمط القلِق.

من أين جاء أصحاب النمط القلِق؟

الأمان إن الطفل يقدر يستقل عن الأم، ويمارس استكشافه ولعبه وتعلمه وهو مطمن إنها موجودة لو احتاج لها تطمنه.

النمط القلِق؛ نمط مليان مخاوف وعدم أمان نتيجة تقلبات في الرعاية والاهتمام أو بيئة الطفولة. الأم غالبًا متحكمة وبتكتف الطفل جنبها، أو متقلبة نفسيًّا، أوقات بتنتبه وبتبقى حساسة لاحتياجات الطفل ومستجيبة وأوقات لأ، أوقات بتعرف تهدِّيه وتحتويه وأوقات لأ. وبالتالي الطفل ما قدرش يثق في وجودها المستمر إنه يعتمد عليها لإشباع احتياجاته. مش عارف إمتى هتيجي وإمتى هتختفي، إمتى هتنتبه وإمتى لأ، هتعرف تهدِّيه ولا لأ، وإيه اللي بيخليها تيجي وتختفي. وبيفضل مشغول باحتياجاته وخايف من فقدانها. بيخاف يبعد ما يلاقيش أمه لما يرجع فيتكتف جنبها أو يلزق لها أو يتعلق برقبتها عشان يطمن. دي بالنسبة له أفضل طريقة يطمن بيها.

النمط القلِق ما قدرش يكوِّن قاعدة أمان ثابتة. قاعدة أمانه متقلبة، فجأة بتظهر وفجأة بتختفي وفجأة بتتغير. عشان كده هو خايف باستمرار، وكل حاجة حواليه مخيفة ومرعبة. وبتفضل غريزة التعلُّق (الرغبة في البحث والاقتراب من الأم) نشطة ومشتعلة باستمرار. مشغول بيها وبيدور عليها وبيفكر فيها. وعلى عكس الطفل الآمن اللي بيقدر يهدا لما الأم ترجع من غيابها وتطمنه، الطفل القلِق بيلاقي صعوبة إنه يهدا ويطمن مهما عملت الأم، وبيفضل مضطرب لفترة أطول.

والنتيجة طفل لازق في الأم وما بيسبهاش، وبيعمل تصرفات

كتيرة عشان يشد انتباه الأم، وبيتوتر ويغضب ويبكي لما تغيب، وبيفضل في حالة بكاء وتوتر وغضب طول ما هي غايبة ومحدش عارف يهدِّيه. ولما ترجع يبقى متوتر ومتلخبط وباصص للسما أو ما بيبصش لها. وبالرغم إنه بيترمي في حضنها بيفضل يعيط ويعاتبها (إنتِ سيبتيني. ما تسيبينيش تاني)، أو يغضب منها ويضربها وياخد وقت لحد ما يهدا.

أوقات الأم نفسها تكون من أصحاب النمط القلِق، وعندها جوع عاطفي قوي تجاه أولادها بيخليها تتصرف بطريقة غير حساسة أو غير كافية أو متوترة، أو بتستخدمه كممسحة نفسية، تطلب منه هو الدعم والتطمين والاحتواء، وتخلط بين الجوع العاطفي والحب الحقيقي للطفل.

يقول روبرت فيرستون:

لما الأم تحس بالجوع العاطفي ومعندهاش مورد للإشباع بتلجأ إلى الطفل عشان يشبع احتياجاتها هي مش احتياجاته. مثلًا بتحضن الطفل عشان هي تطمن مش بتحضنه عشان هو يطمن.

الأم اللي عايزة الحب والتطمين من الطفل بتسيبه من غير إحساس داخلي بالهدوء والأمان، وبتخليه مشوش وغير قادر على الاعتماد

على حد، ومش قادر يستفيد من الأوقات المتقطعة اللي بتبقى كويسة فيها معاه، وبتخلق علاقة مشوهة بتتحول هي فيها لدور الطفل ويتحول الطفل فيها لدور الأم أو الأب (اللي بيتسمى الدور المعكوس)، وبيتساب الطفل من غير إشباع، مسلوب الطفولة، واللي بيسيب فيه ثقب عاطفي وفراغ ما اتملاش (ثقب الأمومة المفقودة).

الطفل القلِق بيحس دايمًا إنه مستنزف بسبب انتباه الأم الفارغ من المضمون واللي بيعطله كمان. أوقات يتوتر ويتعلق بالأم لأنه حاسس بالجوع العاطفي، وأوقات لأنه حاسس بالذنب وكأنه من الواجب عليه إنه يعتني بيها ويطمنها.

الحساسية النفسية أو المواجدة هي إني أحس إن الطفل حاسس بإيه وعايز إيه وألبِّي احتياجه ده وأطمن مشاعره دي، بس أوقات الأم بتبقى غير حساسة لاحتياجات الطفل ومش مدركة لها، مثلًا تعمل للطفل اللي هي حابة تعمله مش اللي هو محتاجه. مثلًا الطفل عايز ينام وهي شايفة إن اللعب معاه مهم له. أو ممكن تهتم بمظهر الأم الجيدة أكثر من بذل الجهد للتناغم مع الطفل وفهمه، أو تشوف الطفل واحتياجاته ومشاعره كما هو. هي شايفة إن الأم الجيدة اللي بتذاكر لولادها وبتعلمهم ومهتمة برياضتهم، أو اللي بتفسح وتخرج وتلبس وتنضف وتعمل أعياد ميلاد. وبتحاول تشبع صورتها هي. إنها هي اللي تشوف نفسها جيدة، وممكن عشان ده تنسى احتياجات الطفل ومشاعره (مي الطفلة اللي عندها ٧ سنوات شايفة مامتها مهتمة بعيد ميلادها، بلبسها، هتعمله فين وهتجيب إيه وهتعزم مين. مي شايفة مامتها بتعمل عيد الميلاد عشان نفسها، عشان تبان أم مهتمة.

مي وصلت للاستنتاج ده لما مامتها ما سألتش هي عايزة إيه، ولما عنفتها على بهدلة لبسها، ولما ما أخدتش بالها إن مي مش مبسوطة).

من الممكن أيضًا إن تدخلات الوالدين وتحكماتهم في الطفل وتصرفاته كانت في نظر الطفل أشبه بالمساومة أو الحب المشروط (استقلاليتي أم حبهم ليَّ؟)، وما كانش قدامه غير اختيار حبهم وفق شروطهم. الرفض بالنسبة للطفل الضعيف والعاجز والاعتمادي تمامًا على الوالدين يعني الموت (وفي مواجهة الرفض لم يكن أمامه إلا أن يبيع نفسه واستقلاله وأن يشتري حبهما، أن يضحي بالحرية على مذبح الحب والاقتراب، وأن يتنازل عن نفسه للآخر، أن يستقبل الحب مغموسًا بالذل والخضوع، ترك العلاقة بالنسبة له موت، ويصبح ظل الأم مهما كان متقلبًا أو مسيئًا أو مشروطًا، غائبًا أو مهملًا أو غير كافٍ أهم من أي مضمون وأهم من الاستقلالية والحرية).

الطفل ما كانش قدامه غير الطريقة دي للتعلُّق مع الأم عشان يضمن الحد الأدنى من الأمان، ما كانش قدامه غير المحاولات المستمرة للالتصاق بيها ومنعها من تركه، متحفز لأي علامة تقول إنها هتسيبه، أي تجاهل أو انشغال، مشغول بمحاولة التودد والاهتمام بيها أو التأكد المستمر إنها موجودة، مركِّز معاها وبيحاول يفهمها ويفهم نظرات عينيها وتعبيرات وجهها. البكاء والغضب والتمسك بملابسها والتعلُّق في رقبتها هي وسائله لمنعها من تركه. ولما تمشي يستمر في البكاء حتى تعود. وتصبح دي طريقته المميزة في العلاقات لما يكبر.

عدم الثقة في الأم وبقائها بيخليه مش قادر يستقل وينطلق عشان يلعب ويتعلم لأنه لازق لها وما بيفارقهاش. وده بيقلل مهاراته

الاجتماعية ونموه النفسي ويبقى طفل ومراهق خائف مش عارف يتواصل كويس ولا عارف يظبط حدوده.

باختصار النمط ده ظهر للوجود نتيجة رعاية متقلبة وغير مستقرة.

النمط القلِق في الكبار

نتيجة عدم الشعور بالأمان استقر في وجدانه إنه لازم ما يثقش في حد لأنه ممكن يتساب هو أصلًا، بيتوقع إنه يتساب في أي لحظة مهما كان الحب جميل والحياة حلوة، وإنه لازم ما يعتمدش على حد تمامًا أو يطمن لحد بشكل كامل لأنه ممكن يتعرض للخذلان. هو شايف إنه مفيش حد هيحبه ولا هيهتم به ويقبله، وإنه هيترفض ومتوقع الرفض، وإنه لو حصل واتحب هيتساب مهما عمل، إن مفيش حاجة هيعملها هتتشاف أو هتتقدَّر، إن اللي بيحبهم دايمًا هيختاروا حد تاني ويفضِّلوا المنافسين عليه، وحاسس إنه هيتخان باستمرار، إنه لو حد قرب وعرفه بجد هيسيبه لأنه مش هيعجب حد.

خريطة الحب جواه بتدور حول البحث عن طريق للخروج من الشعور بالوحدة والخوف، والبحث عن حبيب، وإنه يكون في علاقة ويحافظ عليها من الانهيار. هدف حياته الأكبر واللي مفيش قيمة لأي حاجة غيره هو حبيب يديه الاهتمام والتقدير العنيف، واللي يخلي شغفه مشتعل باستمرار ويشبع اشتياقه للانتباه والحب والاطمئنان. في نفس الوقت خريطة الحب مليانة فخاخ ومخاوف، مخاوف الهجر، إنه يتساب أو يترفض. وبين احتياجاته ومخاوفه بيعيش في صراع مستمر.

أفكاره بتتكرر باستمرار:

ـ الدنيا ملهاش أمان.

ـ مفيش حاجة بتدوم.

ـ مفيش شيء مضمون.

ـ مهما عملنا هنتساب في النهاية.

ـ كل حاجة مهما كانت حلوة بتنتهي بسهولة.

ـ الحب ممكن ينتهي فجأة وكمان من غير مقدمات.

ـ لازم أكون مصحصح لكل الاحتمالات.

ـ الوحدة مميتة وموجعة ومخيفة وكلها حرمان.

ـ مفيش حد بيعجبه العجب.

ـ الرجالة خاينة بطبعها.

ـ محدش بيعرف يطمن ولا حضن بيحتوي.

ـ كله كلام مزيف ومش حقيقي.

النمط القلِق في العلاقات

مشكلة أصحاب النمط القلِق في الخوف والوحدة، والشعور العميق بالخواء والفراغ والملل والاحتياج لحد يكمله وينقذه ويملا الفراغ اللي جواه، هو مهووس بالحب وبفكرة توأم الروح والنصف الآخر وبيدور عليه في كل مكان.

مع ذلك لما يكون في علاقة حب بيلاقي نفسه بيطلب من الآخر المزيد والمزيد من الأدلة والبراهين اللي تثبت له إنه مميز ومحبوب عشان يطمن خوفه وقلقه. أوقات بيحس أيضًا بالجوع العاطفي

اللي ما بيشبعش ناحية حبيبه زي ما كان بيحسه ناحية والديه. بيتمنى إنه ينقذه ويكمله، إنه يقدر يملا الثقب العاطفي اللي ما بيتمليش. وتتحول الأمنية إلى مطاردة مستحيلة الحدوث لأن مفيش حد يقدر يملا الثقب ده.

ونتيجة الخوف العميق من الماضي وألم الفراق والهجر بيتصرف أصحاب النمط القلِق بطريقة تبان يائسة وخائفة ومتطلبة ومليانة غيرة شديدة والرغبة في التملك والتحكم والسيطرة على الآخر سواء بطرق واضحة أو بطرق خفية.

أصحاب النمط القلِق ثقتهم بنفسهم منخفضة، وعندهم اعتمادية عاطفية شديدة على الآخر، وبيحتاجوا إلى التطمين والتأكيد باستمرار، وإلى الموافقة والقبول بشكل كبير.

وعشان يحصلوا على الانتباه والقبول في نفس الوقت اللي خايفين فيه من الرفض، بيحاول أصحاب النمط القلِق إرضاء الآخر على حساب أنفسهم، وبيخبوا شخصيتهم الحقيقية، وبيتقمَّصوا ذات مزيفة بيكونوها من الصفات اللي تعجب الآخر وترضيهم. وأوقات بيقدموا تنازلات كتيرة من حقوقهم واستقلاليتهم، وبيبقوا مش مدركين للحدود الشخصية سواء ليهم أو للآخرين.

أصحاب النمط القلِق لما بيبقوا من غير علاقة بيحسوا بالوحدة والحرمان وبيبقوا متوترين، وده أوقات بيخليهم يشتروا حب الآخر، وبيتوددوا ليهم بزيادة، وبيتساهلوا معاهم، وبيقدموا خدمات ومساعدات وبيكونوا معطائين بزيادة وبسخاء.

في بداية العلاقات، أوقات كتيرة لما بيحسوا بالتجاهل والإهمال

من الآخر بيخافوا يشتكوا أحسن يبان إنهم حساسين، وكمان أوقات ممكن يمثلوا اللامبالاة والانشغال وعدم الاهتمام سواء بسبب قلق البدايات أو كنوع من التلاعب. وأوقات ما بينفتحوش على الآخر إلا لو لمَّح بحبه أو أعلنه أو قرر ياخد العلاقة لمستوى أعلى.

في أثناء العلاقة نفسها بيمارسوا نوع من التمجيد والتعظيم والتقديس للآخر وللعلاقة معاه (رزقت حبه، ده حبه جنة عشت فيها، إلخ). بيحاولوا يكونوا معاه طول الوقت سواء في نفس المكان أو بالاتصالات والرسائل، بيتطقسوا على أخباره وبيتلصصوا عليها، مهووسين بيه ومشغولين البال، بيفكروا فيه وبيشكلوا حياتهم كلها حوله ومش مركزين في نفسهم وحياتهم، وهيحسسوك قد إيه العلاقة حلوة ومختلفة (مفيش قبله ولا بعده). عايزين كلام حب ومديح وإعجاب باستمرار، وتأكيدات وتطمينات إنه مش هيسيبهم أو هيتخلى عنهم، وعايزين قرب جسدي وأحضان وتعبيرات عن الحب والمودة وتلامس بشكل مفرط.

وأسئلة المرحلة دي، واللي بتدور في دماغ أصحاب النمط القلِق بتبقى من عينة:

ـ بيفكر في إيه دلوقتِ؟

ـ يا ترى بيعمل إيه؟ بيفكر فيَّ زي ما بافكر فيه ولَّا ناسيني ومش على باله؟

ـ بيحبني قد إيه؟

ـ هو أنا باحبه بجد؟

ـ طب يا ترى هو المناسب؟

ـ طب لو مش مناسب، هو أنا باضيَّع وقتي؟

ـ ليه ما اتصلش؟ ليه ما ردش؟ بيكلم حد؟ ما وحشتوش؟ مش مهتم؟

ـ طب لو عيلته ما حبتنيش، هيتمسك بيَّ ولا هيسيبني؟

ـ طب لو بعد عشر سنين حصل كذا هيعمل إيه؟ هيوافق؟

وبسبب حساسيتهم العالية للرفض والهجر، غالبًا ما بيسيئوا فهم تصرفات الآخر بإنه رافضهم أو مش حساس أو لامبالي ومش مهتم، أو إنه بيستعد للرحيل، وتبدأ دماغهم تشتغل في سيناريوهات واستنتاجات:

ـ هو ما بيحبنيش.

ـ لو بيحبني بجد كان عمل كذا.

ـ غالبًا هيسيبني.

ـ إزاي بيعاملني كده؟

ـ هو مش شايف أنا باعمل إيه علشانه.

ـ كان عندي حق ما أثقش فيه.

ـ إيه اللامبالاة دي.

ـ لو بيحبني كان اهتم وخد باله.

ـ أنا مليش قيمة عنده ولا فارقة معاه.

ـ تلاقيه بيهزر ويضحك وأنا ولا على باله.

ـ يمكن بيفكر في حد تاني ومشغول بيه.

ولأنهم متعودين ما يعبروش عن مشاعرهم واحتياجاتهم بشكل واضح ومباشر، وبيختلقوا مشاكل وخناقات كغطاء لاحتياجهم

للقرب والتطمين، أو لاعتراضهم على اللي شايفينه تجاهل وعدم اهتمام وإن الآخر ناوي يبعد أو بيستعد للرحيل، سواء كان التجاهل وعدم الاهتمام حقيقي أو متخيل أو لأسباب أخرى، فأول ما خوف الهجر يُستفز، بيدخلوا على طول في خناقات وغضب وتصعيد، وأوقات بالتبادل مع طرق استجداء وشحتفة وتوسل للبقاء وبكاء وأحيانًا الإغماء يمكن الآخر يقرب وما يبعدش. عشان كده بيتقال عليهم سلوكيات استجداء وطلب للقرب وبكاء (عشاق الدراما ـ دراما كوين ودراما كينج).

وفي الحالات دي ما بيعرفوش يحتووا مشاعرهم سواء مشاعر الغضب أو مشاعر الخوف والألم، ولا بيعرفوا يهدوا نفسهم أو يفرملوها، وبيخرجوا عن السيطرة، وفي نفس الوقت ما بيقبلوش الاحتواء والتهدئة من الآخر مهما فعل (الآخر ما بيبقاش عارف يعمل إيه عشان يهديهم سواء وهما غضبانين أو وهما خايفين وبيتألموا).

أثناء مرحلة الغضب بيفتكروا كل الصفات السيئة في الآخر، وكل حاجة وحشة في العلاقة، وبينسوا كل الإيجابيات، وده بيخليهم يشوفوا العلاقة مؤذية جدًّا والآخر شخص سيئ جدًّا، وده بيخلي غضبهم أعمى ومش شايفين قدامهم، وبيتصرفوا ولا كأن هاممهم حاجة، وكثيرًا ما بيعملوا حاجات مضرة ومهينة للآخر أو يطالبوه بالرحيل أو يهددوه إنهم هيمشوا. وعلى العكس من ده وخاصة لما الآخر يقرر يمشي فعليًّا، بيفتكروا كل حاجة إيجابية في العلاقة وفي الآخر، وينسوا كل حاجة سلبية، فيلاقوا نفسهم ضيعوا حاجة حلوة من

إيديهم، وخاصة بالأخطاء اللي عملوها في مرحلة الغضب، فيبدأوا في مرحلة الاستجداء والاقتراب عشان يرجعوه. ودي بتبقى طريقة نمطية ومتكررة لخناقات أصحاب النمط القلِق.

وهكذا لأي سبب يثار فيهم الخوف من الهجر أو الغيرة أو الاحتياج للتطمين، يدبوا خناقة على أي حاجة، الآخر يتجاهل أكتر أو يبعد نفسيًّا، الخناقة تتصاعد ويغضبوا ويكسروا، الآخر يبعد مكانيًّا، يجروا عليه يعيطوا ويستجدوه. أيام عسل قليلة، وتُعاد الكرَّة مرة أخرى. غريزة التعلُّق عند أصحاب النمط القلِق بتشتعل وبتنشط معاها سلوكيات الاحتجاج وسلوكيات الاقتراب والإبقاء والتودد لما يحصل الآتي:

- عدم الاستجابة (الطرف الآخر ما بيردش على الاتصالات أو الرسائل أو بيتجاهل المطالبات والتلميحات)، أو لما بيحسوا بالرفض الحقيقي أو المتوهم.

- لما يحسوا بالتهديد إنهم هيفقدوا العلاقة: الخناقات العادية بتثير فيه توقعاته إنه خلاص هيتساب ودي النهاية، أو أي تعبير من الطرف الآخر عن مشاعره واحتياجاته ومخاوفه حتى ولو بشكل صحي، يعتبرها أصحاب النمط القلِق إنه خلاص بقى مش عاجبه، وإنه ربما بيستعد للانفصال، أو إن خلاص فيه حد في حياته وإن كلامه دليل إنه خلاص اتغير وما بقاش يحبه ورافضه.

- أي محاولة من الطرف الآخر للاستقلالية وأخذ مساحة له وممارسة حياة مستقلة بمفرده حتى ولو في شؤون تخصه،

بيتم اعتبارها إنها محاولة للبعد واستعداد للرحيل (وكأنه بيلم شنطه).

● الابتعاد بأي شكل: مشغول، مش فاضي، مرهق أو عنده ضغوط، بيتم اعتباره تهديد ورفض وعدم اهتمام.

أول ما جهاز الإنذار يضرب صاحب النمط القلِق بيترعب وبيحس إن القيامة هتقوم والعلاقة خلاص هتنتهي وبيستنفر وبيتحفز لاستعادتها ومنع الانهيار والاطمئنان على استمرارها والاقتراب من الآخر والتأكد من بقائه.

جهاز الإنذار أو الإحساس بالخطر هو المسؤول عن سلوكيات الغضب والتصعيد واللي هتفضل شغالة لحد ما يلاقي استجابة كافية من الطرف الآخر تطمنه إن الأمور على ما يرام، وإنه مكمل والعلاقة مستمرة. لما يضرب الإنذار فكل شيء تهديد وصاحب النمط القلِق يبدأ يلوش في كل حاجة.

لو الطرف الآخر حاضر عاطفيًا ومنتبه ومستجيب هيهدا. ومع استمرار التطمينات والاستقرار يقدر أصحاب النمط القلِق يكتسبوا الشعور بالأمان والامتناع عن سلوكياتهم الاحتجاجية اللي هدفها لفت انتباه الشريك والحفاظ عليه.

في حالة استمرار التجاهل من الطرف الآخر أو عند ظهور تهديد بالرحيل وبغرض لفت الانتباه والحصول على التأكيدات والبراهين إن الطرف الآخر هيستنى وباقي، صاحب النمط القلِق هيعمل التالي:

● هيحاول الاتصال باستمرار بالطرف الآخر: إرسال رسائل

مستمرة، اتصالات متكررة بشدة، الذهاب إلى بيته أو مكان عمله أو البحث عنه في أماكن وجوده.

- دماغه شغّاله حسابات، يشوف أخد وقت قد إيه لحد ما رد ويعمل زيه وياخد نفس الوقت عشان يرد هو، أو يستنى ما يحاولش ياخد الخطوة الأولى.

- تهديدات بالرحيل (أنا عايزة أتطلق. خلاص العلاقة دي شكلها مش نافعة. إحنا نسيب بعض أحسن).

- استخدام أساليب تلاعب، ألعاب نفسية، زي إنه يعمل نفسه مشغول أو مش مهتم أو يحاول إثارة غيرة الطرف الآخر بأي شكل.

- التجاهل، الابتعاد، اللامبالاة.

- اللوم، والعتاب، وإشعار الآخر بالذنب عشان يخليه يستنى في العلاقة.

- الغضب الشديد، واللي كثيرًا ما بيوجهه أصحاب النمط القلِق لأنفسهم (يضربوا نفسهم مثلًا).

- تصرفات عدوانية، زي الخناقات بدون سبب أو على لاشيء، أو التهديد بالإيذاء والانتقام، أو الإهانة، أو حتى العنف.

حالة الاحتجاج بتنتهي لو صاحب النمط القلِق قدر يحتوي نفسه، أو إن الطرف الآخر قدر يحتوي الموقف قبل بداية التصعيد، ولكن عند التصعيد الأمور بتتصعب جدًّا على الطرفين، خاصة إن الطرف القلِق بيهدا وبيقتنع بصعوبة وما بيتمش احتواؤه إلا بعد حصوله على التطمينات الكافية إن الآخر باقي، أو لو ظهرت بوادر إن العلاقة على

وشك الانتهاء والأمور هتتقلب جد فعلًا، فيلجأ لسلوكيات التودد والاقتراب.

أوقات أصحاب النمط القلِق هما اللي ببيقوموا بإنهاء العلاقة من نفسهم أولًا لو شكوا في رحيل الآخر أو رفضه، وكأنهم بيقولوا بيدي لا بيد عمرو، أو أرفضه قبل ما يرفضني.

سلوكيات التودد والرغبة في الاقتراب

سلوكيات التودد بتنشط لما الابتعاد والرحيل يكون وشيك كمحاولة لإعادة العلاقة ومنع الطرف الآخر من إنه يمشي (خلاص بيلم شنطة هدومه وعلى الباب أو على السلم)، أو بعد انتهاء العلاقة فعليًا، أو تخيل نهايتها ذهنيًا، وبتتميز بالخضوع والتنازل والاستجداء والاعتذار ومحاولات الاسترضاء. وقتها أصحاب النمط القلِق بيعيشوا حالة نفسية بتتميز بالآتي:

- الطرف الآخر بيتشاف بنضارة وردية خالية من العيوب.
- البال بيفضل مشغول باستمرار، ومفيش تركيز في حاجة غير الطرف الآخر والعلاقة.
- ضعف الثقة بالنفس للنمط القلِق واللي بيظهر في أفكار زي: مش هالاقي حد تاني، بكرة يتغير، مش هالاقي حد يحبني، هو لو سابني هيبقى سعيد مع حد تاني، كل البيوت كده.
- مشاعر القلق والألم عند الفراق، الإحساس بالهدوء والاطمئنان فقط بوجود الطرف الآخر، وإن الزعل معاه بيزود توتره وألمه وحزنه، وده بيخلي الرابطة العاطفية قوية جدًا وصعب إنهائها.

الحالة دي بتنشط مشاعر الخوف من الوحدة والرغبة في القرب والأمان والحنين للحب، وبتظهر في شكل سلوكيات تودد. مثلًا، يقدم الكثير من الهدايا أو المال أو الوقت أو المجهود والخدمات والمساعدات، وبيستثمر كتير في العلاقة ربما مع توقعات لاشعورية إنه هياخد حب مقابل وعطايا مقابلة.

سلوكيات إبقاء الآخر والحفاظ على العلاقة لمنع الهجر والخيانة

ودي بتختلف بين النوعين:

الرجال من أصحاب النمط القلِق لما بيحسوا بتهديد من منافس آخر بتظهر:

- سلوكيات تمَلك واضحة.
- مراقبة مستمرة لسلوك الآخر والتفتيش وراه.
- تهديد الآخر بالعقاب.
- سلوكيات تحكم في الآخر وتصرفاته ووقته ومظهره وتعاملاته.
- سلوكيات الغيرة الشديدة.
- العاطفية والانفعالية العالية والتلاعب.
- ارتكاب عنف ضد الخصم.
- سلوكيات خضوع للطرف الآخر.

النساء من النمط القلِق لما يكون هناك منافسة بتظهر:

- الاهتمام بالمظهر لدرجة متطرفة أحيانًا.
- الحب والرومانسية العالية، وخاصة في المجال العام ومنصات التواصل الاجتماعي.

- سلوكيات رعاية للطرف الآخر واهتمام كبير.
- إظهار الغيرة عن طريق نوبات الاحتجاج والغضب.

فخ النمط القلِق والنبوءة ذاتية التحقيق

تصرفات صاحب النمط القلِق ممكن تحول حياة الطرف الآخر وحياته هو شخصيًّا إلى وضع صعب ومرهق، الصراع اللي جوَّه صاحب النمط القلِق ثلاثي: بيخاف من الوحدة والبقاء بمفرده، والاحتياج العنيف للحب والقرب والتطمينات وإظهار المودة باستمرار، والخوف من الهجر والرفض والابتعاد. عشان كده هو عايز يكون مع الطرف الآخر ٢٤ ساعة في اليوم، في كل حتة، يعرف عنه كل حاجة، كل فعل وهمسة وفكرة وحلم وخاطرة وأمنية، ونفسه إن الطرف الآخر يكون كده معاه، يهتم بيه ويفكر فيه زيه، أي شيء وكل شيء وأي شخص هو مصدر تهديد ومنافس لصاحب النمط القلِق، والنتيجة بتظهر في سلوكيات تحكم وتملك ومحاولة للسيطرة على الطرف الآخر وخنقه والقفز داخل مساحاته ومراقبته المستمرة والتفتيش خلفه والتحقيق معاه واختلاق المشاكل والدراما باستمرار والمطالبات اللحوحة بالحب والتطمين (إنت ما بتحبنيش، لو كنت بتحبني كنت اهتميت)، مع سلوكيات الاحتجاج العنيفة والغضب العارم والتصرفات المؤذية للذات والمخربة للعلاقة (التهديد بالانفصال أو طلب الطلاق أو إهانة الآخر أو التهديد بإيذاء الذات أو إثارة الغيرة والاندفاعية والعناد)، كل ده بيؤدي إلى ضغوط شديدة على العلاقة وعلى الطرف الآخر، وبيؤدي إلى إبعاد (تطفيش) الآخر

ورحيله، وقتها بتتحقق على أرض الواقع أكبر مخاوف أصحاب النمطِ القلِق (الوحدة والهجر والحرمان)، وبتتحقق بإيديهم هما ونتيجة لتصرفاتهم، لكن بدلًا من إنهم يشوفوا دورهم في الحكاية بيأكد أصحاب النمط القلِق أفكارهم مرة أخرى لأنفسهم (مفيش أمان بجد. مفيش حب. مفيش حاجة مضمونة. أنا هاتساب دايمًا مهما عملت ومحدش هيتمسك بيَّ).

في العلاقة مع أصحاب النمط القلِق، وخاصة من الدرجات الشديدة، بيبقى من المستحيل تقريبًا إن تكون لك حياة أخرى خارج المنزل أو خارج العلاقة، هو شديد التحكم والابتلاع للآخر، وعند أي محاولة للخروج والابتعاد ولو قليلًا بيصبح سلوكه شديد الاضطراب. في الحقيقة، تصرفات أصحاب النمط القلِق متطرفة في كل شيء، حبه وخوفه وغضبه واقترابه وتودده وغيرته وتحكماته ومطالباته وخضوعه، بيرهق بشدة من يرتبط بيه، وبيحول حياته إلى دراما كبيرة.

صفات النمطِ القلِق

- صعوبة كبيرة في الثقة بالآخرين.
- تدني تقدير الذات.
- اعتمادي عاطفيًّا.
- احتياج شديد للحب.
- بيتعلق ويحب بسرعة.
- مهووس بالحب ودائم البحث عنه.
- احتياج إلى تطمينات ومديح وتعبير عن الحب بشكل مستمر.

- الإحساس أن لا شيء كافي، كل اللي بيقدمه الآخر غير كافي.
- متشبث ومتعلق ومتطلب.
- سلوكيات تعلُّق وخاصة أمام الناس.
- خائف باستمرار داخل العلاقات.
- مستوى عالي من القلق، عصبي.
- حساس بشدة للتقلبات العاطفية للآخر.
- مرعوب من الهجر والخيانة.
- الإحساس بالهلع مع انفصال الآخر لأي سبب.
- حدود ضعيفة، وصعوبة في رفض طلبات الآخرين.
- غير مستوعب لاحتياج الآخر للمساحة.
- عاطفي، مندفع، غير متوقع، متقلب المزاج مع صعوبة في التعامل معه.
- تحكمي وتملكي.
- غيور بشدة.
- الاعتقاد إنه ما يتحبش وما يستاهلش.
- مخاوف غير عقلانية، وتفكير كارثي، والقفز للاستنتاج، وردود أفعال غير متوقعة وحادة.
- خايف وحساس من الرفض.
- مشغول بالآخر واحتياجاته باستمرار.
- بيزعل من أقل حاجة، وبيكبر المواضيع.
- بياخد كل حاجة على نفسه.
- ما بيعرفش يتواصل كويس أو يعبر عن احتياجاته إلا بالخناقات.

- بيلوم الآخر وما بيعترفش بأخطائه ومسؤوليته.
- عدم الانفتاح العاطفي التام على الآخر تحسبًا للهجر والإيذاء.
- إخفاء الكثير من ذاته وتقمص ما يعجب الآخرين.
- إرضائي ويطلب القبول والموافقة ويخاف من النقد.

النمط القلِق للأسف، برغم احتياجه للحب الشديد والاقتراب، فبينتهي بيه الحال مع النمط التجنبي المعاكس له واللي بيرغب بشدة في الاستقلالية وبيخاف بشدة من الحميمية والقرب.

النمط التجنبي الخائف
الحيران في الحب

أحد أنماط التعلُّق الأكثر خوفًا، منتشر في حوالي ٧٪.

- مش عارف هو عايز إيه.
- هو عايز قرب وخايف من القرب.

إجاباته عن الحب كالتالي:

ـ أنا ما أستحقش أتحب.

ـ أنا ما أعرفش أحصل على الحب.

ـ مفيش حد يستاهل أثق فيه أو أعتمد عليه.

ـ لما هاحتاج مش هالاقي حد جنبي أتسند عليه.

ممكن تلاقيها بتقول الجمل دي:

ـ الدنيا مفيهاش أمان، العالم مخيف، والناس مؤذية، أروح فين وآجي منين وكل السكك مسدودة ومخيفة ومؤلمة.

ـ مشاعري مشوشة جدًّا، مش قادرة أفهمها ولا أحسها وباحاول دايمًا الهروب منها.

- مشاعري قوية جدًّا وما باعرفش أسيطر عليها.
- حاسة إني باتمزق بين الرغبة في الحب وبين الرغبة في الهروب.
- اللي باحبه بيشتكي مني أوقات إني متطلبة وزنانة ومتشبثة، وأوقات تانية إني بعيدة وباردة وغير مهتمة ولامبالية.
- حاسة بصعوبة إني أخلي الآخرين يقربوا مني، لكن أول ما أسمح لهم يقربوا باخاف يسيبوني ويهجروني ويرفضوني.
- حاسة إني ضعيفة وخايفة وهشة في العلاقات.
- أوقات باحس بانفصال شديد عن نفسي ومشاعري.
- ما باقدرش أقرر هل أستنى في العلاقة ولا لأ.
- الناس ممكن يؤذوني بسهولة لو سمحت لهم يقربوا جامد.
- العلاقات الحميمية صعبة لأن الناس غير متوقعين في ردود أفعالهم وسلوكياتهم.

لو كانت كتير من الجمل تنطبق عليك فأهلًا بك في عالم النمط غير المنتظم (الخائف) حيث «كل حاجة وعكسها».

من أين جاء أصحاب النمط التجنبي الخائف؟
النمط ده اتكوَّن نتيجة لصدمة في الطفولة.

وجدت ماري أينسورث أن طريقة بعض الأطفال عند عودة الأم غير منتظمة وغير متوقعة، أوقات الطفل يجري عليها ثم يتوقف أو يدور على غير هدى أو يكون مستجيب أو عدواني أو خائف.

المفترض إن الطفل يجري على الأم طلبًا للأمان، لكن لما تكون الأم مسيئة أو مخيفة أو تعتبر تهديد للحياة، فالطفل بيتحط

في معضلة مؤلمة، هل يجري عليها عشان الأمان ولَّا يهرب منها من أجل النجاة؟

الشخص اللي من المفترض إنه يمنح الأمان والحماية والحب هو نفسه الشخص المخيف والمرعب ومصدر التهديد والخوف، فالطفل ما بيلاقيش حل للتعامل مع خوفه ومشاعره (أنا خايف واللي ممكن يطمني إما خايف وخوفه مخوفني بزيادة أو مخيف بيهددني. أروح لمين يطمني وكل حاجة مرعبة).

وعشان يعرف يتعامل مع الخوف مفيش قدامه غير إنه ينفصل عن جسده ومشاعره عشان ما يحسهاش ويقدر يهرب من شعوره بالخوف ويتجاهله وينكره ويخدره ويفصل وعيه عنه.

مؤلم أن يكون من نحب ونرجو، ومن يفترض بهم حبنا وحمايتنا والاهتمام بينا، هم من يخذلوننا ويرفضوننا، والأكثر ألمًا ورعبًا أن يكونوا هم من يهددوننا ويبثوا الرعب فينا.

خوف بدون حل

إساءة معاملة الطفل وتخويفه بتتم بطرق كثيرة، منها مثلًا: إن الأم ما تفهمش اللي بيمر بيه الطفل أو اللي بيعاني منه. مش قادرة تفهم إنه خايف. أو بتطلب منه مطالب غير واقعية زي إن الطفل مثلًا يرعاها ويخدمها.

كمان التقلبات في رعاية الطفل بتخلق جواه تشوش، ما بيبقاش عارف إيه السبب ولا إيه اللي بيحصل ولا إيه المطلوب ولا يتصرف إزاي ولا يتوقع إيه، كل شوية بيشوف الأم بتعامله بطرق مختلفة

وغير متوقعة وغير ثابتة، ولا عارف بتيجي إمتى ولا بتروح إزاي، ولا عارف يتعامل معاها إزاي، وده بيخليه يشوفها مصدر الحماية والخطر في نفس الوقت.

وزي ما صورة الأم مشوشة، صورته عن نفسه هو كمان مشوشة، مش عارف هو حلو ولَّا مش حلو، صح ولا غلط، يستاهل ولا ما يستاهلش. كل الصور مفتتة داخله ومنفصلة ومش قادر يدمجها مع بعض أو يكوِّن صورة كبيرة متناغمة لنفسه أو الآخر أو العالم، كل شيء اتنين، أبيض أو إسود، جيد أو سيئ، محبوب أو مكروه، إلخ.

كبر ومش عارف نفسه أو الآخر، ومعندوش إحساس قوي بذاته، مش عارف هو مين، وده بيبقى الأرضية لحالة التفكك النفسي اللي بتحصل له لما يواجه الضغوط والأزمات الانفعالية.

والأكثر تشويشًا له إنه بيواجه أزمة وفخ ومعضلة مش عارف يعمل إيه، هل يحمي نفسه من الأم ولَّا يحافظ على العلاقة معاها؟ هل يقرب ولَّا يبعد؟ (لو قربت هاخاف منها وهافكر في الهروب، ولو بعدت برضو هاخاف من الوحدة وهافكر أرجع لها. إنت الخصم والحكم، إنت الأمان والتهديد، الحب والوجع).

الطفل وكأنه في حالة صدمة، وإحساس بالخيانة لأمانه النفسي، الإحساس اللي غالبًا موجود عند الكتير من الناجين من إساءات الطفولة إنهم اتخانوا أو خايفين من الخيانة ومش عارفين ليه، الحكاية إنهم اتخانوا سابقًا، اتخانت ثقتهم في الطفولة ونسيوا اللي حصل ودفنوها في اللاوعي. أهم الأشخاص لنا، أكتر حد حبناه واعتمدنا عليه ووثقنا فيه إنه هيحمينا وهيهتم بينا هما أكتر ناس خانونا وأصبحوا

مصدر الألم والإيذاء والخذلان. وتستمر ذكرى الخيانة مدفونة في النسيان، ولكنها ترسل خوفها إلينا زي ما بنشوفه في الخوف من الخيانة والخذلان أو الشعور إننا هنتخان مرة أخرى.

العالمة الأمريكية ماري ماين وصفت نمط التعلُّق التجنبي الخائف بأنه «خوف بلا حل، خوف لم يطمئن أو يهدأ».

والنتيجة إن الطفل عمره ما حصل على اعتراف بخوفه أو انعكاس له في عين الأم أو تطمين منها، والأم بترسل رسائل متناقضة من الاقتراب والابتعاد (مثلًا بتحاول تهديه، بس في نفس الوقت واقفة بعيد أو بتحاول تهديه وهي بتضحك أو بتسخر من خوفه، فهو مش فاهم إيه اللي بيضحك أصلًا)، والطفل يصبح مشوش، بالنسبة له سلوك الأم غير متوقع ومزعج (أنا مرعوب وإنتِ بتضحكي).

عجز الأم واضطرابها بيربكه، وممكن يخليه هو اللي يقوم بدور معكوس ويحاول يطمنها. وربما ما حلتش صدمتها ونمط تعلُّقها غير الآمن فنقلته ليه بتعاملاتها المتقلبة، أو ربما الأب كان عنيف أو مؤذي أو مسيء أو مهمل وأصبح مصدر للخوف، أو ربما كان مكتئب وما قدرش يقدم تطمين للطفل. الطفل كان خايف وما لقاش حد يطمنه، أو ربما كان أحد الوالدين تجنبي والآخر قلِق، فنشأ الطفل يمتلك النمطين معًا.

الطفل ما عرفش يلاقي طريقة ثابتة أو مستقرة للتعامل مع الكروب ومع الأم غير المستقرة والمرعبة أحيانًا، والمطمئنة أحيانًا، فكانت طريقته للتعلُّق غير منتظمة.

ربما حاول يتعامل معاها. قرب وهرب ولف حوالين نفسه بدون

هدف واهتمام، أو تعامل بلامبالاة مع الأم، أو كان عنيف، أو تجمد مكانه مش عارف يعمل إيه، وقف في منتصف الطريق مش عارف يقرب ولَّا يبعد، كل ده ما نفعش يطمنه. الطفل عايز يقرب بس حاسس بالخوف وعدم الوضوح (إيه اللي هيحصل عليه العصا أم الحلوى)، وبيبقى شديد التيقظ لأي خطأ أو علامة خطر مثل النمط القلِق، وفي نفس الوقت متجنب للقرب والحب مثل النمط التجنبي اللامكترث.

الطفل ده ممكن يكبر كبالغ يتجه للإدمان أو فقدان التعاطف الاجتماعي أو الشفقة والكثير من المشاكل الاجتماعية والأخلاقية اللي بتؤدي إلى سلوكيات إجرامية، وربما يكمل هو أيضًا دورة الإساءة والإهمال والفوضى في حياة أطفاله.

ربما ما يتعلمش أبدًا الطريقة الصحية في العلاقات مع الآخرين، مش قادر يتعلم ينظم أو يدير مشاعره، ربما يصبح عدواني وغاضب كوضع دفاعي، لأنه وهو طفل اتعلم إن أهم علاقة له لا يمكن الوثوق بها، ولما كبر بقى يعاني من العلاقات العابرة والسريعة.

النمط التجنبي الخائف في الرشد

النمط الخائف من أصعب الأنماط في فهمه، مليان رغبات متناقضة، عنده رغبة شديدة في حماية نفسه وتجنب العلاقات، في نفس الوقت عنده رغبة شديدة إنه يكون في علاقة حب. أهم صفة في صاحب النمط الخائف هي الرغبة في القرب والانزعاج منه والقلق إنه هيتئذي لو سمح لنفسه بالدخول في علاقة أو في حالة الحب، مع نظرة سلبية لنفسه.

صاحب النمط الخائف كبالغ ما بيثقش في نفسه، وشايف إنه ما يستحقش يتحب، وفي نفس الوقت خايف من الوحدة وبيحس بالخواء والفراغ الداخلي والألم والملل، وعايز يكون في علاقات برغم إنه ما بيثقش في حد، وشايف إن الآخرين هيجرحوه وهيستغلوا احتياجاته، غير إنه كمان خايف من الهجر والرفض. معضلة بسببها هو واقف في منتصف الطريق مش عارف يعمل إيه ولا يروح فين. الخوف قدامه في كل اتجاه، ولا قادر يبعد ولا قادر يقرب، وبيتمزق بين القرب والبعد.

وبسبب ده، اتسمى النمط التجنبي الخائف بـ«النمط غير المنتظم» لأنه معندوش خريطة واضحة للحب والعلاقات والتعامل مع الآخرين أو الضغوط، وبالتالي هو أكثر الأنماط خوفًا وغير قادر على التكيف.

عشان كده هيلاقي نفسه فجأة يقترب وفجأة يبتعد، وهيعاني في المواقف الاجتماعية لأنه ما بيعرفش ينفتح على الآخرين أو يتعامل معاهم بشكل جيد أو ثابت، وعشان كده ما بيعرفش يعمل أصدقاء ولو عرف قليل قوي لما بيحافظ عليهم.

مش حاسس بالأمان في العالم، طول الوقت متحفز للي ممكن يحصل له، بيكبر شايل الشيلة دي معاه، وبيعاني من تقلبات انفعالية قوية وحادة ومن النقيض إلى النقيض، وما بيعرفش يهدِّي نفسه، وبسهولة يثار انفعاليًّا من أقل حاجة. ونتيجة المشاعر المتصارعة والعنيفة جواه، بيدخل في حالة انفصال عن الذات وتبلد عاطفي، لكن للأسف ده بيؤدي في النهاية إلى نوبات انفعالية عالية لاحقًا.

أصحاب النمط الخائف بيتصرفوا زي أصحاب النمطين التانيين

(التجنبي اللامكترث، والقلِق المتردد)، ممكن يتصرفوا أوقات شبههم وبنفس فكرهم وطريقتهم.

أصحاب النمط الخائف وأصحاب النمط اللامكترث بيتشاركوا نفس المنشأ، بس الاتنين مختلفين، لأن صاحب النمط اللامكترث طوَّر درع واقي من الثقة العالية بالنفس، ولأنه كمان ما بيطلبش العلاقات ولا بيدور عليها ولا بيهتم بيها، على العكس من صاحب النمط الخائف عايز العلاقات وكمان معندوش الدرع الواقي من الثقة المرتفعة بنفسه، وبيعتقد إنه معيوب وفيه غلطة بشكل أو بآخر بتنفر الآخرين منه وبتبعدهم عنه.

هو كمان شبه القلِقين في احتياجهم للقبول والحب وثقتهم المتدنية بنفسهم، وده بيخليهم اعتماديين عاطفيًا في العلاقة حتى لو كانوا في البداية مترددين بشدة للتعلُّق، بس هما كمان أقل من القلِقين في مطاردة العلاقات والهوس بيها، وفي التعبير عن العواطف، لأنهم متوقعين للرفض لو حاولوا.

بسبب إن نظرة أصحاب النمط الخائف لنفسهم سلبية واعتماديتهم العاطفية شديدة، بيعانوا من قلق الانفصال والخوف من الهجر بشدة، بيخافوا إنهم يتسابوا.

ولأنهم كمان بيلاقوا صعوبات إنهم يبنوا ثقتهم بنفسهم، بيتجنبوا الخلافات وبيهربوا منها وبيخافوا من إظهار المشاعر ومن الانفتاح على الآخرين، وما بيقدروش يتخلوا عن حذرهم وعدم ثقتهم في الآخرين بسهولة إلا لما يتأكدوا أولًا إنهم هيستجيبوا، وبعد دخول العلاقة بيبقوا اعتماديين بشدة ولسه خايفين، وكمان يستثمروا عاطفيًا

أكتر من الآخر، وبيبذلوا مجهود كبير، وبيبلعوا المشاكل جواهم، وبيفترضوا إنها غلطتهم، وبيحاولوا يكونوا إيجابيين بزيادة.

وأوقات برضو نتيجة المخاوف دي كلها بيحاولوا يتجنبوا العلاقات عاطفيًا وجسديًا عشان يستريحوا من الضغوط والصراعات.

في المسار الطبيعي للعلاقات الناس بتتعرف على بعضها تدريجيًا، بيحبوا إيه وبيكرهوا إيه، مخاوفهم، أحلامهم، خبراتهم الماضية، لكن النمط الخائف بيبدأوا يحسوا إنهم مضغوطين للمشاركة والانفتاح، ولما بيحسوا بكده بيقفلوا نفسيًا وبيبعدوا، هما متبرمجين كده عشان يحموا نفسهم من الأذى، وبالتالي أول ما بيحسوا بضغوط بيستخبوا وما بيكشفوش نفسهم للآخرين وبيبعدوا.

التناقضات الداخلية الكتيرة والصراعات النفسية الحادة لأصحاب النمط الخائف بتنعكس على علاقاتهم الإنسانية وبتبقى درامية بشدة وغير مستقرة وشديدة التقلب، بيخافوا وبيتوتروا من الهجر لما يحسوا إن الطرف الآخر هيمشي، وبيحسوا بالحصار والخنقة لما يقرب، بيطلبوا درجة أقل من الحميمية والاهتمام، وبيقدموا درجة أقل من الحب والاهتمام، وبيحموا نفسهم من الأذى بإنهم ما ينفتحوش نفسيًا على الطرف الآخر، وبيلاقوا صعوبات في التواصل العاطفي والتعبير عن انفعالاتهم، وبينتهي بيهم الحال في علاقات مسيئة.

الإحساس بالخواء والوحدة والملل والاشتياق للعلاقات بيبقى ملازم لصاحب النمط الخائف، ولكن أول ما تيجي الفرصة للحب والعلاقة بيخاف بشدة ويهرب، وبيبقى مش عارف إيه اللي بيحصل له ولا إيه اللي بيعمله ولا فاهم ليه. ببساطة الحب بينشَّط جوانا مخاوفنا

الداخلية، وبينشّط معاها طرقنا الدفاعية اللي ما بتهتمش لا بالمنطق ولا بالعقل ولا بالواقع ولا بالمصلحة. لما تثار دفاعاتنا ده معناه إننا تحت تأثير وضع النجاة والرغبة في الأمان، بسبب المخاوف المنطق والعقلانية بيتعطلوا واللي بيقوم بالشغل كله في اللحظة دي هو الطيار الآلي (مخنا العاطفي)، اللي بيهتم بالحماية من الخطر والخوف الآن فقط بغض النظر عن أي عواقب لاحقة.

وبسبب الانفصال العاطفي عن المشاعر والاحتياجات، صاحب النمط الخائف ما بيقدرش يتعلم من الخبرات اللي بيمر بيها، ولا بيعرف يتعلم يتحكم في انفعالاته واندفاعاته، ممكن يبقى عدواني وعنيف كوسيلة دفاعية عن نفسه، وممكن يهرب بدون داعي، وممكن ينفصل عن الواقع، وأوقات كتيرة ما بيعرفش نفسه هو مين ولا عايز إيه ولا بيفهمها ولا بيعرف يحس مشاعره أو يتعرف على طبيعتها أو يفهّم رسالتها وما تقوله عن احتياجاته المهمة، وبالتالي ما يعرفش يلبيها.

النمط الخائف في العلاقات

خريطة العلاقات (النمط) فيها معلومات عني وعن الآخر وعن طريقة التفاعل، خريطة الحب عند صاحب النمط الخائف تحت شعار: «اقترب بشدة، لا تقترب كثيرًا، ابتعد، لا تبتعد كثيرًا».

في مقابل صاحب النمط الآمن اللي بيقدر يكون علاقات ثابتة ومستقرة وما بيخافش من الحب أو الهجر، أصحاب الأنماط غير الآمنة عندهم سمات بتسبب كتير من المشاكل.

صاحب النمط القلِق مهووس بالحب وبيخاف من الهجر، فبيعمل علاقات طويلة وغير مستقرة ولا مشبعة.

واللامكترث بيخاف من الحب وبيعيش وحيد، ولو دخل علاقة بيخرج منها بسرعة، أو لو استمرت بيسبب فيها ضغط على الآخر، وهو كمان بيحس بعدم الحرية وبعدم الرضا.

صاحب النمط الخائف عنده خوف متساوي، الخوف من القرب والخوف من البعد، وده اللي بيخليه متجمد في منطقة وسط أو متردد ومش عارف يمشي في أي اتجاه. هو بيخاف من الحب وبيخاف من الهجر والرفض، عايز حب شديد بس خايف منه بشدة. وده كان نتيجة تعامل الوالد المرعبة للطفل، واللي خلت الطفل متجمد في مكانه وبيستنى على مسافة أمان، بحيث تكون كافية تحسسه بالأمان، وفي نفس الوقت كافية تجنبه الخوف والرفض. وبيلاقوا نفسهم مزنوقين بين فكرتين، عايزين علاقات وعارفين قيمتها بس خايفين منها ومن الطرف الآخر فلا بينفتحوا عليه ولا بيبعدوا عنه، والنتيجة اللي بيوصلوا لها في النهاية إنهم ما بيقدروش يحافظوا على العلاقة، والطرف الآخر بيقرر يبعد بسبب الإرهاق، وبيفتكروا إن الطرف الآخر رفضهم لما قرر يبعد، وبتتأكد مخاوفهم إنهم وحشين وما يستحقوش الحب وهيترفضوا وهيتسابوا.

أصحاب النمط الخائف عايزين يحبوا ويتحبوا ويتفهموا ويحسوا بالأمان بس ما بيعرفوش يعملوا ده، وده بيخليهم يحسوا بإحباط أكبر وتوتر وكراهية للذات، وبيبدأوا يكونوا مشاعر سلبية ضد الطرف الآخر وكأنه هو المتسبب في اللي هما فيه. وبرغم رغبتهم القوية

للحب بينسحبوا من العلاقات وبيشوفوا أي شيء إنه بوادر رفض برغم إنه ممكن يكون مش موجود، بيخافوا الرفض وبيستدعوه عشان يأكدوا لنفسهم إنهم هيترفضوا مهما عملوا، فبتلاقيهم بينهوا العلاقات وبينسحبوا لمجرد توهم أي رفض أو مع أقل علامة رفض. وأحيانًا حتى لو الطرف الآخر أظهر مشاعر صادقة وحقيقية، أصحاب النمط الخائف ممكن يبقوا مبسوطين لفترة ولكن فجأة بينسحبوا، وده بيخلي الطرف الآخر يفقد الاهتمام.

ونتيجة لكل اللي فات يصبح تكوين علاقة والحفاظ عليها مهمة مستحيلة بالنسبة لأصحاب النمط الخائف بسبب تقلباتهم العنيفة وشكوكهم المستمرة وعدم قدرتهم على التعبير، وبالتالي علاقاتهم بتبقى متعددة وقصيرة ومسيئة.

صفات النمط الخائف

- ما بيعرفش يتعامل مع المشاعر السلبية عنده وعند الآخرين.
- صورته عن نفسه وعن الآخرين سلبية.
- ما بيثقش بنفسه أو بالآخرين.
- قلق مستمر ومرتفع.
- خايف من الحب والعلاقات.
- غير قادر على الانفتاح على الآخرين وعمل علاقات وتواصل جيد.
- صعوبة في التعامل مع الضغوط.
- طريقة تفكير أبيض وأسود.

- مهارات اجتماعية فقيرة، ممكن يشارك معلومات عن نفسه بزيادة، معندهوش حدود.
- طرق غير متوقعة في ردود الأفعال.
- يفتقر للمواجدة.
- شايف العالم مكان غير آمن.
- ما بيتعلمش من أخطائه.
- شبه اللامكترث والقلِق.

العلاقات الحميمية

الحميمية هي حالة من الألفة القوية، والإحساس بالونس وعدم الغربة، إني حاسس الطرف الآخر زي ما يكون أنا.

الحميمية جاية من كلمة لاتينية معناها العمق أو الأعمق، شديد الخصوصية، القريب من قلبي جدًّا.

الحميمية حالة فيها ألفة وصداقة وخصوصية وارتياح وارتباط قوي وعميق، حالة دفء.

عشان أكون في علاقة حميمية مع نفسي، معناه أقدر أتواصل مع أعماقي بنوع من الألفة والارتياح والارتباط والدفء. وعشان أكون في علاقة حميمية مع الآخر هي أن أرحل إلى أعماقه ويرحل إلى أعماقي.

عكس الحميمية: السطحية، المظهرية، الانفصال، البرود، التعامل الرسمي.

الحميمية حالة أكتر من مجرد مشاعر، هي حالة تناغم موجات على مستويات كتيرة، انسجام وكيمياء وتفاعل حلو في مناطق مختلفة من النفس.

الحميمية بين الأشخاص بتتحصل في أربع مناطق:

١- التناغم والارتباط العاطفي: الطرفين بيحملوا عاطفة تجاه بعض، بيعبروا عنها وبيستقبلوها بسلاسة، سوجتهم مظبوطة على بعض، بيقولوا اللي في قلبهم من غير خوف أو مقاومة أو صعوبة، المشاعر بتتدفق بسهولة من قلب الواحد للتاني، وبيستقبل المشاعر برضو بارتياح من غير فلاتر أو تفكير أو صعوبة، من القلب للقلب رسول أمين بينقل كامل المشاعر بأمانة وصدق، واللي يخرج من القلب بيدخل القلب بسهولة.

٢- التجاوب الجسدي، الجنسي في جوهره: المقصود به الجنس الحميم، الجنس في إطار عاطفة، التجاوب الجسدي ككل، ألفة كاملة، مفيش نفور أو خوف، في حضور واستسلام كامل وميل للآخر ولمسته وقربه واحتضانه وقبلته.

٣- التلاقي الفكري: الطرفين بيحملوا أفكار وقيم متشابهة، ومستمتعين معًا بمناقشة الأفكار المختلفة، موجتهم العقلية مظبوطة مع بعض، نوع من الشغف والفهم والتفهم والمعرفة لبعض، مش حالة إثبات للذات والتناقض والتنافر والخلاف والمنافسة، قبول من غير أحكام أو تحقيقات أو فلاتر أو تقييمات أو صراع.

٤- الانسجام الاجتماعي: رغبة الطرفين في إقامة علاقات جيدة مع عائلة كل طرف وأصدقائه، دوائر كل واحد بتشتبك بدوائر التاني، زواج أسرتين ومجموعات صداقات في الطرفين.

العلاقة اللي بترفض الألفة والعمق وتهتم بالسطحية بتدخل زي ما بتخرج، لا تؤثر ولا بتتأثر.

والعلاقة اللي طرف فيها مش قادر يألف الآخر فيقرر يلغيه ويمسحه، بتبقى علاقة فيها طرف زي ما هو ما اتغيرش وطرف بقى صفر.

والعلاقة اللي الطرفين فيها رافضين التآلف، ومغرمين بشرارات الانجذاب بين النقيضين وشرارات الانفصال، وبيحرصوا إنهم يكونوا كما هم بدون تغيير، شغفًا بالحالة وليس الآخر، علاقة استماع مؤقت لا تضيف شيئًا.

البعض بيعتبر الحميمية جزء وجداني واهتمام بالآخر، وده صحيح جزئيًا. علشان أقول أنا في علاقة حميمية مع آخر في أي منطقة من المناطق السابقة معناه إننا عندنا رغبة متبادلة في معرفة واكتشاف بعضنا البعض، عندنا اهتمام متبادل ورغبة في الاعتماد على بعض، عندنا التزام بالخصوصية ورغبة في استمرار ده مستقبلًا، عندنا ثقة متبادلة.

العلاقة الحميمية مش اقتراب للآخر واندماج وذوبان فيه وإلغاء للذات، هي انغماس لاستكشاف الآخر، هي الموازنة بين الاستقلالية الذاتية والقرب الحميم، إزاي أحتفظ بذاتي وبحدودها، وفي نفس الوقت إزاي أقرب إلى الآخر. القرب إلى الآخر بيتضمن بعض التنازل عن الاستقلالية وتحوير لبعض الخصائص الذاتية لتتلاءم مع الآخر، علشان تبقى فيه علاقة شراكة ترضي الطرفين معًا.

وعشان تكون الحميمية قوية بتحتاج إلى أعمدة مهمة:

- الثقة المتبادلة إننا موجودين عشان بعض وجنب بعض.
- الالتزام والتعهد إننا هنقدم كل ما يلزم لاستمرار العلاقة ومش هنخون ثقة الآخر.
- احترام الآخر وحدوده وحقوقه واحترام تعهداتنا.
- الشغف والانفتاح لمعرفة الآخر والتعرف عليه والإقبال بقلوب منفتحة تعلن هشاشتها ورقتها ومخاوفها وأحلامها وتوقعاتها من غير خوف.
- الاهتمام المتبادل برفاهية الآخر ورعايته وتطمينه وسعادته.
- الاعتماد المتبادل بدون تحكم أو خضوع، بدون التصاق تام بالآخر أو ابتعاد (التعاضد).

قدرتنا على الوصول لمستويات أعمق من الحميمية بتخليها أكثر ثراءً وإشباعًا وإنها تستحق أن تكون علاقات أمان وانتماء ورفقة وونس، علاقات مهمة مشبعة ومعِينة على التطور والنضج.

العلاقات تُصنع ولا تأتي جاهزة، تُصنع بأيدي الطرفين ورغبتهم الحقيقية في إقامة علاقة مجزية ومهمة، علاقة يصنعها الطرفان ويغرسان بذورها ويرويانها ويراقبانها وهي تنمو معًا، لا علاقة تقوم على طرف واحد، أو مسؤولية وحيدة على عاتق أحدهما، كلا الطرفين مسؤول عنها، والمحصلة النهائية هي ابنة لمجهودهما وصنيعة أيديهما معًا.

عشان نعمل علاقة قوية وصحية محتاجين توازنات بين الحميمية والاستقلالية.

وعشان نعمل كده محتاجين نكون لبعض قاعدة أمان وملاذ آمن

بالشكل الكافي اللي يسمح لنا إننا ننطلق لنتعلم ونستكشف أنفسنا والعلاقة والعالم.

محتاجين نؤمن ونصدق إن الآخر موجود جنبنا، ونثق فيه بالقدر اللي يخلينا نقدر نتسند عليه ونطمن إنه في ضهرنا عشان نحس بالأمان الكافي اللي يخلينا نخرج للحياة وإحنا مطمنين إن لنا بيت وسكن واستقرار منه ننطلق وإليه نعود.

محتاجين نبقى لبعض قاعدة أمان وملاذ آمن وثقة في الطرف الآخر وفي اهتمامه واستمراره وإننا أولوية عنده بالقدر اللي يخلينا نطمئن ونستثمر فيه عاطفيًا ونفسيًا وماديًا.

وعشان نقدر نثق في الطرف الآخر محتاجين نطمئن إنه حاضر عاطفيًا ونفسيًا، إن قلبه مفتوح ونقدر نوصل له بسهولة، إن موجته مظبوطة مع موجتنا، وإنه قادر يحس بينا ويسمعنا ويشوفنا ويفهمنا، إنه يقدر يتحمل حالتنا ويحتوينا ويطمنا ويهدينا، إنه يقدر يدينا المساحة الكافية نعبر فيها عن نفسنا وعن مشاعرنا واحتياجاتنا من غير خوف من الرفض وعدم الموافقة والاستهجان والازدراء والسخرية والعقاب والرحيل.

عشان كده من شروط العلاقات:

- الحضور العاطفي.
- التناغم العاطفي.
- الثقة.
- الاحتواء.
- القبول.
- الموافقة.

- التقدير.
- التعبير عن الحب.
- السماح والحرية.
- القدرة على حل الخلافات.

بالشروط دي نقدر نكون علاقة آمنة مع الطرف الآخر، علاقة تسمح لنا إننا ننطلق بشغف للتعرف على نفسنا والطرف الآخر واختبار العلاقة معاه والاندماج فيها ونطورها، إننا نمارس الحب بأصالة ومن غير خوف. وتسمح لنا نشبع احتياجات العلاقات الأساسية زي الاحتياجات الفسيولوجية والأمان والانتماء والاحترام والحرية والمرح والنمو.

كيف بدأ الحب؟

التناغم والانسجام بين الاحتياج للرعاية والاحتضان والتلامس والاقتراب من ناحية الطفل والاحتياج لتقديم الرعاية من ناحية الأم، ساعد في إنشاء علاقة عاطفية قوية بينهم كانت الأساس والإطار الجيد لممارسة الحب.

الطفل متبرمج لطلب الحب والقرب والحصول على الحماية والرعاية والاهتمام والتجاوب والتطمين من الأم القوية والحكيمة المنتبهة والمحبة والمتجاوبة بكفاءة وثبات واستمرار. وللحفاظ على العلاقة بينهم بيقوم الطفل والأم بمحاولات تناغم مستمرة لإعادة الانسجام لما يحصل اختلاف ونشاز، ولإعادة الوصال بعد انقطاعه.

نكبر وتبقى دي طريقتنا في الحب، في طلبه والحفاظ عليه

والتعامل مع توتراته وفقدان التناغم والانفصال عنه، مع الفرق إننا بنقدم وبنستقبل الحب لبعض.

ليه عايزين حب؟

لما بنكبر، وبرغم استقلاليتنا برضو، بنحتاج للآخرين عشان نشبع احتياجاتنا للانتماء والاستقرار والتعاضد والمشاركة في الرحلة والحياة، بنكبر وبيظهر عندنا رغبة في الحميمية مع الآخر اللي ممكن يكون لنا قاعدة أمان وملاذ آمن. ويبقى كل طرف للتاني رمز تعلُّق نلجأ إليه عند الحاجة وننطلق منه للحياة.

إزاي بنعمل علاقة حميمية؟

بنروح لمين لما نتعب ونحتاج دعم وسند؟ إجابة السؤال ده هي اللي بتخلينا نعمل علاقة حميمية.

لما غريزة التعلُّق تتنشط جوانا بسبب الكروب والتعب والضعف بندور على البيت الآمن، على الآخر المهم والقوي والمحب والحكيم، عشان نرتاح عنده ونطمن ونهدا، أول ما نلاقيه متاح وحاضر ويمكن الاعتماد عليه ومستجيب بكفاءة باستمرار بنطمن لوجوده معانا وبننام في حماه ونتسند عليه.

الأشخاص غير الآمنين للأسف معندهمش البيت الآمن، إما ما كانش موجود تمامًا أو كان غير مستقر، متقلب.

طريقة تعلُّقنا أو حبنا أو إقامتنا لعلاقة عاطفية بتعتمد على برنامجين تشغيل جوانا:

١- نتحب ولَّا لأ؟ لو إحنا شايفين إننا ما نستحقش الحب والاهتمام هنتوقع الرفض والهجر، وهنخاف منهم، وهنعاني من القلق والعصبية والوحدة والغضب داخل العلاقة، وهتستمر غريزة التعلُّق مشتعلة باستمرار، وهنفضل مش مطمنين، ومش قادرين نتعامل مع الانفعالات، وهنستمر حاسين بعدم أمان وتوقع الهجر باستمرار.

٢- برنامج بيحمل تصوراتنا عن الآخرين، توقعاتنا عنهم: هل هيستجيبوا وهيهتموا؟ هل هما أهل للثقة ونقدر نتسند عليهم؟ لو لأ، هنطفي غريزة التعلُّق بنفسنا ونبعد عنهم وهنتجنب الحب.

أنماط التعلُّق والشعور بعدم الأمان

أنماط التعلُّق (الآمنة وغير الآمنة) هي طريقتنا للحماية والشعور بالأمان عن طريق تقديم خريطة حب ترشدنا للتعامل مع توقعاتنا بخصوص الحضور العاطفي والانتباه والحصول على الاستجابة والاهتمام والرعاية من الآخرين، وتوقعاتنا بخصوص الاحتواء وكيفية التعامل مع انفعالاتنا وانفعالات الآخرين، وكيفية حل المشاكل، والتعامل مع الانفصال.

أصحاب الأنماط غير الآمنة عايشين في وضع البقاء، دي طريقتهم للحماية من الخوف، والدرع اللي كونوه ليحميهم من التهديد الخارجي ومن مشاعرهم المضطربة لما غابت الحماية والتطمين من الأم أو كانت متقطعة وغير مستقرة. كونوا الطريقة دي

عشان يعرفوا يتعاملوا مع الأم في الأحوال دي: الغياب والإهمال، والرفض، والتقلبات العاطفية، والتحكمات، والإساءات. الطريقة دي ساعدتهم على التكيف والشعور بالحد الأدنى من الأمان عن طريق البقاء بالقرب منها بما تسمح به الظروف، سواء مجرد اقتراب جسدي يرضى بالكفاف الممكن أو اقتراب متشبث يحاول انتزاع ما يمكن انتزاعه

بعكس الآمنين اللي قدروا يكونوا علاقة مطمئنة وآمنة سمحت لهم إنهم يتخطوا مرحلة الخوف وينطلقوا للتعامل مع الحياة والآخرين من خلال وضع التدفق والفيض والشغف.

أزمات التعلُّق المرتبطة بالثقة والحضور العاطفي والالتزام والهجر والإحساس بالذات وتقدير الذات والاستقلالية والاعتمادية والأصالة والتعبير عن الذات والحدود والتوكيدية وإدارة المشاعر، كل ده بيأثر على سير العلاقة العاطفية بين الأنماط المختلفة ومفهومها للحميمية، واللي بتخلي العلاقات إما مستقرة وقوية ومجزية أو متقلبة وعاصفة وتعيسة.

الجزء الثاني

أزمات التعلُّق

الخوف من الحب

الحب يتطلب أن ننزع دروعنا وأقنعتنا التي نخاف أن
نعيش الحياة من دونها.

جيمس آرثر بالدوين

الحب والخوف من أهم الدوافع الإنسانية، كلنا بنكبر بأفكار
ومخاوف عن الحب وعن العلاقات، ومهما كانت درجة اشتياقنا
للحب هتتبقى عندنا برضو درجة من عدم الاستسلام للحب.

الخوف من الحميمية والحب أو الهروب منهم أوقات بيبقى حيلة
دفاعية لاواعية بنعملها لأننا خايفين من الرفض والهجر والخذلان،
أو خايفين من الإساءة والإيذاء أو السيطرة والتحكم. الخوف ده
بيخلينا نحط حواجز وأسوار أمام الحميمية وما نقدرش نفتح قلبنا،
وبتكون النتيجة إننا نحس بالتعاسة وعدم الاستقرار. أوقات كمان
وبسبب الخوف نتصرف بطرق تطفش الآخرين اللي بيحبونا بعيد عنا،
وتبوظ العلاقات الحلوة، وكمان ممكن نهرب إحنا منها ونسيبها.

الخوف من الحميمية مش معناه إني مش عايز أحب وأتحب،

معناه إني بالرغم من كوني عايز أحب وأتحب مش قادر أفتح قلبي للآخرين وأتخلى عن دفاعاتي، ومش قادر أبقى حاضر ومندمج عاطفيًا مع الحالة، خوفي من حالة الضعف والاحتياج ـ اللي عشتها في الطفولة واللي وجعتني لما خلتني محتاج لمن لا يبالي فلم يهتم ورفضني وخذلني ـ خلاني خايف من الحب والقرب والاحتياج.

كتير مننا عنده خوف من الحب وفي نفس الوقت مرعوب من الوحدة، الخوف من الحب بيخلي الناس تقاوم الاقتراب، بيبقوا عايزين حد وأول ما يستجيب يبطل يعوزه، وأوقات يبدأ حد فقط لما الحد ده يبطل يعوزه. مع البعض الآخر الخوف من الوحدة بيخليهم أكثر تشبثًا بالآخر، الخوف من فقدانه، من مشاعره تجاههم، خايفين من رفضه. أغلب الناس على الناحيتين دول خايفين يستسلموا للحب أو يبعدوا عنه.

أسباب الخوف من الحميمية كتيرة منها أنماط التعلُّق.

اللامكترث أكثر الأنماط خوفًا من الحميمية، بيبني أسوار قوية ضد الحميمية والقرب كطريقة لحماية نفسه من أي ألم إضافي، اتعلم إنه يعامل العلاقات كواجب ويتجنب الاستثمار العاطفي والاندماج العميق فيها، بيبقى جوه العلاقة ولكن منفصل عنها نفسيًا وعامل حواجز جواه (الخوف من فقدان الحرية والاستقلالية بيخلينا نخاف من الحب، بنخاف لما نحب ونفتح قلوبنا ونحس باحتياجاتنا ومشاعرنا نبقى مضطرين نعتمد على اللي بنحبهم ونبقى ضعفاء أمامهم، وده ممكن يخليهم يتحكموا فينا أو يستغلونا أو يخذلونا أو يرفضونا، ده غير إن إحنا جربنا ده أصلًا في طفولتنا لما كنا محتاجين

وضعاف، ونتيجته كانت الألم والإهمال والرفض، وكان الحل المثالي بالنسبة لنا إن ما يكونش عندنا احتياجات عشان ما نحتاجش حد، وإننا ما نقربش لحد عشان ما يظهرش عندنا احتياجات له، إننا ما نحبش عشان لو حبينا هنتعشم، ولو اتعشمنا هنترفض ونتخذل كالمعتاد والمتوقع وهنقع على جدور رقبتنا. وليه؟ أنا كده ملك زماني ونفسي ومش محتاج حاجة أو حد (استقلالية مزيفة مبنية على رفض الاحتياج)، ولو حتى دخلت علاقة هاخليها سطحية ومش هافتح قلبي أبدًا لأني كل ما بافتحه وأسلم لحد باخد على دماغي، وكمان هاتعامل بلامبالاة لمشاعر واحتياجات الآخرين، أصلًا موضوع المشاعر والاحتياجات حاجة حقيرة، ضعف، والضعف حقير).

شعار اللامكترث: «لقد تعرضت للألم والرفض والخذلان مرة، ولن أسمح أن يتكرر هذا مرة أخرى بأي ثمن». وكان الثمن المدفوع: «لن أحتاج أحدًا ولا أريد لأحد أن يحتاجني».

في المقابل، أصحاب النمط القلِق عندهم إحساس عميق بالجوع العاطفي بيخليهم ما بيشبعوش وحاسين بالاستنزاف أكتر من الشبع والامتلاء (مفيش حاجة كافية، عايزة حد يملاني)، بيدوروا عليه في كل مكان وعايزين يعملوا كل اللي يخلي الآخرين يدوهم احتياجاتهم ويحبوهم، محتاجين تطمينات وحب كبير جدًّا، ومع ذلك لسه خايفين وبيحاولوا امتلاك الآخر والتحكم فيه تمامًا.

شعار القلِق: «لقد عانيت من الهجر والفوضى وعدم الاستقرار مرة، ولن أسمح بحدوثهم مرة أخرى بأي ثمن». وكان الثمن: «اعتمادية عاطفية كبيرة على الآخر وتشبث به وإلغاء للذات».

خوف اللامكترث بيظهر لما يقرب ويبدأ يحب، وقتها يبدأ في التردد إنه يقرب أكتر أو إنه يرتبط. اللامكترثون دايمًا بيشوفوا الآخرين عبء ومتطلبين وزنانين، وبيخافوا منهم لأن ده بيرهقهم وبيحسسهم بالخنقة والتقييد وبيزود عدم رضاهم.

اللامكترث عايز حب، بس لسه عايش في أزمة طفولته اللي خلته مليان خوف. بيدخل العلاقة من موقف الطفل/الأم، عايز يشبع رغباته الطفولية اللي ما شبعتش، عايز حد يأكد له ذاته وإنه حلو ومهم وغالي وعظيم ويتحب ويقبله كما هو، ويفهمه ويحسه من غير ما يتكلم أو يبذل مجهود، ويشبعه ويلبي طلباته باستمرار وفي كل وقت وحسب مزاجه في اللحظة دي، ويفضل هادي ومتسامح معاه، وما يعلقش على حاجة بيعملها، ولو علق تبقى بالمدح وبس، وكمان يسيبه على راحته وما يشغلوش وما يدخلوش في مشاكله واحتياجاته (أنا طفل هاعملك إيه يعني)، ولأن مفيش حد كده ولا هيبقى كده بيبقوا وحيدين وتعيسين.

اللامكترث بيتجنب الحميمية على الأقل على المستوى العاطفي (ما بيفتحش قلبه)، بسبب عدم ثقته في الآخرين إنهم هيقبلوه ويحبوه ويهتموا بيه، وبسبب خوفه من الرفض والهجر والتحكم والاحتقار، وبسبب رغبته إنه يكون حر ومستقل ومستغني عن الآخرين. وعشان ما يحبش بيزق الناس بعيد عنه، أو بيبعد هو وبينعزل وبيطفي مشاعره، أو يقلل من أهمية الحب ويحتقر المشاعر (الحب ضعف)، أو يحتقر اللي بيحبه (الحب ده بتاع الستات، لا يبكي على الحب إلا النساء)، أو يحتقر فكرة الحب والعلاقات (حب إيه ومسؤوليات إيه وقرف

وصداع)، أو يحط شعار عشان يخلي فكرة الحب مستحيلة (مفيش حب حقيقي، هما قصدهم على شكل الحب اللي في خيالهم)، أو ينكر فكرة الحب تمامًا (مفيش حاجة اسمها حب، دي مصالح بتتصالح، أو هرمونات، أو أوهام واختراعات، أو أدوات استغلال)، أو ينكر وجود ناس بتعرف تحب أو بتحب من أصله (مفيش حد بيعرف يحب، كل الناس مشوهة وأنانية)، أو يحتقر الطرف اللي معاه في العلاقة عشان ينفصل عنه (يحتقره ويقلل منه ويطلَّع فيه القطط الفاطسة ويسخر منه ويضخم سلبياته وما يشوفش إيجابياته ويمارس شعور الغضب تجاهه، كل ده عشان يقدر يزقه بعيد عنه، كل ده بيعمله جوه نفسه أو في تفاعله مع الآخر)، أو يقارنه باستمرار بآخرين أو بالحبيب الخيالي، وغالبًا المقارنة مش في صالح الشريك، أو يخترع مشاحنات معاه، أو حتى يعمل علاقات خارجية بهدف الانفصال العاطفي عنه، أو يتخيل حالات حب مطلقة (الحب هو... ويحط أحوال غير واقعية ولا ممكنة ولا موجودة)، أو حبيب مستحيل الحصول عليه (مواصفات خيالية، أو حبيب في مكان بعيد، أو فيه حواجز قوية تمنع الانفتاح عليه زي إنه متزوج أو في قارة تانية أو بطل خيالي أو من الماضي وما شابه)، كل ده عشان ما يحبش ولا يفتح قلبه للحب وللآخرين ولا للثقة فيهم.

القرب والحب بيخوفه لأنه بيتطلب منه الانفتاح على الآخر وإظهار ضعفه واعتماديته اللي هو كمان بيخاف منها وبيخاف يتئذي بسببها، وعنده نظرة سلبية جدًا تجاه الضعف والاحتياج ونظرة إيجابية جدًا تجاه القوة والاستقلالية والاستغناء، وعنده كمان عدم ثقة إنه لو

ضعف أو احتاج حد هيهتم أصلًا. ده أحد جوانب القصة. الجانب التاني إنه هو كمان ما بيعرفش يتعامل مع المشاعر السلبية بتاعته ولا حتى المشاعر الإيجابية القوية زي الحب والسعادة والحماسة. لما تظهر المشاعر دي بيحس بعبء شديد جدًا وفقدان للسيطرة. وما بيعرفش غير طريقته اللي متعود عليها في المواقف دي وما يعرفش غيرها: إطفاء المشاعر، وما يحسهاش أو يهرب منها ومن المواقف اللي بتثيرها وينفصل عنها إما نفسيًا أو مكانيًا إذا لزم الأمر، مثلًا في المواقف الانفعالية تلاقيه ساكت مش عارف يعمل إيه أو بيتهرب وما يروحش واجبات اجتماعية. وما بيعرفش يفهم الإشارات الاجتماعية للرفض أو التجاهل، مش حساس كفاية في التعاملات الاجتماعية وما بيعرفش يقرا وشوش الآخرين، ممكن ما ياخدش باله من حالة الآخرين المزاجية أو هما عايزين إيه.

وعشان مخاوفه دي كلها ومهاراته في التعامل مع مشاعره بيميل اللامكترث إنه يخلي علاقاته سطحية وما يتعمقش قوي، ممكن ما يكونش له أصدقاء، أو له أصحاب بفكرة ليَّ أصحاب كتير أو معارف كتير بس معنديش صديق حقيقي واحد، أو عدد أصدقاء قليل جدًا، وممكن مفيش لا صديق ولا معارف. وبدل الحب والكلام الفارغ ده اللي ما بيأكلش عيش وكله مشاكل من وجهة نظره، بيركز في الإنجازات والشغل والتعلم والرياضة، وممكن فعلًا وعلى الأغلب بيكون موهوب وناجح وشاطر ومتعدد المواهب والأنشطة ومنفتح اجتماعيًا، وممكن يكون انطوائي وبيعيش حياة محدودة وروتينية. المرتبطة عاطفيًا مع حد من النمط اللامكترث بتبقى شكوتها

الرئيسية إنها حاسة بالوحدة، وإن الطرف التاني مش موجود وخارج الخدمة وغايب طول الوقت ولو حضر فهو جسد وغايب نفسيًّا وخارج الخدمة مهما عملت، وإنها لا متشافة ولا مسموعة ولا موجودة وبلا قيمة ومش فارقة. ولو حاول يهتم بتحس إنه مش فاهمها ولا حاسس بيها وفي حتة تانية خالص ومش عارف يحتويها، إنها في حالة حرمان عاطفي وعدم اهتمام.

الخوف من الالتزام

الالتزام عهد على النفس أو التعهد بعمل شيء والتفاني فيه والإخلاص له، سواء في علاقة أو عمل أو غيره.

الالتزام مش هو الحب، ممكن تحب حد وتبقى مش عايز ترتبط بيه، وممكن ترتبط بحد وإنت مش بتحبه.

الالتزام هو الركن العقلاني والمسؤول في الحب.

الخوف من الالتزام خوف من الارتباط والمسؤولية والتقييد والأعباء وما يتبعها من مساءلة وتقصير وخلافه.

الشخصيات المتجنبة للالتزام، بتتجنب في الأصل الخلافات والتوتر والأعباء اللي في العلاقات، الحاجات دي بينتج عنها مشاعر سلبية جدًا وانفعالات، واللي بيخافوا الالتزام بيدوا لمشاعر الآخر السلبية دي أهمية أكتر من اللازم، بيترعبوا منها جدًا، وبيحسوها كارثة، وبيتوتروا وبيحسوا بالانزعاج وبيحسوا إنهم مش عارفين يتصرفوا وفاشلين جدًا وغير أكفاء. غير إنها بتثير فيهم مشاعرهم السلبية الخاصة اللي بتخليهم حاسين بالعبء والإرهاق وخارج السيطرة.

طب على إيه التزام وصداع ومسؤوليات؟ عشان كده هما بيرتاحوا للتعبيرات الخفيفة عن الحب، زي الأمان والاعتمادية والرومانسية الخفيفة والاستقرار في حدود. الحاجات اللي مفيهاش مطالبات عاطفية ما يفهموهاش ولا يعرفوا يتعاملوا معاها، ما يعرفوش هما كلام الحب الكبير والجامد والاهتمام المستمر والرومانسية المستمرة، مش مستوعبينها أصلًا، مش لغتهم، بالنسبة لهم الاتصال مرة في اليوم أو مرتين عشان يطمن عليها ويشوف طلباتها وكلمتين ورد غطاهم إنه عمل اللي عليه، إنه يوصلها مكان أو يعمل لها حاجة ده أحسن من هدية أو حفلة كبيرة أو مفاجأة، زي ما هو ما بيستحملش المشاعر السلبية فهو كمان ما بيستحملش المشاعر الإيجابية الفياضة، بيلوص وبيعطل وبيشرق وبيهنج.

علامات الخوف من الالتزام

- ممكن تكون العلاقات القصيرة الكثيرة دليل على مشاكل في الالتزام، بس برضو ممكن تكون حظ سيئ (حتى تغيرات العمل ومحل الإقامة ويمكن الصفحات الشخصية على المواقع الاجتماعية تتفسر كده).

- لو بتتدخل العلاقة وبتلاقي نفسك قلقان وعايز تهرب منها وترجع العزوبية المفضلة لك بدون سبب قوي، ممكن تكون من النوع اللي بيخاف من الالتزام.

- الناس بتتدخل العلاقة وبعد شوية بيفكروا في مستقبلهم مع بعض هيكون إزاي، بيحطوا عنوان للعلاقة. لو إنت دايمًا مش

بتفكر في شكل العلاقة ولا عنوانها ولا مستقبلها، أو معندكش رغبة بتطورها برغم إنها ممتعة وكويسة، ممكن تفكر في مشكلة الخوف من الالتزام.

- لو طول الوقت مش واثق في العلاقة: هل أنا باحبها؟ هل ده حب؟ هل أنا مستعد؟ هل أنا فعلًا عايزها؟ هل هي مناسبة؟ هل فيه أحسن؟ هل أستنى شوية؟ برغم إن العلاقة حلوة، فكر في الخوف من الالتزام.

- مش عايز تلزم نفسك بحاجة في العلاقة ولا توعد ولا تقول خطط ولا هتعمل إيه برغم جدية الموضوع ودايمًا بتحط عراقيل وبتتهرب وبتخترع مشاكل.

- من جواك حاسس إنك مش مرتبط عاطفيًا بالطرف الآخر ومش قريب منه، مش بتحبه ومش مهم عندك. لما نحس إن الآخر قريب وإنه مهم بنخاف نفقده وعايزين نضمن وجوده، ده شعور الارتباط، لكن لو مش موجود الشعور ده مش هتبقى مهتم تخسره أو مش هتخاف على زعله ومش هتبذل مجهود تحافظ عليه. لو إنت مهتم بالعلاقة وعايزه وشايفه كويس وبتحبه ولسه برضو مش عايز تستثمر في العلاقة عاطفيًا أو تلتزم بحاجة ممكن ده يقول إن فيك مشكلة الخوف من الالتزام.

- لما هو يظهر اهتمام كبير واستثمار فيك ممكن تحس إنك محاصر وحاسس بالتوتر وتتنرفز وتحاول تزقه بعيد عنك أو تتهرب منه.

- اللي بيخاف من الالتزام ممكن يبدأ العلاقة متحمس، بس مع

- الوقت بيفقد الشغف في شهور أو أسابيع أو حتى أيام، أوقات بينتقلوا من علاقة قوية لتانية قوية بس مش عارفين ليه.

- البعض مش عايز القيود بتاعة العلاقات وبيفضل يبعد عنها وبيفضَّل علاقات صداقة أو علاقات جنسية قصيرة أو عابرة.

- برغم إن الخوف من الارتباط مشهور في الحب، بس ممكن يبقى فيه مناطق حياتية كتيرة، الشخص بيحس بالكرب والصعوبات العاطفية إنه يلتزم ويربط نفسه ويتمسك بحاجة لفترة طويلة زي العمل والرياضة والهوايات وغيره، بيزهق بسرعة.

- مش معنى إن حد مش عايز التزام إنه عنده مشكلة، فيه ناس كده ومش عايزين حب أو علاقات طويلة أو التزام، وشايفين إن ده المناسب لحياتهم. المشكلة لو إنت عايز علاقة حقيقية ومش عايز التزام.

اللامكترث بيخاف من الحب والالتزام وبيستخدم طريقته المعتادة للهروب وإطفاء مشاعره عشان يعمل حواجز بينه وبينهم، حواجز قوية ومتصلبة، لأنه خايف يفقد استقلاليته أو يتم استغلاله، ولأن عنده توقعات سلبية في العلاقات، موقفه تجاه الحب والالتزام كله مواقف سلبية وتوقعات بالفشل، وده بيحصل معاهم مع كل علاقة جديدة، بيلاقوا صعوبة في إنهم يحبوا وبيرفضوا فكرة وجود حب أصلًا. تكتيكات الابتعاد والإطفاء بتستخدم كدرع واقي وحاجز ضد الحميمية والالتزام:

- بيطلع القطط الفطسانة في الطرف الآخر، وبيركز على عيوبه ويضخمها وينتقدها، وشايف إن حاله هيكون أفضل لو انفصل

عن الطرف الآخر أو إنه ممكن يلاقي حد أفضل، ده بيقلل من أهمية الطرف الآخر وقيمته في عينيه عشان يعمل حاجز نفسي ضده ويقدر يبعد بسهولة.

- بينجذب للأشخاص اللي بيأكدوا له إن العلاقات عبء ومتطلبة ومبتلعة وخانقة ومستنزفة ومستغلة، زي إنه يختار حد من النمط القلِق فبيلاقي بسهولة مبررات للهروب (ما أنا كان مالي؟)، للأسف حتى لو دخل في علاقة أوقات كتيرة هو بنفسه بيخلق الظروف اللي بيخاف منها أو بيتوقعها (زي إنه بلامبالاته وبروده وعدم اهتمامه والمسافات اللي بيعملها وعدم انفتاحه أو ثقته، بيتحول الطرف الآخر إلى شخص متطلب ومتشبث ومحتج وهو مع الوقت بيشوف العلاقة عبء وزن وصداع وطلبات ما بتنتهيش واستنزاف وخنقة ومبتلعة)، وللأسف كتير منهم بيكرر العلاقات ومش شايف إن عنده مشكلة، وممكن يبرر تكرار الفشل بحظه الوحش أو خطأ الاختيار، إلخ (أنا كنت عارف من الأول إن الحب متعب والعلاقات صداع).

- ممكن ينهمك في ألاعيب زي إثارة غيرة الآخر أو ينسحب أو يبطل يرد على الرسائل أو الاتصالات أو يختفي.

- الرغبة في الالتزام ما بتظهرش في بداية العلاقات والدنيا حلوة، بتظهر مع الخلافات والتوترات، اللي عندهم استعداد للإخلاص في العلاقة بيستمروا فيها حتى لو منزعجين، وبيقدروا يقولوا عايزين كذا وكذا عشان تتصلح.

النمط اللامكترث بينفعلوا بشدة ويغضبوا ويتنصلوا من المسؤولية وبيبقوا دفاعيين ومتحفزين لو الآخر عنده حق، كمان هما متصلبين وما بيتنازلوش حتى لو الآخر أكثر تفانيًا ووضوحًا في العلاقة.

الإتاحة العاطفية

«عفوًا، هذا الشخص غير موجود بالخدمة (نهائيًا أو مؤقتًا)، نرجو الاقتراب في وقت لاحق».

يا ريت كان ممكن لما نقرب من حد نسمع الرسالة دي، كانت هتوفر علينا معاناة كبيرة بلا داعي.

الإتاحة العاطفية هي إن الخط يبقى مفتوح بينا وحاضر وصافي، نقدر نتواصل من خلاله ونتشارك اللي جوانا واللي حاسينه، نكشف حقيقتنا كما هي، ونعرف إننا مفهومين ومحسوسين ومقبولين زي ما إحنا، وإن اللي بنكشفه وصل ومسموع ومفهوم وعامل فارق ومؤثر، وده اللي بيخلينا نحس إننا وجود مهم ومحبوب ومؤثر. الإتاحة العاطفية بالشكل ده بتسمح لنا إننا نكوِّن علاقات حقيقية وغنية مع نفسنا والآخرين.

الشخص المتاح عاطفيًا والمتواصل مع نفسه

- مش خايف يحس بمشاعره، بشكل ما كلنا بنهرب من المشاعر أحيانًا، الشخص المتاح عاطفيًا عارف إن ده مش ممكن عمله

دايمًا، وإن الهروب الدائم من المشاعر وكبتها مؤذي له على مستويات مختلفة، عشان كده بيحسها وبيفهم رسالتها.

- على اتصال جيد بمشاعره في المواقف المختلفة، عارف وفاهم هو حاسس بإيه دلوقتِ بالظبط، وعنده قدرة يحس كل الطيف العاطفي، بدرجاته وتنويعاته المختلفة، وحتى مشاعره المتناقضة والموجودة في نفس الوقت، وبيقدر يفهمها ويتعامل معاها، وبيدي لنفسه الحق والتأكيد إنه يحسها ويتعامل معاها زي ما هو شايف مصلحته، مش بس كده، هو كمان عارف ليه بيحس كده، وإزاي يحس، وليه بيتصرف بالشكل ده تجاه اللي بيحسه، وإزاي يعبر عن اللي جواه بشكل جيد وواضح.
- علاقاته العاطفية مستقرة وهادئة، لأنه فاهم نفسه ومتفاعل مع الأحداث وما بيهربش من المشاعر السلبية ولا بيخدرها، وما بيستناش في أوضاع سيئة بتضغطه وبتؤلمه باستمرار بدون حلول، بيمشي لو الأمور خارجة عن التعامل الصحي.
- بيعبر عن نفسه بحرية، وبيشارك مشاعره وأفكاره ورغباته بدون خوف من الرفض أو العقاب أو السخرية.
- ما بيستخدمش اللوم والإسقاط كحيل دفاعية، لأنه عارف نفسه، وهو أمين بشكل أو بآخر.

عدم الإتاحة العاطفية انفصال عن الذات. أنا بانفصل عن نفسي وما باحسش بيها لأني ما باحسش بمشاعري وانفعالاتي وباعمل ده عن طريق العقلنة أو التشتيت أو الهروب لحاجات تانية، زي العمل واللعب والعلاقات والتسوق أو الإدمان (المقصود عمل ده كوسيلة

هروب من إني ما أسمحش لنفسي أفضى وأقعد مع مشاعري ومحتاج أغلوش عليها باستمرار)، إحنا ما بنحسش بمشاعرنا عشان ما نحسش ببساطة، عشان نمنع أي خذلان مستقبلي ولو حصل خلاص كل شيء تحت السيطرة.

غير المتاح ممكن يكون بيحس مشاعره، بس بيقاوم يحسها، أو بيقاوم يعبر عنها، مش عايز يبقى ضعيف ومحتاج، أو خايف يبقى ضعيف ومحتاج. خايف من الرفض والاستغلال والخذلان ومتوقعهم.

اللامكترث هو أكثر الأنماط غير الآمنة، بيظهر فيه عدم الإتاحة العاطفية، خارج الخدمة، اتشكل نتيجة غياب ولامبالاة ولااكتراث بيه، وبقى هو كده برضو. العالم كان أصم وأعمى وأخرس وقلبه قاسي وإداله ضهره، هو كمان اتعلم يبقى أعمى وأصم وأخرس وقلبه قاسي ويدير ضهره للعالم.

اللامكترث ما بيعملش علاقات قوية بسهولة، وده اللي بيخلي تأثيره هو الأكثر ضررًا للعلاقات ببساطة، لأنه غائب وغير مهتم ومش موجود في العلاقة (مع اللامكترث هنحس إننا فقدنا نفسنا وضاعت مننا وتوهنا، إننا مش موجودين، حضورنا زي غيابنا غير مؤثر ولا فارق، معاه هنحس بشدة بالوحدة والغربة والاكتئاب وعدم الأهمية والرفض).

هو معذور بياخد وقته عشان يثق ويفتح قلبه ويدخل في العلاقة، لازم يتأكد من جدارة الآخر للثقة، وإنه مش هيخذل ولا يترفض، ولكن للأسف الوقت يمر وقد لا يثق ولا يحضر. خوفه من كون

العلاقات متطلبة وخانقة، ومن عدم الاستجابة والتقدير لاحتياجاته ومشاعره، خلوه يقرر إنه يحتفظ بهم جواه وما بعرفش يعبر عنهم أو يطلبهم (لأنه مفيش فايدة إنه يعبر ويطلب)، واكتفى بس بالتلميح، وبيمني نفسه إن الطرف التاني يفهمه من غير الحاجة للتعبير المرهق بالنسبة له، بس مين يقدر على كده؟ بيتحول لطلاسم بيتوه في فك شفرتها الآخرون.

اللامكترث كمان ما بيقدرش على الاتصال العاطفي، لأنه ما بيقدرش يحس بانفعالاته (سؤال «إنت حاسس بإيه؟» في كتير من الأوقات ملوش جواب عنده). الإحساس بالانفعالات هو اللي بيخلينا نفهم الآخرين ونقدر نحس بالمواجدة والتعاطف معاهم، وده اللي بيخليه بيبان مش حساس لمشاعر الناس واحتياجاتهم، أو يبان مؤذي بشكل متعمد أو إنه بيحاول يغلس.

اللامكترث بينفصل عاطفيًّا لما يحس بالتوتر والقلق وعدم الارتياح في المواقف اللي فيها قرب أو حميمية (لأنه بيخاف منهم)، أو لو تحت ضغط انفعالات كتيرة فبيحط حدود قوية ومسافات تمنعه من التعامل مع العواطف، وفجأة يبان وكأنه فقد الشغف والاهتمام، فجأة يسكت وملوش مزاج يتكلم، مش عايز يحكي عن يومه ومشغول بالتلفون أو التلفزيون مثلًا، أو بيختفي من غير سبب ويسيب الآخرين يضربوا أخماس في أسداس، حيرانين ومش فاهمين فيه إيه ولا غلطوا في إيه. ولأن اللامكترث متعود يقفل على نفسه (تحت الضغوط) ده بيدفع الطرف الآخر تحت ضغط الحيرة والقلق إنه يخبط على الباب أكتر وأكتر، وبدل ما اللامكترث يفسر التصعيد ده إنه ناتج عن

القلق والخوف بيفسره إنه نوع من الإلحاح المرهق والزن والغضب، وبيبرر لنفسه إنه بكده عنده حق ينعزل أكتر وأكتر، وبيفقد الرؤية إن انعزاله هو المتسبب في البداية، وما بيشوفش إن تصرفات الطرف الآخر يمكن تفهمها تمامًا (إنه خايف وغضبان لأنه تم طرده من العلاقة بسبب الانغلاق العاطفي بطريقة مفاجئة ومرعبة، إنه تم هجره خارج الباب، وإنه من الضروري لو عايز الأمور تهدا يعيد فتح الباب والدخول للعلاقة مرة أخرى ويطمنه).

بتظهر مشكلة الغياب العاطفي في التواصل، وبيبان إنه رافض التعاون، وبيغير المواضيع أو بيتعصب، تعبيرات وجهه متناقضة بتخلي اللي قدامه مشوش (هو هنا ولَّا مش هنا؟ معايا ولا غايب؟). تعبيرات وجهه المحايدة بتخليه يبان هادي جدًّا مهما كانت الظروف موترة ومقلقة أو حتى محبة، بارد ما بيظهرش تأثر، لابس قناع اللامبالاة والقوة والغموض، يقرب ويبعد، مهتم ولامبالي، فتتلخبط منه، وأوقات برود مفاجئ وانفصال تام وتجاهل تام، فتزيد الحيرة معاه.

ولأن غير المتاح عاطفيًّا ما بيفهمش لغة العواطف فما بيعرفش يحتوي الآخر أثناء انفعالاته وغضبه، بيتوه ويحس بالغباء والحيرة ومش عارف يعمل إيه ويتصرف إزاي ولا إيه اللي بيحصل، فيبسكت أو يحتوي بشكل سطحي من بعيد، أو يحاول يقدم حلول عملية وسريعة، لأنه مستعجل والوضع فوق طاقته، عايز الحالة تنتهي بسرعة أو يريح اللي قدامه وينفذ له طلباته، أو لو ما عرفش ببساطة يهرب سواء جوه عقله يسرح أو يسيب المكان. مش قادر يظهر التعاطف والمواجدة

لمشاعر الآخر لأنه مش فاهمها، تخدير المشاعر بيخليه مش عارف يحس مشاعره ومشاعر الغير، ولا قادر يحتوي ويقدم دعم.

يمكن الانفعالات القليلة اللي بيعرفها هي الغضب، وبرغم إنه بيحاول كبتها باستمرار إلا إنه كتير بيغضب وبعنف أحيانًا عشان يداري على مشاعر الضعف والألم والإهانة واليأس والفقد والحزن اللي مش عارف يعبر عنها أو خايف يعبر عنها، هي دي طريقته، يزعل يغضب، ينجرح يغضب، يتألم يغضب.

بيوصل الانفصال عن الآخرين إلى إنه ممكن ما يحبش الاقتراب الجسدي، يبقى متباعد جسديًا، ما يحبش اللمس ولا الأحضان ولا الطبطبة ولا القبلات ولا العناق، ويقعد على مسافة أو حتى ينام في غرفة منفصلة.

الانفصال العاطفي هدفه الحماية من تأثير الآخر، من أهميته عشان لو خذلني، بس هو كمان بيعمل في الاتجاه المعاكس، بيخلي الآخر مش أولوية أو مش بالأهمية اللي يتحارب عشانها أو يتم التمسك بيها، وهيتسبب في ضغوط على العلاقة، وأوقات هتخليه بيعامل الآخرين معاملة الأطفال، ما بيتعاملش باحترام أو ندية.

اللامكترث مش مدرك كم الألم اللي بيسببه للآخرين، غالبًا هو مش عايز ده، بس هو شايف إن المشاعر حاجة مش مهمة وبيكبتها لدرجة إنه مش مدرك لوجودها ولا لاحتياجاته، عشان كده ما بيعرفش يحس بالآخر ولا مشاعره، مهتم بالجنس أكتر وده بيخلي الآخر حاسس إنه أداة جنسية فقط، وهتلاقيه مهتم بالمناقشات العقلانية والمهنية والبعيدة عن العواطف فقط، وهتلاقيه بيحاول يظهر بمظهر

المكتفي والقوي والمستقر والواثق ولكن يفتقر للمواجدة والإحساس بالآخرين، وغالبًا هو بينتقد نفسه والآخرين وله تعليقات ساخرة وسلبية جدًّا تجاه كل شيء، متهكم بشكل كبير.

العلاقة مع غير المتاح عاطفيًّا زي الاستغمباية، بتلاقيه يظهر ويختفي عاطفيًّا، الغائب الحاضر، وحضوره باهت وبارد وممل، علاقة سراب بلا مضمون وفارغة تمامًا. هو قاعد معاك بس إنت حاسس بوحدة عنيفة وقاسية وباردة، مش بالضرورة هو قاصد يكون مسيء أو متعمد أو غير مهتم، هو بس مش متاح عاطفيًّا وخارج الخدمة.

العلاقات مع غير المتاحين عاطفيًّا مرهقة جدًّا، علاقات أشباح بتتميز بالآتي:

- بيخليك دايمًا في وضع الاحتياطي.
- بيرمي لك الفتات العاطفي اللي ما بيشبعكش وكمان بيبعدك.
- بيعاملك كإنك سراب أو شبح مش موجود.
- يظهر ويختفي بمزاجه، وإنت تعمل كل حاجة وهو يحضر وقت ما يعوز.

التناغم والدوزنة

التناغم هو الحالة اللي بتحصل نتيجة قدرتنا إننا نشوف ونسمع ونحس ونفهم ونتجاوب بشكل مناسب مع حالة الطرف الآخر الداخلية. وإننا نقدر نوصل له قدرتنا دي بالكلام ومن غير كلام. بالكلام المستجيب، وبالصمت المنتبه، وبالأحضان الحانية واللمسات الشافية والطبطبة المتعاطفة والحضور النفسي الكامل شديد التركيز والمواجدة. بالطريقة دي نقدر نظبط موجاتنا مع موجات الآخر، نبقى متناغمين وإيقاعنا متوازن. حالة من الانتماء والاتصال بتخلينا نواجه العالم ككيان واحد ونتحرك فيه بانسجام.

عندما نتناغم مع الآخرين فإننا نسمح لعالمنا الداخلي أن يتحرك لينسجم مع العالم الداخلي لهم، هذا الانسجام هو جوهر المعنى (أنا محسوس، ومفهوم)، وهو الحالة التي تميز العلاقات القوية، الأطفال يحتاجون إلى التناغم حتى يشعروا بالأمان وينموا بشكل جيد، ونحن أيضًا عبر حياتنا نحتاج إلى التناغم حتى نشعر بالقرب والاتصال والانتماء.

دانيل سبيجل

كتير من الأوقات بنلاقي نفسنا بنجاوب على اللي بيسألوا علينا بجمل من عينة: «إحنا كويسين»، «كله تمام»، «مية مية»، وإحنا من جوانا بنتمنى إنهم يعرفوا إننا مش كويسين ولا بخير ولا تمام، نتمنى يسألونا: «مالك يا صاحبي؟ فيك إيه؟ هو أنا هاتوه عنك».

احتياج مهم إن حد يفهمنا ويحس بينا، حد معانا على نفس الموجة، حد كأنه بيشوفنا من جوانا، يقدر يشوف روحنا وقلبنا، يسمع اللي بنقوله، والأهم يسمع اللي مش قادرين نقوله، يقرا اللي بين السطور. ويمكن ده اللي ورا الشكوى المتكررة (الاهتمام ما بيتطلبش)، لأن بالتناغم والإحساس بأحوالنا الداخلية بدون لفت الانتباه أو الطلب بنحس إننا موجودين (عالمنا الداخلي)، ووجودنا محسوس ومؤثر وملحوظ ومهم ويستحق الاهتمام: إن اتلخبط صوت آثاره الداخلية واضطرب واتسمع النشاز ده ولفت الانتباه للي حضر، يساعده على إنه يرجعه لحالة الانسجام والطرب. إن بردت شعلتنا الداخلية أو انطفت فاتحس غيابها وحضر من يشعلها. إن اشتعل لهيب الاشتياق فحضر فورًا ليرويه. إن أغنيتنا الداخلية الحماسية أو الرومانسية أو السعيدة أخدت دورها فاتسمعت فحضر فورًا عشان يشاركني سماعها. كل ده يوصل لنا إننا مهمين لدى الآخر ومميزين ولنا عنده معنى خاص جدًا وعميق ومرغوب.

عملية التناغم مش مجرد استماع للتقييم أو الفهم العقلي أو إطلاق الأحكام أو إعطاء النصائح، ولا اهتمام بمين صح ومين غلط ومين أعلى أو مين أقل، ولا هو حضور عشاننا إحنا عشان نطمن مخاوفنا أو نشبع احتياجاتنا.

التناغم حضور عاطفي طاغي ومكثف للتعامل مع حالة وجدانية أخرى بلغتها، حالة من الإنصات المحب والعميق للآخر بكامل الجوارح والوجدان، حالة عشانه هو بنقول له فيها أنا معاك وحاسس بيك وباحبك وعايز أساعدك.

التناغم مش مجرد السؤال عن أحوال اليوم وتفاصيله باهتمام وشغف، هو حالة أعمق من ده، هو إننا نسمع لهم ونسمع للمشاعر اللي بتتنطط من عيونهم وجوارحهم ولفتاتهم وحركاتهم وردود أفعالهم باهتمام وفضول وشغف محب وحاني، هو ملاحظتنا الدقيقة لتغيرات مزاجهم أو إنهم هاديين على غير العادة أو مش مركزين أو خايفين أو مرتبكين، إلخ.

التناغم هو عملية إدراك وفهم عن طريق القلب للي بيدور في القلوب، للحالة اللي تحت الكلام والظاهر واللي ممكن تكون عكس الكلام والظاهر.

التناغم عايز مجهود عشان نظهر للآخرين إننا هنا وموجودين، فاتحين قلوبنا ومستعدين نسمع لهم، إننا مهتمين بيهم، تخيل الثقة اللي ممكن تحس بيها لما تعرف إن هناك من هو موجود لأجلك مهتم بيك وإنك في وجوده تعلم إنك مفهوم ومحسوس. القدرة على التناغم بشكل كافي أغلب الأوقات تساوي باختصار: «الثقة».

وكأننا بالتناغم نعلم إننا موجودين في عقل وقلب أحدهم، وأن هذا الوجود مهم ومحبوب ومعتنى بيه، وبغياب هذا الإحساس بالوجود نشعر بأننا وحيدين وغرباء، أو نشعر بأن وجودنا مرفوض أو غير محبوب، أو ربما لا قيمة له ولا يستحق.

التناغم حضور عاطفي مهتم ومستجيب بلا أجندات خفية أو معلنة.

دانيل جولمان

عن التناغم العاطفي بين الزوجين، قال جون جوتمان في كتاب «علم الثقة»:

إن التناغم يؤدي إلى الثقة، التي بدورها تؤدي إلى علاقات ناجحة.

ما هو عدم التناغم أو النشاز؟

مي طفلة عمرها أربع سنوات، قالت لمامتها إنها جعانة، والأم ردت بغضب: «لأ، إنتِ مش جعانة».

الرسالة: «إنتِ مش محسوسة ولا مفهومة». ومع عدم التأكيد والنفي والغضب من مامتها، ممكن تبدأ الشكوك في إدراكها (هو أنا جعانة فعلًا ولَّا لأ؟)، أو تعتقد إن اللي بتحسه مش جوع زي ما قالت ماما (حالة من فقدان الثقة في الذات والحواس).

مي بتعيط، مامتها متوترة. مي خايفة، مامتها بتضحك. مي بتفرجها على حاجة ومستنية إعجابها، مامتها بتسخر منها. مي محبطة من فشلها، مامتها متجاهلاها. كل دي نماذج للنشاز بين الاتنين. حالة مي، ورد فعل ماما. نماذج بتقول إن الاتصال انقطع، إن ماما مش هنا (مش محسوسة ولا مسموعة ولا متشافة ولا ليها تأثير. أنا مش هنا، مش موجودة).

مع التكرار، وإنها لما تعلن احتياجها كمان تتعاقب أو تحس إنها بتزعل مامتها، أو عبء عليها، تكتمه وما تطلبوش، تخاف تطلبه وما تعبرش عنه، أو تكره احتياجها، أو حتى ممكن تلغي إحساسها

١٢٨

بالاحتياج خالص (أنا عبء. أنا مشكلة. هاتعاقب على احتياجي. مش هيتلبى)، (حالة من عدم الثقة في الآخر وإنكار الذات وكراهيتها ورفضها).

بالتوقف عن التعبير أو الطلب، بنرفض احتياجاتنا وبنكرهها وبنقفل عليها وبنفقد الصلة معها، ممكن ما نفهمهاش ومعها ما نفهمش نفسنا ولا نفهم عايزين إيه ولا حاسين بإيه ولا إيه مهم، بنعيش حالة من الحرمان العاطفي، وبنتخلى عن مطالباتنا بالحب والرعاية، وبنقرر بلا وعي مننا إن مفيش أمل، إن احتياجاتنا مش هتتلبى، ونتوقع إننا هنفضل محرومين، وإن الدنيا بخيلة وظالمة، ويصبح الاستسلام والتخلي واليأس هما طريقتنا في مواجهة الضغوط والصعوبات.

بنكبر متعودين على الحياة بدون إشباع لاحتياجاتنا الجسدية والعاطفية، وبنكوِّن طرق للبقاء، طرق تحمينا أمام الحرمان والمشاعر السلبية، وربما نتحول إحنا إلى مقدمي الرعاية والاهتمام للآخرين ونطلب القليل لنفسنا، نستغنى ونكتفي، ربما نعتقد في أعماقنا إن احتياجاتنا غير مهمة وإننا غير مهمين ولا نستحق، ربما نشعر إننا اتلغينا أو نلغي نفسنا، أو نشعر بالخواء أو نشعر إننا مش موجودين، ربما نحاول نتجرأ ونطلب احتياجاتنا أو نعبر عن مشاعرنا أو نحاول الحصول على إشباعاتنا، ولكننا بنحبط سريعًا ونتخلى ونستسلم لو محدش استجاب بسرعة، وتتردد الأفكار جوانا (محدش هيسمعنا أو هيحب يسمعنا. محدش شايفنا ولا هنتشاف. محدش مهتم ولا هيهتم. مفيش فايدة).

ولما تستمر اللامبالاة بنستسلم للإحباط، بنتخلى عن المحاولة،

وبننطفي وننفصل عن احتياجاتنا وانفعالاتنا اللي مفيش حد استجاب لها، لكن، لكن للأسف هذه اللامبالاة ما بتساعدناش إننا نكتسب الشعور بالأمان، ولكن بتقوي فينا الشعور بالعجز واليأس.

مع الوقت إحنا بنفقد التناغم مع نفسنا والعالم الداخلي لينا، وبنفقد القدرة على الاهتمام بالذات، بنتجاهل احتياجاتنا وبنرفضها وبنحتقرها وبنهجرها وبنكرهها وبنلغيها وما بنشوفهاش ولا نحاول فهمها أو نسمعها، لا نحاول بما يكفي للاهتمام بها وإشباعها، لا ننام عندما نريد، ولا نرتاح عندما نريد، ولا نتبع قلوبنا عندما نريد، ونكتشف إننا إحنا اللي بنرفض نفسنا وبنهجرها وبنهملها، إحنا اللي بنكرهها وبنحتقرها، إحنا اللي بننكر وجودها وبنلغيها لما بطلنا نسمع صوتها ونشوفها ونحسها ونفهمها، إحنا اللي اعتبرنا إنها مش موجودة وبلا قيمة ولا تستحق.

عشان كده كتير مننا بيحس إنه مش متشاف ولا متقدر وحاسس بخواء داخلي، ثقب لم يمتلئ. كتير مننا حاسس بعدم رضا برغم محاولاتنا المضنية لجعل الأمور أفضل، وبرغم إننا بنسعى للتحسين. كتير مننا حاسس بالوحدة والعجز في علاقاته وإننا متحاصرين ما بنتحركش، وبنعلن ده بشكل غير مباشر إننا محتاجين مساعدة، محتاجين تغذية عاطفية.

إزاي نبقى متناغمين؟

أوقات بنعاني من فقدان التناغم، وبتتعرض علاقاتنا لحالة نشاز ولخبطة، وأوقات إحنا حتى مع نفسنا بنحس إننا متلخبطين ومرتبكين،

مش متظبطين، ضغوط الحياة بتفصلنا عن نفسنا أو الآخرين، وبتعكر صفو الانسجام حوانا أو بنا و بنهم. نلوم نفسنا و نرجع للحالة الدفاعية اللي بتخلينا مش قادرين نفهم نفسنا أو الآخرين أو نحس بمشاعرنا أو بمشاعرهم، بيروح كل واحد مننا لعالم تاني، العالم بتاعه، عالم الوحدة.

سحر التناغم إنه مش محتاج مجهود كبير عشان يحصل، ببساطة عشان أكون متناغم:

- أقدر أسمع بوداني وعقلي وقلبي، مش محتاج أصلح حاجة ولا أقدم نصيحة أو حلول، كتير من الرجال بيستغربوا ده، حاجة غريبة، إننا ممكن نقدم الكتير جدًّا بإننا ما نعملش حاجة، بس نسمع ونتناغم ونظبط موجتنا مع الآخر، محتاجين وقت نتعلم مشاركة المشاعر ونتعلم الثقة في قدرتنا على قراءة الحالة العاطفية للآخرين.

- وعي عاطفي، إزاي بنحس وبنتصرف مع المشاعر السلبية فينا وفي الآخر، ده اللي بيخلي عندنا القدرة على الإقبال على الآخر ومحاولة فهمه وفهم احتياجاته.

- تحمل الانفعالات، الصبر على انفعالات الآخر أثناء التعبير عنها، ومش معناه أبدًا الموافقة على طريقة تعبيره غير المناسبة أو المؤذية والمهينة لنا، التحمل والصبر مجرد حضور وتفهم لحالته العاطفية لحد ما الشحنة تخلص، إنك تسيبه لحد ما يخلص انفعالاته الداخلية لأنها بقت فوق احتماله بدون تدخل أحيانًا بأي شكل، مجرد حضور مهتم ومنصت (إحنا مش

عايزينك تقول لنا إحنا صح ولَّا غلط ولا تدينا نصايح وحلول ولا حتى تدخل تطبطب وتهدِّي وتكلفتنا، عايزين بس تسكت وتسمعنا وتفهمنا وتسيبنا نتكلم ونفضي الشحنة اللي جوانا)، ودي خطوة مهمة جدًّا قبل خطوة الاحتواء والتطمين والتهدئة.

- التفهم العاطفي، إحنا عايزين نفهمه بقلبنا مش بعقلنا، نحسه. محاولة تفهم واستيعاب انفعالاته عشان نحس احتياجاته وحجمها، وده بيتطلب الخروج من نفسنا واحتياجاتنا ومخاوفنا ودفاعاتنا عن نفسنا والرحيل للعالم بتاعه هو، لفهمه هو من موقعه هو.

- استماع غير دفاعي، أنا باسمعه عشانه هو، مش عشان أفهم وأحلل وأشوف دوري إيه وأبدأ أجهز ردود وأدافع عن نفسي أو أنفي تهمة عني أو أبرر أو أوضح أو أنصح، أنا بس منصت لصوت ألمه هو عشان أحس بخبرته هو، وأعرف هو بيقول إيه وعايز إيه، إني أقدر أعكس له إني فاهمه وحاسه، وإني أصدق على خبرته وأأكد على إن أحاسيسه حقيقية.

- تواصل جيد، أثناء التواصل وإحنا شايفين حد لابس وش خشب مفيش انفعالات بنتوتر وبنفقد تسلسل أفكارنا، ما بنشوفش رد فعل لأفعالنا وكلامنا وتواصلنا فبنتوتر وبنحس بتشوش وحيرة وشكوك وإننا لوحدنا (كل واحد في عالم تاني)، وإننا غير مفهومين ولا متقدرين ولا مؤثرين. إحنا بنحتاج من الناس إنها تفهم إحنا عايزين نقول إيه، وبنعرف ده من تعبيراتهم وردود أفعالهم. التناغم العاطفي أكبر من مجرد

النظر لحد أو سماع كلماته المكتوبة أو المنطوقة، معناه إننا بنستخدم كل حواسنا عشان نفهمه ونفهم مشاعره ونحسها زي ما هو فاهمها وبيحسها، القدرة على إننا نحس ونفسر ونستجيب للآخر عشان يقدر يحس إنه مش غريب ولا وحيد ولا مختل، إننا حاسين بألمه وفرحته وغضبه وخوفه وإنه مش مختلف عن غيره أو فيه حاجة غلط، بنقبل عليه وبنعكس ده في عيوننا وفي تفاعلاتنا الجسدية وتعبيرات وجوهنا وكلامنا ونغمة صوتنا وتعاطفنا معاه.

- بالانغماس في التجربة مع الآخر بأننا نبقى منفتحين عاطفيًّا لمشاعر الآخرين حتى لو مش مرتاحين ومنزعجين، إننا نقدر نتحمل كم المشاعر السلبية بدون تململ أو توتر أو انفصال أو رغبة في الرحيل. كل ده هيبان على تعبيراتنا وجسدنا والتناغم هيتحول لنشاز.

- باستخدام تعبيراتنا غير اللفظية (بالتواصل البصري والسمعي واللمس والأحضان والقبلات والعناق والطبطبة)، بتأكيد انتباهنا بتكرار اللي بيقوله بشكل حقيقي مش آلي. التناغم ببساطة: عايزك تفهمني زي ما تكون أنا.

الأنماط غير الآمنة اتشكلت نتيجة فقدان عملية التناغم العاطفي لفترات طويلة مع الأم:

- النمط اللامكترث اتشكل كوسيلة تكيف مع غياب هذا التناغم بشكل كبير أو بعد فشله وإحباطاته المتكررة في الحصول عليه (لقى إن مفيش فايدة. مع نفسك بقى).

- النمط القلِق كوسيلة للتكيف مع أحوال تناغم/نشاز متقلبة بشكل حاد ومستمر، كان الحل إنه يكمل بذل الجهد ويضاعف محاولاته لأنه لسه ما فقدش الأمل (هاعمل كل اللي أقدر عليه عشان أمنع التقلب والنشاز بأي شكل).

والنتيجة إن الاتنين عندهم مشاكل في عملية التناغم والانسجام مع الآخرين تظهر في أزمات كتيرة داخل العلاقة:

- اللامكترث ما بيعرفش غير رقصته هو، وإنه يعزف نغمته بشكل منفرد، أو حتى ما يعزفهاش أو حتى يدخل الرقصة.

- النمط القلِق مصر يجبر الآخر على استمرار الرقصة على نغمته هو مهما كلف الأمر، ورافض أي توقف لها أو تغير في إيقاعها.

- اللامكترث فاقد الاتصال بمشاعره ومشاعر الآخر، وما بيقدرش يفهم نفسه ولا يفهمهم. دي مش لغته وعشان كده مش عارف يتعامل (ودنه مش موسيقية، مش حاسة بأي نشاز. الدنيا بتتهبد وهو مش حاسس بأي فرق).

- النمط القلِق دقيق جدًّا في فهم مشاعر الآخر، وملاحظ دقيق لتغيراته الجسدية وتعبيراته غير اللفظية (حاسة سادسة وقرون استشعار. ودنه موسيقية بتلقط أي نشاز). بس للأسف عنده مشكلتين: دائم القفز للاستنتاج إن التغيرات لها علاقة بيه، وإن معناها إنه مرفوض وغير مرغوب فيه أو هيتم التخلي عنه، وما بيقدرش يستوعب إن ممكن تكون فيه احتمالات تانية للتغيرات دي، ولا قادر يشوف المواقف من وجهة نظر الآخر، ونتيجة ده بيتصاعد الخوف والاحتجاج والغضب

جواه، وما بيقدرش يفرمل ولا يهدِّي نفسه وينظم مشاعره ويحتويها، وسقسي محتاج شدة من الطرف الآخر إنه هو اللي يقوم بالمهمة دي؛ يحتوي ويفرمل المشاعر ويهديها ويطمن المخاوف، بس المشكلة الإضافية إنه في حالة الاشتعال دي بيبقى غير قادر على استقبال التطمينات والاحتواء (ما بيهداش والدنيا بتخرج عن السيطرة).

أما النمط الآمن، ولأنه اتشكل في وضع متناغم وبشكل كافي، فده خلاه قادر يفهم احتياجاته واحتياجات الآخر، ويقدر يقدم الرعاية والتطمين والاحتواء المناسبين واستقبالهم جيدًا.

الأنماط غير الآمنة في حالة نشاز مع الذات أو الآخر.

إدارة المشاعر والانفعالات

إحنا بنتعلم ننظم ونتعامل مع المشاعر من الأم عن طريق تفاعلاتها وردود أفعالها لحالاتنا الانفعالية واستجابتها واحتوائها.

الأم بتمنح الطفل هدية رائعة بتفضل مصاحباه طول عمره، ألا وهي القدرة على فهم لغة العواطف والتعبير عنها والتعامل معاها (الذكاء العاطفي). لو تم تجاهل مشاعره أو احتقارها أو خذلانها أو لم يتم التعامل معها بكفاءة، ده بيخليه بيستمر في أمية عاطفية واجتماعية أو بيبقى تحت رحمة انفعالاته.

إحنا كبشر اتولدنا بقدرة محدودة لتنظيم مشاعرنا، جهازنا العصبي حساس جدًا وغير مؤهل بشكل قوي للتعامل مع الانفعالات العنيفة اللي بنقابلها في البيئة الجديدة بعد الميلاد بكل تقلباتها الغريبة علينا واللي مش مفهومة لينا ولا فاهمين إيه اللي بيحصل فينا، بنبقى في حالة هلع وحاسين إننا هنموت وعايزين اللي ينقذنا من الموت، لسه معندناش الأدوات والمهارات اللي تخلينا نتعامل مع الاضطراب اللي جوانا، ومحتاجين حد يساعدنا ويعلمنا ويفهمنا. وعشان ده يحصل عايزين حد قوي ومستقر ومتاح ومنتبه وبيحس بينا وبيتجاوب معانا وبيهدينا كل ما

نحتاجه لحد ما نتعلم. وعشان ده يحصل محتاجين رقصة متناغمة معاه ومستمرة بشكل كبير وثابت، ولو حصل اضطراب في لحظة نشاز نقدر نصلحه ونعود للتناغم. لما ده بيحصل بنقدر نحتوي مشاعرنا وننظمها وبنكبر أقوياء ومستقلين وعندنا صلابة نفسية ومناعة للتقلبات تخلينا نقدر نقدم الاحتواء لنفسنا وقت الأزمات، ونقدر نطلبه بأريحية من غيرنا ونستقبله بامتنان وعرفان، ونقدر نقدمه بحب للآخرين لما يحتاجوه.

لو عملية التناغم دي ما حصلتش واتساب الطفل لنفسه يتعامل مع انفعالاته أو اتعاقب عليها، بيحس بالرفض وبيلجأ للي يقدر عليه، زي إنه يطفيها أو ما يحسهاش (التجنبي اللامكترث)، أو لو حصلت عملية تناغم بس متقطعة ومفيهاش نشاز كتير ما بيعرفش يحتوي مشاعره لأنها اتسابت من غير احتواء، لا حد احتواها ولا اتساب يتعامل معاها (النمط القلِق)، ولو حصلت بس مليانة نشاز واتقدمت مصحوبة بالتهديد وزودت الخوف بتشكل طفل مش عارف يعمل إيه ولا يتصرف إزاي، زي ما تيجي معاه وتنفع (النمط التجنبي الخائف).

بنكبر أيًّا كانت طريقتنا وبنبقى مش فاهمين نفسنا، ولا إحنا مين، ولا عارفين احتياجاتنا، ولا عايزين إيه، ولا عارفين ننظم مشاعرنا، ولا نتعامل مع الضغوط والتوترات، ولا نتصرف إزاي، وكنتيجة لده كملنا حياتنا كلها بنهرب من أي حالة تظهر جوانا حالة الهلع، نلغي مشاعرنا ونعيش آلات، أو بندور على مصدر خارجي نهدِّي به نفسنا (أكل، جنس، استهلاك، مخدرات، كحوليات، علاقات كتيرة، حب كتير، عمل مرهق، إنجاز، وغيرها). بتبقى كل شخصيتنا وحياتنا وسلوكياتنا محاولات للبقاء والنجاة من الخوف فقط.

غريزة التعلُّق اللي بنتولد بيها هي اللي بتخلينا نجري على الأم ونطلب منها الأمان والاحتواء، ولما بنطمن بتفضل خاملة في الأوقات العادية، ولكن لما الضغوط تزيد وتبدأ حالتنا النفسية في عدم الاستقرار بتبدأ غريزة التعلُّق تنشط تاني ونبدأ ندور على رمز التعلُّق عشان يساعدنا في احتواء انفعالاتنا ويهدِّينا ويطمنا، ولما بنطمن تاني بنخرج من وضع البقاء لوضع النمو والاشتباك مع الحياة والسعي من جديد، ولو ما حصلش ده تفضل غريزة التعلُّق نشطة تمامًا أو جزئيًا واللي بيعطلنا عن الاشتباك مع الحياة بشكل أكثر استقلالية أو كفاءة أو بيحدد اختياراتنا.

التعلُّق وسيلة للحصول على الأمان واستعادة الاستقرار النفسي عن طريق مساعدة الآخرين لنا واحتوائهم لمشاعرنا.

عشان كده التعلُّق مش بس بيأثر على خبراتنا النفسية، كمان بيأثر على خبرات الآخر النفسية، كل طرف في علاقة بيأثر على سلوكيات وأفكار ومشاعر الطرف الآخر في عملية تفاعلية رايح جاي، كل طرف بيعيد تشكيل الطرف التاني.

لما بنكوِّن نمط التعلُّق (طريقتنا في الحب) بتتكون جوانا برامج تشغيل، خريطة حب جواها إرشادات مهمة:

● برنامج لرمز التعلُّق المهم اللي بنلجأ له (برنامج: أروح لمين لما أتعب؟)، واللي بيشمل تصوراتنا وأفكارنا عن الشخص ده (هل هو متاح عاطفيًا؟ هل منتبه؟ حساس؟ مستجيب ومطمئن ومحتوي؟ هالاقيه كل ما أعوزه؟)، لو الشخص ده كده بنثق فيه وفي وجوده واهتمامه وبنطمن.

• البرنامج التاني لنا إحنا (هو إحنا نستاهل ولا هنترفض ولا هنتساب؟ هنعرف نحصل على ده ولا هنخيب؟)، وده بيشمل تصوراتنا عن مهاراتنا في الاقتراب من الآخرين وعمل علاقة معهم وإنهم يحبونا ويطمنونا على قيمتنا وأهميتنا بإنهم مش هيسيبونا ولا يتخلوا عنا.

باولبي بيقول إن طريقة تعامل رمز التعلُّق (الأم) معنا، وخاصة أثناء الضغوط والكروب، هي اللي بتشكل توقعاتنا وأفكارنا ومواقفنا تجاه شريك حياتنا المستقبلي والعلاقات المستقبلية، والطريقة دي بتتحول لمعادلة جوانا (لو ـ إذن: لو حصل كذا إذن هيحصل كذا: لو تعبت ووقعت إذن هأقدر أروح لفلان وأعتمد عليه إنه هيدعمني وإنه هيكون سند أو هيكون موجود، لو كنت مهذب وجميل وحبوب إذن فلان ده هيحبني وهيتمسك بيَّ)، وده كله بيأثر على تصرفاتنا ومشاعرنا وأفكارنا مع شريك حياتنا ومع العالم الاجتماعي، وبيظهر بشكل خاص في أوقات الضغوط والتهديد، وإن الأفكار دي قابلة للتعديل مع الخبرات الجديدة.

كلنا ممكن نقابل ثلاثة مواقف سلبية تثير فينا غريزة التعلُّق:

١- الأحداث الخارجية: تغير شغل أو أحوال مادية أو سفر وخلافه.

٢- الأحداث اللي بتحصل مع الآخر: الخناقات والانفصال والهجر.

٣- ضغوط عاطفية داخلية: إرهاق وتوتر ومرض وغيرها.

كل الأحداث دي بتنشط غريزة التعلُّق، وبتخلينا عايزين حد نروح

له ونتسند عليه ويدعمنا، عايزين الطبطبة، عايزين حد يساعدنا نلم نفسنا ونحتويها وننظمها ونسيطر على نفسنا ونقف من تاني.

كل نمط من أنماط التعلُّق بيأثر على كل مراحل التعامل مع الكروب من بدايتها لنهايتها بشكل مختلف، مثلًا: بيأثر على طريقة تفاعل الأشخاص مع الضغوط، وإيه الدوافع اللي بتثار أثناءها (نهرب ولا نقرب)، بيأثر على كيفية طلبنا للدعم (نطلب ولَّا لأ)، اختيارنا (نروح لمين ولَّا ما نروحش لحد)، بنتوقع الآخر هيتصرف إزاي (هيكون جنبنا ولَّا مش هيهتم)، كل ده بيأثر على العلاقة مع الطرف الآخر وجودتها والرضا والثقة بين الطرفين أثناء الضغوط والخلافات وبعدها.

الأنماط القلِقة والتجنبية بتظهر عيوبها أثناء مواجهة الضغوط الشديدة.

التعلُّق أو العلاقة هدفها الأكبر تنظيم الانفعالات والأمان والرعاية والاهتمام، نحن نبحث عن الآخر ليساعدنا في التعامل مع مشاعرنا المتقلبة لنستطيع السيطرة على تصرفاتنا في مواجهة الحياة، فنشعر بالكفاءة ونطمن، وده اللي بيعمله النمط الآمن بكفاءة.

اللامكترث اتعلم إن التعبير عن الانفعالات وطلب الاقتراب في المواقف الضاغطة غالبًا هيثير الرفض من الآخرين، ولحماية نفسه من الرفض المحتمل، اتعلم يكبت سلوكيات التعلُّق والاقتراب وطلب المساعدة والتعبير عن انفعالاته، لأنه نتيجة خبرته في الطفولة بيشوف إن الآخرين غير جديرين بالثقة، وشايف إنه يقدر يواجه أصعب المواقف بنفسه بدون مساعدة من حد، ولما يحس بالضغوط بيطفي

غريزة التعلُّق عشان يتجنب الشعور بالقلق والتوتر، أو على الأقل يقدر يقلل من الشعور بهم و بقدر يحتوي الموقف.

وهو بيطفي مشاعره عن طريق الإنكار (ما يحسهاش) والكبت (يكتمها جواه) وعدم التعبير عنها أو الانعزال (في غرفته أو بالهروب) أو تخدير مشاعره (ممكن بالمخدرات) أو تشتيت ذهنه (ممكن بالألعاب والخروجات والعمل والتلفزيون وغيرهم)، كل المشاعر السلبية بيتم التعامل معها بالطريقة دي لأن وجودها معناه إنه ضعيف وهش وعنده احتياج للآخرين، وده مناقض تمامًا لتصور اللامكترث عن نفسه إنه قوي وكفء ومتفوق ومستقل ومستغني (هو مش عايز يشوف نفسه ضعيف). طريقة إطفاء المشاعر بتخليه أثناء الضغوط والأزمات هادي جدًّا وسلبي وبارد وساخر ومتهكم، وبتعزز عنده الشعور بالقوة والتحكم والسيطرة واللي بتخليه مش محتاج مساعدة لأن كل حاجة تمام ومفيش مشكلة.

بس برضو في نفس الوقت بسبب كبته للاحتياج للآخرين وعدم التعبير وطلب المساعدة، ده بيخلي الآخرين ما بيقدموش له دعم ولا تطمين كفاية ولا مساندة، لأنهم مش عارفين احتياجه أو عدم احتياجه، ولا بيطلب مساعدة ولا بيقبلها، غير إن شكله تمام وعارف يتصرف ومش محتاج. وبرغم إن اللامكترث مش عايز أصلًا مساعدة من حد ولا بيطلبها إلا إنه أوقات كتيرة بيعتبر عدم الاهتمام من الآخرين وخاصة وقت أزماته نوع من الرفض والتجاهل (وإن مفيش حد بيهتم، وإن محدش هينفعك غير نفسك)، وده بيأكد له رأيه السابق في الآخرين (إنهم مش هيقدموا حاجة ولا عايزين أو مهتمين، أو إنهم مش هيقدروا

يقدموا الدعم ولا هيعرفوا، وبالتالي مش هاطلب من حد حاجة، لأنه مفيش فايدة).

اللامكترث كمان سا بيعرفش يتعامل مع توترات الآخر ومشاعره السلبية، وما بيعرفش يستحملها أو يحتويها أو يهدِّيه، أثناء انفعالات الآخرين بيفصل نفسيًا وعقليًا ويمكن يهرب من المكان أو ينسحب بهدوء أو ينفعل، ولو استمر مع الآخرين المنفعلين بيبقى عنده رغبة إنه يخلص حالة التوتر بسرعة وبيحاول تقديم نصائح عملية أو حلول أو تجنب الخلاف، ويعتذر بسرعة ويعترف بغلطته حتى لو مش غلطان، أو يتنازل وينفذ للآخر طلباته، أو يحاول إقناع الآخر بالكلام أو بتقديم اقتراحات إنه يجيب هدايا أو يخرجه، أو حتى بالتهكم والسخرية والهزار، أو بالكلام المحفوظ من المواعظ والحكم واللي غرضه إخراس الآخرين وإنهاء الشكوى، أو بالتهوين والتقليل والتحقير من مشاعر الآخرين، أو حتى الصمت المحتار (لازق في الكرسي مش عارف يتصرف إزاي).

بتظهر الانفعالات والتوترات في جسم اللامكترث حتى ولو مش واخد باله إنه متوتر، بتظهر في ضربات القلب واضطرابات الهضم ومشاكل النوم والآلام الجسدية والإحساس المزمن بالإرهاق والتعب. ولما بتفشل طريقة الكبت في التعامل مع المشاعر، بتسيطر عليه الانفعالات وبيبقى انفعالي جدًا بشكل مثير لاستغراب المحيطين. كل ده بيؤثر على صحة اللامكترث الجسدية والنفسية وعلى علاقاته، وبيحسس الطرف الآخر إنه مش مفهوم ولا محسوس ولا حد مهتم بيه أو جنبه بيحتويه ويطمنه، ومع الوقت بتظهر مشاعر

الاستياء وتتكون التراكمات وعدم الأمان وفقدان الثقة والتعاسة والوحدة في العلاقات.

في المقابل، أصحاب النمط القلِق بيتصرفوا بشكل مختلف أثناء الضغوط والخلاف، حساسيتهم للتوترات عالية جدًّا، وردود أفعالهم الانفعالية كبيرة (هما نفسهم والآخرين بيوصفوها إنها مبالغ فيها)، وبيعبروا عن انزعاجهم وبيشكوا منه بشكل مستمر ومتزايد مع الوقت، والهدف إنهم يشدوا انتباه الآخر ليهم وإنهم محتاجينه للاحتواء والمساعدة، وإنه يفضل جنبهم لحد ما يطمنوا، شايفين نفسهم عاجزين عن الاطمئنان ومحتاجين حد ينقذهم حالًا ويحتويهم لأنهم ما بيعرفوش يحتووا نفسهم، ولأنهم بيشوفوا إن الآخرين لامبالين ولا يعتمد عليهم بشكل كبير، مش سند حقيقي، ده بيخليهم ما بيهدوش بسهولة، وبيواصلوا النداء والمطالبة والاحتجاج لحد ما يتحرك الآخرون ويقدموا الإنقاذ ويستنوا معاهم لحد ما يطمنوا.

لأن صاحب النمط القلِق بيعتمد على الآخرين في شعوره بالأمان وبيحس بالعجز عن التصرف مع حالته النفسية والضغوط، بيحتاج الآخرين بالقرب منه عشان يطمنوه ويتصرفوا، وسيلته الأساسية إظهار المشكلة بأكبر قدر من الوضوح والإلحاح والدراما والتصعيد (اللي مش بالضرورة بيعملها بشكل واعي، هو في وضع الضعيف والمحتاس واللي مش عارف يتصرف مع جهاز عصبي حساس جدًّا بيشوف أي حاجة كارثة)، زي المبالغة في إحساسه بالتهديد والخطر، وإظهاره الاعتمادية الزائدة على الآخر، كل ده بيجبر الآخرين على الانتباه له والتحرك فورًا لإنقاذه والاستمرار جنبه.

بسبب طبيعة صاحب النمط القلِق الخوافة من التغيرات السلبية ورحيل الآخرين، بقى عنده تركيز شديد (حاسة سادسة) على أي إشارة سلبية محتملة، بيخليه يربط الأحداث سع بعض، وهكذا أي فكرة سلبية بتوصل لفكرة تانية ويكون سيناريو مرعب وكارثي للأحداث، والهدف استباق الخطر ومنعه. عشان كده طريقته في تقدير الموقف بتشوف الضغوط والمشاكل أكبر من حجمها، مثلًا: أثناء مناقشة الخناقات بيبقى متوتر أكتر من اللازم وغالبًا بيتناقش بشكل مش مفيد، وبيظهر في كلامه التشاؤم (مفيش فايدة خلاص، مفيش حاجة هتتغير، إلخ)، وبيشوف الطرف الآخر والعلاقة بشكل سلبي (بيفتكر السلبي بس)، وبيبدأ الغضب جواه في التصاعد بلا توقف، ويبدأ يتصرف بشكل مدمر للذات وللعلاقة، واللي بيخليه ربما يوجه إهانات للآخر، أو إلقاء التهديدات المختلفة، أو حتى ممارسة عنف بأشكال مختلفة، أو ربما يدخل في حالة انفصال عن الذات وإغماءات وخلافه.

أصحاب النمط القلِق لما بيواجهوا ضغوط بيعرفوا إنهم تعبانين بشدة ولازم يطلبوا مساعدة فورية من الآخرين، وبرغم إن هدفهم إنهم يقللوا تعبهم ده ويهدوا عن طريق الاقتراب من الآخر والحصول على دعمه، إلا إن الحكاية بتبوظ منهم بسبب تصعيداتهم وتوتراتهم العالية جدًّا وغضبهم الشديد، واللي بتخليهم يفكروا في المشكلة بزيادة ويتخيلوا أسوأ سيناريو ويبعدوا تفكيرهم عن الحل، وده بيخليهم في حالة توتر مستمرة حتى لو اتقدمت لهم التطمينات والاحتواء، هما كمان لما بيقربوا من الآخرين بيبقوا متطلبين ومتعلقين بزيادة وده

بيفشل يطمنهم أو يقلل كربهم، وكمان ما بيهدوش بسهولة وبيسببوا إرهاق للآخرين. الطرف الآخر بيتعب لأنه بيلاقي نفسه مضطر يقدم دعم وتطمين باستمرار وبكثافة، وبيلاقي نفسه في حالة استنزاف عاطفي مستمر، فربما يقرر يبعد شوية عشان يشحن أو يهدِّي نفسه أو من الزهق إن مفيش حل أو لأي سبب آخر. في اللحظة دي، صاحب النمط القلِق بيفهم تعب الآخر وابتعاده وتوقفه عن المحاولة إنه تقصير ورفض وإهمال وعدم تقدير ورغبة في الرحيل، ويبدأ يشوفه بشكل سلبي وإن نواياه شريرة (مش مهتم ولا داعم ولا سند ولا محتوي والعلاقة زفت وقطران وتعب).

أصحاب النمط القلِق محتاجين حد داعم بشدة وصبور جدًّا ومتحمل ومحتوي وبيعرف يهدِّي الشحنات العاطفية ويقدم التطمينات الجيدة، ولكنهم أيضًا محتاجين يتعلموا يهدوا نفسهم أولًا، ويقبلوا التطمينات والاحتواء والدعم، ويبعدوا عن التصعيدات والسلوكيات المدمرة.

أصحاب النمط الآمن بيحسوا بالكرب في المواقف السلبية، وبيحسوا بالانزعاج وبيعرفوا إنهم منزعجين وإنهم محتاجين مساعدة ودعم من الآخر، بس قادرين يقربوا وينفتحوا على الآخر بشكل صحي، مطمنين لوجوده ولتقديمه الدعم والتطمين، وقادرين يطمنوا بسهولة لما يحصلوا على الدعم والاحتواء، وبيقدروا يحلوا مشاكلهم بكفاءة، سلوكهم بيبقى واضح، بيطلبوا بوضوح من الآخر الاقتراب والدعم والتطمين والآخر لو آمن بيقدم ده فعلًا وبكفاءة، بيشوفوا الأمور بشكل موضوعي، وبيفكروا في الحل مش المشكلة بشكل

بنَّاء وبمساعدة الآخر، بيطلبوا الدعم والتطمين والقرب بشكل مباشر من غير تلميحات أو طرق ملتوية، عندهم مهارات جيدة للتواصل والتناغم، وبيقدموا الدعم والتطمين بشكل كافي، وبيشوفوا الآخر والعلاقة بشكل إيجابي، وبيمتنوا للمجهود الآخر ووجوده.

إحدى أهم مهامنا (واحتياجاتنا) في العلاقات هي قدرتنا على تنظيم مشاعرنا (صلابة نفسية)، ومساعدة الآخرين على تنظيم مشاعرهم (احتواء الآخر). فشلنا في ده داخل العلاقة بيلقي بظلاله على الشعور بالثقة والأمان والإشباع العاطفي والتناغم وحل الخلافات والإحساس بالرضا والسعادة والاستقرار.

أزمة ثقة

التناغم العاطفي مع الآخر ضروري لبناء الثقة...
والثقة هي الأساس للعلاقات الصحية.

جوتمان، «علم الثقة»

الثقة هي إني أتطمن إنك هتكون موجود لما أحتاجك جنبي، إني أقدر أتسند وأعتمد عليك وأنا مطمن إنك مش هتخذلني، إنك هتهتم وهتستجيب بكفاءة لاحتياجاتي، إنك هتكون ملاذي الآمن اللي أقدر أروح وأستخبى فيه لما أحتاج أحتمي من العالم والضغوط وأحصل منه على الدعم والتطمين والتشجيع والاحتواء، إني أتطمن إنك بتحبني زي ما أنا، إنك بتحترمني وبتحترم حقوقي واحتياجاتي، إنك أمين وصادق ومخلص ومحترم ونيتك حلوة تجاهي، إني مميز عندك وأولوية قبل أي حد، إنك هتفضل موجود وباقي في كل الأوقات، الحلوة والوحشة.

الثقة بيتم اختبارها بشكل أساسي في الأوقات اللي إحنا محتاجين الآخر يكون ملاذ آمن، وقت اللحظات الفارقة والأحوال الانتقالية (سفر، عمل جديد، إلخ)، أو أحداث سلبية اتعرضت ليها العلاقة

(خسارة مالية، مرض، إلخ)، أو أثناء الخلافات؛ الأحوال اللي بتلخبط كياننا العاطفي كله وتنشط غريزة التعلُّق، غريزة الاحتياج للقرب من الآخرين عشان الأمان والحماية والتطمين. وده اللي بيدي أهمية للتناغم والاحتواء.

التناغم والاحتواء هما اللي بيشبعوا احتياجات التعلُّق دي ويرجعونا لوضع الأمان، ويبنوا الثقة في الآخر إنه يمكن الاعتماد عليه يكون سند حقيقي وملاذ آمن.

من ضرورات الثقة:

- إننا نقدر نعبر عن نفسنا بشكل واضح وحقيقي ومباشر من غير تلاعب أو إخفاء أو كذب أو عدوانية.

- إننا يكون عندنا ذكاء عاطفي كافي يخلينا نعرف مشاعرنا ونعرف نحتويها ونعرف نفهم مشاعر الآخر ونحتويه.

- إننا نحترم حدود وحقوق بعض.

النمط الآمن عنده ثقة في نفسه وفي أدواته، وثقة في الآخر وأدواته، وثقة في حصوله ومنحه الاهتمام والإشباع والتطمين بسهولة. وده مخليه منفتح على العلاقة أكتر وأكتر، العلاقة مشبعة وسعيدة وتستاهل.

النمط القلِق، وبسبب خبراته في الطفولة وبقية حياته، بيشوف الحياة والعلاقات والناس إنهم متقلبين وغير مضمونين وبيتغيروا بسهولة وبشكل فجائي وبدون سابق إنذار (الدنيا غدّارة والناس بتخون وبتخذل باستمرار، وأنا مش عايز أتعرض للوجع ده تاني). وقراره للتعامل مع ده هو التشبث بها وبهم عشان ما تتغيرش وما

يمشوش، ومنع الهجر والخيانة قبل ما يقعوا بأي ثمن وأي شكل، وامتلاؤه بالشك والظنون والمراقبة والتلصص والاختبارات المتتالية للآخر للتأكد من انتباهه ووجوده واستمراره واستجابته (متحفز وعينيه في وسط راسه ومش مطمن لحد ولا لحاجة ولا بيسيب حاجة للظروف).

النمط اللامكترث، ونتيجة خذلانه الشديد من الدنيا والناس، رفض الثقة بها وبهم من تاني، وقرر إنه مش عايز حد ولا محتاج حد، وإنه هيعتمد على نفسه وبس، ومش هيمنح ثقته الغالية لمخلوق ممكن يتغير. وعشان يعمل ده قرر يقفل قلبه أمام الآخرين من بره، وإنه يحب أو يقرب. وعشان يساعد نفسه يعمل كده، كوَّن رؤية إيجابية تعويضية لذاته، وأصبح يثق في قدراته بشكل أكبر (أنا مية مية كده مع نفسي. مفيش حد يستاهل أصلًا. مفيش حد يستاهلني. أنا مش محتاج حد. هما هيقدمولي إيه ما أعرفش أقدمه لنفسي؟).

النمط الخائف ما زالت ذكرى الخوف من الآخر أثناء الطفولة صاحية جواه، لما قرب عشان يطمن اتوجع جامد. الاقتراب بقى يساوي الألم، واللي بنحبه هو اللي بيوجعنا، وفي نفس الوقت إحنا محتاجينهم، إحنا كمان عايزين نهرب. الخائف مش واثق في نفسه ولا في الآخرين، وبيعيش علاقات متقلبة ومؤذية، يثق بشدة مرات ويسيب نفسه وفي لحظة يتملي بالشكوك المرعبة، فجأة يقترب وفجأة يهرب. الثقة كمان ضرورية عشان نعرف نحل الخلافات اللي بتحصل بينا والتحديات اللي تقابلها العلاقة. هنحل إزاي وإحنا مش مطمنين لبعض، مش مطمنين إن الطرف الآخر فاهمنا ومهتم بينا ومتجاوب

معانا؟ الثقة هي الأساس اللي هتقوم عليه علاقة صحية ومشبعة وقابلة للنمو، وبدون ثقة متبادلة فرصة عدم الاستقرار والخلافات والتعاسة والانفصال موجودة بشدة.

محدش بيقدر يفتح قلبه لحد وإنه يشاركه نقاط ضعفه وهشاشته الداخلية ومخاوفه ويتخلى عن حذره ودفاعاته، من غير قدرة على الثقة في الآخرين أو في نفسه. وعدم الثقة في الآخرين في النهاية ما هو إلا عدم ثقة في النفس، إني مش واثق في نفسي بالقدر الكافي، إني هاقدر أتحمل أو أتعامل مع الألم الناتج عن الخذلان أو الإحباط أو الهجر والرفض. أزمة الثقة تنبع من داخلنا إحنا، وعلاجها بإيدينا إحنا، بأن نتحول إلى النمط الآمن.

أحيانًا الثقة القائمة بين الزوجين بتنكسر أو بتهتز لدرجة بتأثر على الرابطة العاطفية بينهم بسبب حدث سلبي كبير، وأوقات الثقة بتقل تدريجيًا مع الوقت، وده بيحصل لما حد يخذل توقعات الآخر في حصوله على الرعاية والتطمين وأثناء الأزمات والاحتياج، ولما بتتكرر بيصبح الإصلاح بينهم وعودة الثقة صعب، ومع كل خلاف بتظهر الشكوك للنور مرة تانية، وشوية شوية بيتحولوا إلى لامبالين أو لامكترثين قفلوا قلوبهم في وجه الآخر، والحب بينهم قل، والمسافة بعدت، والعلاقة ضعفت (طلاق صامت).

الإصلاح بيبقى صعب لأن الطرفين ما بيحاولوش كفاية، وبيتجاهلوا المشاكل تحت السجادة، لا الطرف المتسبب بيحاول يصلح ولّا الطرف الآخر بيقبل الإصلاح لو اتقدم، بيبقى خلاص مش قادر يسامح، وتوقعاته ومخاوفه بقت أعلى ومفيش حاجة تكفيهم.

عشان كده، إعادة بناء الثقة مهمة كبيرة محتاجة إن الاتنين يقوموا بيها بجدية: ده يتعلم يثق من جديد، والآخر يتعلم يتحمل مسؤولية أفعاله، والاتنين محتاجين صبر.

الخوف من الهجر

كتير مننا بيكبر بخوفه من الهجر والفقد، أو إنه يتساب للوحدة والألم من غير وجود لحد معاه أو يهتم لأمره، خوف مزروع جواه من الطفولة.

خايفين يترفضوا من أي حد، بيدخلوا العلاقات وبيلاقوا خوفهم متجسد قدامهم، رعبهم مكشوف وواضح ومتشاف. ساعات الأمور بتبقى حلوة وهادية في البداية، وفجأة الخوف بيظهر من اللاشيء. أوقات المحبوب لسبب أو لآخر كان بعيد أو مشغول أو مش واخد باله أو حتى ربما انفصل عاطفيًا لأي سبب، هنا بيظهر الخوف من الفقد بكل عنفوانه وشدته، توتر ونوبات هلع وأفكار كتيرة ولخبطة في كل حاجة، أفكار الرفض والوحدة وإني هاتنسي، الخوف من العزلة واللي فيها إني شخص منبوذ بيتم تجاهله، مش مرغوب ولا مقبول، مهمل وغير مهم ومنسي، مش متشاف ولا مسموع.
العلاقات عشان أطمن وأتشاف وأتسمع وأتونس، وفي الوحدة أنا خايف وحاسس إني ولا حاجة.

درجة الخوف من الهجر وما يتبعها من الخوف من الوحدة بتشكلنا، وبتشكل تصرفاتنا في العلاقات، وبتأثر على تعاملاتنا مع الآخر.

الخوف من الهجر بييجي من الطفولة لما كنا ضعاف ومعتمدين تمامًا على وجود الأم، وغيابها أو رحيلها بالنسبة لنا ضياع وموت. وبتزيد حدته عند البعض مننا لما عانينا الإهمال الشديد أو التقلبات في الرعاية أو الإساءات، جربنا إحساس الضياع والموت مرات كتيرة، واستمر معانا من غير حل، اكتشفنا إننا لوحدنا، وإننا عاجزين وضعاف ومحتاجين حد يطمنا ويهتم بينا ومش لاقيين، خوفنا إننا نموت في وحدتنا وإحنا بعيد عنهم، وكل واحد مننا دور على وسيلة عشان يطمن.

النمط القلِق هو أكثر الأنماط خوفًا من الهجر، لسه الهجر وألمه مصحصح جواه.

النمط التجنبي الخائف، زيه في بعض الأوقات.

النمط اللامكترث أخدها من بدري وخاف من الحب والالتزام أصلًا عشان يتجنب ألم الفقد والهجر والخذلان من المنبع.

النمط القلِق في تعامله مع ألم الهجر والوحدة خطته بسيطة: أعمل علاقة وأمنع الهجر والعودة للوحدة بأي شكل. وعشان يمنع الهجر لازم يبقى مصحصح عشان يتوقع الرفض والهجر قبل ما يحصلوا، يدور على أي علامة تدل على عدم اهتمام من الآخر أو إهماله أو فقدانه للحب أو تغيره أو خيانته أو استعداده للرحيل، عشان كده مخاوفه بتثار لأتفه شيء أو لحاجات في خياله أو حتى مش مقصودة،

والنتيجة إنه بيتصرف بتملكية وتحكم وسيطرة وعصبية وغيرة وتشبث وتطلب عاطفي تجاه الآخر، هدفه التطمينات والبراهين إن الآخر مستمر وباقي ومخلص وبيحبه ومتمسك بيه. وده بيظهر للآخر إنهم مش واثقين فيه. كمان وللأسف، اعتماديتهم العاطفية الشديدة والتحكمات والتملك بتتقلب عليهم وبتؤدي إلى ابتعاد الآخر ورحيله فعليًا، وبيحققوا أكبر مخاوفهم بإيديهم، خوفهم الشديد بيخليهم يتصرفوا بغيظ وغضب وعدوانية ورغبة في عقاب الآخر وإطلاق الاتهامات والتهديدات وأحيانًا الإهانة والعنف (برغم إنهم أصلًا عايزين الاهتمام والانتباه والقرب والتطمين والاحتواء)، بيصعدوا الموقف وما بيوصلوش للي عايزينه، بالعكس بيجيب غالبًا نتيجة عكسية. يمكن بسبب رواسب الطفولة بييجي في بالهم بشكل لاواعي إنهم لو ما عبروش بشكل درامي وتصعيدي عن قلقهم وخوفهم وغضبهم، فالطرف الآخر مش هيستجيب ولا هيهتم وهيكبر دماغه، وهما لازم يجبروه على الاستجابة. ولأن الدنيا أبيض وإسود عند البعض من أصحاب النمط القِلِق، فتلاقيهم ساعات بيخافوا من التعبير عن احتياجاتهم للتطمين والاهتمام بطريقة مباشرة وواضحة أحسن يتقال عليهم زنانين أو نكديين أو يضايقوا الطرف التاني أو يترفضوا، وبيلجأوا إلى كبت مشاعر الغضب جواهم واللي مع الوقت ممكن تنفجر في ثورة عارمة تخليهم يعملوا حاجات يندموا عليها بعدين.

سواء بيكبتوا مخاوفهم أو بيعبروا عنها بشكل غير صحي، فجوهر الأزمة إنهم بيواجهوا واقع حالي بمشاعر بتاعة واقع حدث في الطفولة. ومحتاجين يتعلموا أولًا يعرفوا يفرقوا بين ما يحدث الآن

وعلاقته بالماضي، وأيضًا أن ينظموا مشاعرهم ويتعلموا وسائل صحية للتواصل، ويتخلصوا من رواسب الطفولة.

للأسف كتير من اللي اتعرضوا للهجر والفقد في طفولتهم، واللي أصبحت أزمة مركزية لحالتهم، لما بيختاروا شريك حياة بيختاروا بدون وعي، منهم من سيكرر معهم تجربة الهجر مرة أخرى (شخص غير متاح، متزوج، من بلاد أو ديانة أخرى، هناك عوائق كبيرة تمنع العلاقة مثلًا)، وكأنهم في حالة من التكرار القسري لأزمتهم. ربما في لاوعيهم اعتقاد خفي إنه إذا كان غير متاح تمامًا فلن أرتبط به تمامًا، لذلك لن أتألم عندما يهجرني. أو ربما مدفوعين بأمنية لاواعية إننا هنلاقي اللي هيتحملنا ويتمسك بينا مهما فعلنا من سلوكيات مزعجة ومتعبة (فنتأكد إنه أكيد بيحبنا جدًّا ومتمسك بينا جدًّا)، وده بيخلي البعض منهم ممكن يتمادى في التصرفات المتعبة والمطالبات العاطفية وكأنهم بيختبروا تمسك الآخرين بيهم، ولما ده ما يحصلش وينتهي بيهم الحال مهجورين، بيتأكد عندهم الخوف العميق إنهم هيتسابوا، وإن محدش هيتمسك بيهم، وإنهم وحشين ومتعبين، وإن مفيش أمان لحد أو لشيء.

الخوف من الهجر في النهاية بيدور حول توقع عدم وجود الآخر أو عدم استمرار وجوده بجوارنا لأي سبب، فقدان للثقة إننا هنلاقيه لما نحتاجه أو إنه هيستمر معانا، وبالتالي فقدان للشعور بالأمان، وده بيخلينا إما نخاف من الحب أو ننشغل بسلوكيات منع الهجر والسيطرة على الآخر ومنعه من الرحيل بأي ثمن.

الحرية والاستقلالية

الحب رقصة تانجو بتشاركها مع الآخر بسلاسة وتعاون عشان تبقّى متناغمة ومنسجمة.

كل حركة من كل طرف بتخلي الطرف الآخر يغير وضعه لحركة تناسب الآخر بحيث يحافظوا على التناغم ده وتطلع رقصة حلوة ممتعة.

التناغم والتعاون بيخلونا مركزين مع بعض، منسجمين ومتجاوبين ومستمتعين وعايزين الرقصة تكمل وتطول من غير وجود اللي يعكر الصفو أو يقطع المزاج. وفي الرقصة دي إحنا الاتنين مرنين وتلقائيين ومنفتحين على بعض وعلى كل شيء، وده مخلينا قادرين نتعامل مع كل تغير في الإيقاع والخطوة بنعومة وسلاسة وكأننا عارفين خطواتنا وحافظينها، مش محتاجين نفكر ولا نخطط ولا نحسبها كتير، جسمنا وعواطفنا وحواسنا وعقلنا في حالة انسجام وعارفين السكة لوحدهم.

في الأنماط غير الآمنة بنبقى متصلبين، بنميل إننا نطبق طريقتنا في الحب اللي نعرفها كما هي مرارًا وتكرارًا مهما تغير الأشخاص أو تغيرت الظروف أو الأحوال داخل العلاقة أو في العلاقات المختلفة، وأيًّا كان وضعنا ووضع الآخر فيها. بنفقد المرونة وبنبقى حافظين،

عايزين الرقصة تمشي على السيناريو المرسوم والمكتوب في دماغنا إحنا وبس واللي مختلف عن السيناريو المرسوم والمكتوب في دماغ الطرف التاني، عشان كده رقصات الحب بتاعتنا أوقات كتير بتبقى نشاز، وبتبقى القدرة على ضبط المسافات بينا وحل الخلافات أو التعارضات اللي بتواجهنا مفقودة، ومع الوقت بنتملي بالغضب والتراكمات تجاه بعض. الجمود هو المسيطر ومش عارفين إمتى نقرب وإمتى نبعد وإزاي نوازن بين الحب والاستقلالية.

عندما نخاف نحن لا نجيد الرقص، وربما نحول الرقصة الناعمة إلى مباراة ملاكمة.

توازن البعد والقرب والحب والاستقلالية اللي بيخلينا مرنين بما يكفي في التعاملات بين الأطراف بييجي من الطفولة. لما بنقدر نحس بالأمان بتنطفي غريزة التعلُّق (الاعتماد على الآخرين من أجل الأمان والحماية والدعم)، وبتنشط غريزة التعلم والاستقلالية، بيسموا ده «تناقض الاعتمادية». أنا بقيت واثق في وجودك ودعمك ليَّ لما أحتاجك، لما هاعوزك هالاقيك، عشان كده بقيت مطمئن إني أنطلق للحياة ومواجهتها من غير خوف لأني عارف إن ليَّ ضهر وسند. اعتمادي على وجودك خلاني حر.

وده ما حصلش مع الأنماط غير الآمنة.

النمط القلِق مرعوب من الهجر أو أي بوادر إنه يتساب، كل همه منع ده بأي طريقة، وكانت طريقته التعلُّق الزائد وإلغاء الذات لأجل الآخر، حالة من الاعتمادية العاطفية الشديدة على الآخر ووجوده من أجل شعوره بالأمان والاطمئنان. ربط باستمرار الآخر معاه

وبالقرب منه، وربط معاه إحساسه بالقيمة والأهمية والمحبوبية. كبر وهو فاكر إن الحياة لازم تكون حب في حب وتناغم والتصاق وعناق، وأي ابتعاد ولو قليل فهذا يعني الكارثة (ما بيحبنيش ومليش قيمة وأهمية. تفكير أبيض وإسود)، وأي بوادر استقلالية للآخر بتهدد شعوره بالأمان، وبتخليه ما بيقدرش يستوعب احتياج الآخر لمساحة خاصة. المساحات بالنسبة له تعني فقدان الحب. طلبه للقرب الشديد بيفهمه الآخر تطلب زائد وتحكم وحصار. وطلب الآخرين لمساحة يفهمه صاحب النمط القلِق رفض وطرد.

النمط اللامكترث في المقابل شايف ضريبة الحب عالية؛ الضريبة هي التخلي عن نفسه والسماح إنه يتم ابتلاعه لصالح الآخر، في الآخر مسألة وقت، وأصلًا الآخرون مش هيقدموا حاجة. كل ده خلاه مرعوب من الابتلاع والاختناق والتحكم في حريته، وخلاه يقرر من البداية إنه يبعد وإن مسافاته تكون كبيرة. احتياجه الأهم والأقوى هو الحرية والاستقلالية واللي ممكن يضحي بالحب من أجلها (أنا مش محتاج حد)، وده مخليه مش مستوعب احتياج الآخرين في الاقتراب، وبالعكس بيخاف منه، وتشجيعه لهم بضبط المساحات أو إعلانه إنه محتاج مساحة هو كمان بيوترهم وبيحسسهم بالرفض.

مهما كانت رقصة الحميمية قوية وممتعة، فالناس تحتاج فترات راحة، وده مش معناه إنه ما بيحبش أو هيمشي أو غير مهتم، ده شيء طبيعي جدًا، مد وجزر واقتراب وابتعاد، وهذا الشيء لا يفهمه صاحب النمط القلِق. نعم هو يحتاج الكثير ولكن الضغط على الآخر سيؤدي إلى استنزافه والنتيجة انتهاء الرقصة.

اللامكترث أيضًا محتاج يعرف إن الآخر يحتاج القرب، وإن اللامكترث مسافاته كبيرة. هو كمان محتاج يدخل العلاقة ويلتحق بالرقصة إن أراد استمرارها والاستمتاع بيها. نعم هو يتوتر كثيرًا ويشعر بالاستنزاف النفسي، ولكن الآخر يحتاج لوجوده. الاتنين محتاجين استيعاب احتياجاتهم واحتياجات الآخر للحب والاستقلالية ومخاوفهم ومخاوف الآخر من الهجر أو التحكم، وعمل توازنات.

أزمة الاختيار

في العلاقات غالبًا ما نعيد الماضي بدون وعي منا.

العلاقات العاطفية بتدينا الفرصة إننا نفهم نفسنا ونتعرف على احتياجاتنا ومخاوفنا وقيمنا وأفكارنا وتوقعاتنا في الحياة، ولكن تمسكنا بالأنماط الدفاعية وسيناريوهاتنا السابقة بتحرمنا من الانفتاح على التجربة، وبتخلينا بنجازف بإعادة إحياء الماضي من جديد في علاقاتنا الحالية أو المستقبلية.

أنماط التعلُّق كانت طريقتنا في التعامل مع الوالدين في ظروف معينة، وكانت فعالة ومناسبة في الوقت ده، ولكن دلوقتِ بقت مش مناسبة إننا نعيش علاقة صحية مشبعة، هي بتخلينا نعيش الواقع الحالي بعيون الماضي وبنفس ردات الفعل والقناعات والأحاسيس، وبتوصلنا لنفس النتيجة.

مثلًا النمط القلِق كان مفيد في التعامل مع حالة رعاية غير مستقرة وشعور شديد بالخوف، كانت طريقة التحفز والالتصاق والغضب والمطالبة مفيدة لإجبار الأم المتقلبة على التركيز والحضور والوجود

باستمرار، لكنه دلوقتِ بقى ممكن يدمر علاقة صحية، وبيخلينا نكرر سيناريوهات لأحوال مش موجودة حاليًا (اللي اتلسع من الشوربة).

وكذلك اللامكترث ما كانش فيه حل قدامه قصاد بيئة مهملة ورافضة غير إنه يقفل قلبه ويعتمد على نفسه ويبعد عن أي قرب، وده ما بقاش مناسب في علاقة فيها قرب ومشاركة وتبادل مشاعر واهتمام.

للأسف الانجذاب العاطفي في أوقات كتير بيحطنا في مأزق، بيأثر على اختياراتنا واللي بنكتشف مع الوقت إنها ما كانتش في صالحنا، وبيعمل ده بالطرق اللي جاية:

- الانتقاء: بنختار حد فيه شبه من والدينا وكأننا بلا وعي نختار من سيخرج أسوأ ما فينا، ولكنه رغم الألم مريح لأنه مألوف ومعروف، مثلًا نختار حد يتجاهلنا أو يهجرنا أو يرفضنا أو يتحكم فينا لنخرج معه أحاسيسنا بالرفض والهجر والتجاهل والاختناق.

- التشويه: ممكن نكون مع حد كويس ومحب، بس نشوفه بنضارة الماضي والتوقعات والمخاوف (هيسيبنا، هيرفضنا، مش هيهتم، إلخ)، ونتصرف معاه بنفس طريقة تعاملنا مع الوالد في السابق ونكرر نفس أحداث الطفولة.

- الاستفزاز والتحويل: إننا نختار حد مختلف، بس نستفزه بأفعالنا المعتادة النابعة من نمط تعلُّقنا ومخاوفنا بدون وعي مننا، والنتيجة نضطره لردود أفعال مشابهة لوالدينا (أكيد لما هانزن كتير مثلًا الآخر يبعد)، ويتحول شوية شوية لنسخة من الوالد والعلاقة معه للنسخة القديمة مع الوالد.

بالطريقة دي بنعيش نفس العلاقة ونفس السيناريو ونفس الدور في كل علاقة جديدة.

أصحاب الأنماط غير الآمنة محتاجين يحطوا في اعتبارهم حاجتين: إنهم محتاجين يختاروا اختيارات لأشخاص لا تعيد الماضي وتستطيع إشباع احتياجاتهم وتطمين مخاوفهم، وإنهم يراقبوا تأثير أنماطهم على الطرف الآخر وعلى العلاقة.

أزمة المواعدة والبدايات

في بدايات التعارف بتظهر تأثيرات الأنماط.

النمط الآمن مثلًا بيبقى واضح وبيظهر الاهتمام لو مهتم، معندوش أجندات خفية، وما بيحبش الألاعيب، بيقول عايز إيه وهيقدم إيه. الآمن بيحب الاتساق والتكامل والشراكة في حياته كلها. الآمنون لأنهم واثقين من نفسهم واستحقاقهم للحب، بيتعاملوا بسهولة وبسلاسة، بينفتح ويشارك معلومات عن نفسه بشكل معقول ومتدرج. المواعدة مفيهاش دراما ولعبة الشد والجذب، هما مش محتاجين يهربوا أو يبقوا لحوحين. مستمعين جيدين ومهتمين ومرنين مش متطلبين ولا زنانين. لو واعدوا حد من النمط اللامكترث بيتفهموا احتياجه للمساحة وما بيضغطوش عليه، ولو واعدوا حد من النمط القلِق بيعرفوا يقدموا الاحتواء ويطمنوه ويصبروا عليه.

النمط القلِق لو مش في علاقة بيبقى حاسس بالوحدة الشديدة ونفسه جدًا يكون في علاقة حب. ما بيعرفش يعيش من غير علاقة (مدمن حب). بس أوقات لو اتعرضت عليهم علاقة بيردوا بطريقة

سيئة وبيرفضوا بحدة وبعدين بيندموا. كتير بيترددوا يبدأوا علاقات لأنهم بيبقوا خايفين من الرفض وبيستنوا الطرف التاني هو اللي يلمح أو يعلن. أوقات بيدعوا الانشغال وعدم الاهتمام واللامبالاة عشان الآخر هو اللي يبدأ. حلمهم الكبير حد يحبهم جدًّا ويهتم ويحتوي ويدلل ويقدر وينتبه ويحمي (عايزين أب). في التعارف بيبقوا ودودين جدًّا، وبيكشفوا كتير عن نفسهم، وبيحكوا تفاصيل شخصية بزيادة، وبيهتموا بمظهرهم بشدة، والهدف بيكون إثارة انتباه الآخر والحصول على إعجابه (السؤال اللي بيلح في دماغهم باستمرار: يا ترى عجبته؟). أوقات ما بيقدروش يستحملوا الانتظار إن الطرف الآخر يتصل أو يعرض الخروج مرة تانية، وهما اللي بيتصلوا (بيتعلقوا بسرعة). بيبقوا مهتمين ومتعلقين بزيادة وعايزين يقضوا الوقت كله معاه، واتصالات كتيرة وتركيز بزيادة مع الآخر، مشغولين بيه باستمرار ومهملين في مسؤولياتهم، مزاجهم سيئ والآخر بعيد وبيتحسن وهما معاه. بيمجدوا فيه ويشوفوه بنضارة وردية. وبيحاولوا يحافظوا على العلاقة بأي شكل حتى لو هيتنازلوا عن أجزاء من نفسهم واحتياجاتهم. بيدوا كتير وكأنهم بيشتروا الحب (في النهاية بيزعلوا ويستاؤوا ويحسوا بالظلم ويندموا إنهم ضحوا). لو زعلوا أو احتاجوا حاجة بيخافوا يتكلموا أحسن يتفهم إنهم قماصين أو زنانين أو متطلبين. بيتمسكوا بالآخر بشدة وشايفينه فرصتهم الأخيرة ومحدش هيحبهم. فخهم الأساسي هو اللامكترث، يشوفوهم ويتكهربوا وينجذبوا وعيونهم تلمع ويتلخبطوا ويبقوا مش على بعضهم (بيدخلوا في حالة ملاهي عاطفية)، وبيفسروا التوترات واللخبطة دي إنها الحب.

النمط اللامكترث بيبقى حلو ومهتم في الأول، بس بينطفي بعد شوية. في اللحظة دي غريزة التعلُّق بتشتعل عند صاحب النمط القِلِق وبيبدأ مرحلة المطاردة المعتادة لاكتساب قلبه والفوز به واستعادته، وممكن يعمل أي حاجة ويقدم أي تنازلات لتحسين العلاقة. والمحصلة مطاردة سراب لا تنتهي بشيء إلا الفتات. اللامكترث بيخاف من الحب والارتباط، وما بيحبش العلاقات العميقة، ويقدر يعيش حياة مستقلة بسهولة، بيفضِّل العلاقات العابرة أو المستحيلة أو البعيدة عشان يضمن إن مفيش التزام، وغالبًا بيفضِّل الحياة بدون ارتباط. البعض منهم منتظر الحبيب المثالي والحبيبة اللي مفيهاش ولا غلطة، اللي بتحب وتقبل وتعطي وتهتم وتفهم من غير شروط ومن غير مجهود إنه يتكلم أو يعبر أو يطلب أو يبذل مجهود (عايز أم). في المراحل الأولى معندوش مشاكل، عادي يقدر يبدأ العلاقات بسهولة. بيبقى عنده كاريزما ويقدر يبان مهتم ودافي، وبيمتلك مهارات اجتماعية كفاية، وبيعرف الآخرين محتاجين إيه وبيقدمه لهم. في البدايات منصت ومهتم ومستمع جيد، لكنه ما بيتكلمش كتير عن نفسه ولا طفولته ولا حياته الشخصية. في الأول بينبهر بالأشخاص وبيشوفهم مطابقين لمعاييره وتوقعاته المرتفعة جدًّا، بس بعد شوية، بيبدأ يشوف الآخر متطلب وخانق وإنه أقل من المستوى، ويبدأ ينتقده ويحاول يتخلص منه ويبعد، وكتير منهم بيبقى مش فاهم ليه. والسبب أحيانًا لأنه لما قرب وغريزة التعلُّق نشطت جواه، ولأنه بيخاف من الحب أصلًا، فبشكل آلي وبدون وعي بيلجأ لطريقته في الإطفاء والابتعاد، فبيلاقي الانجذاب انطفى. أحيانًا

بيحاول يبعد بهدوء تجنبًا للخلافات والمشاكل وإنه ما يبانش شخص سيئ (إنتِ تستحقي حد أفضل مني، أنا مش هاقدر أقدم ليكي اللي تستحقيه، العيب فيَّ وأنا اللي مش جاهز). وأوقات بيخفي فجأة، وأوقات يبدأ علاقة مع حد تاني عشان يدفع الآخر للرحيل. هو نفسه لو حس إنه مش مقبول ومرفوض من الطرف الآخر بيتعامل عادي وإن مفيش حاجة وبيقلل من أهمية العلاقة.

يمكن مهم لكل نمط فهم مشاكل نمطه في المواعدة عشان يتجنبها ويعرف هي بتخليه يتصرف إزاي وبيعمل إيه وبتخلي الطرف الآخر بيتصرف إزاي. ومهم لأنها برضو بتدينا فكرة عن نمط الطرف التاني في التعلُّق.

أزمة تواصل

البشر عوالم مختلفة. كل إنسان عالم متفرد قائم بذاته. احتياجاته وأحلامه ومخاوفه وأفكاره ورؤيته وتوقعاته وقيمه وخبراته متفردة بتفرده الخاص وتتحدث لغتها الخاصة. وحتى تنسجم العوالم معًا يجب أن تكون هناك قنوات اتصال ولغة تواصل مشتركة ومفهومة وواضحة.

أثناء نمونا النفسي الجيد بنقدر نطور كفاءاتنا ومهاراتنا الاجتماعية والمعرفية والإنسانية، واللي بيسموه الذكاء العاطفي والاجتماعي اللي بيساعد إنه بيخلي تواصل الناس مع بعض أفضل ومفهوم.

الذكاء العاطفي بيعتمد على الوعي بمشاعرنا والقدرة على إدارتها والوعي بمشاعر الآخرين واستيعابها واحتوائها. وده بيظهر في قدرتنا على الاستماع والإنصات والتواصل البصري ولغة الجسد ونغمات الصوت والقدرة على فهم الأمور من وجهة نظر الآخرين ومن موقعهم.

التواصل برضو رقصة بين اتنين فيها هات وخد، تبادل للمكنون

والرأي والفكرة والشعور. ومعاه بيوصل شعور التلاقي والانسجام والحضور والاهتمام، وبتتعزز الثقة والوضوح والتوقعات.

لما الأطراف تتكلم لغات مختلفة، بيتحول الاتصال إلى ضوضاء وتبقى مزيكا نشاز، وبتزيد الشكوك والانفصال والحيرة، كل واحد في عالم ومش قادر يوصل للتاني، كل طرف بيتكلم لغة مش مفهومة للتاني، والعصبية والتوتر بيتصاعدوا مع الوقت.

أوقات بنعبر عن اللي جوانا ومش بنلاقي رد أو بنلاقي ردود وكأننا ما اتسمعناش، أو بنلاقي ردود الآخرين فيها شفقة أكتر منها مواجدة، ده بيسيبنا في حالة الألم أكتر، وبيحسسنا أكتر بالوحدة والغربة.

هدف التواصل التفهم، الناس بتبقى عايزة تفتح قلوبها عشان يتفهموا، وعشان ده يحصل عايزين قلوب تسمعنا وتحسنا. أوقات مش بنبقى قادرين نفتح قلوبنا لحد لأن كل اللي يهمهم تقضية الواجب. بنحس إن الهدف احتياجهم (إنهم يحسوا إنهم عملوا اللي عليهم). وأوقات بنبقى مش عايزين نفتح قلوبنا عشان نسمع الآخرين لأن كل اللي يهمنا إحنا، إننا نفوز وبس.

عشان أقدر أفهم الآخرين محتاج أفهم نفسي واحتياجاتي ومشاعري. وعشان أفهم نفسي محتاج جهد وإصرار واستمرار وهدوء، محتاج أوقف دماغي وتفكيري وأسأل نفسي:

ـ أنا حاسس بإيه؟

ـ إيه اللي بيدور جوايا بعيدًا عن الأفكار؟

ـ اللي حاسه ده بيقول لي إيه؟

ـ أنا عايز إيه مش عندي؟

ـ يمكن محتاج أمان واتصال وحميمية، أعمل إيه عشان أحقق ده؟

بدون القدرة على الإجابة على الأسئلة دي مش هاعرف أتواصل مع الآخر ولا أوصل له رسالتي، وهادخل في سلوكيات عبثية مضرة لا تخدم أحد، بالعكس ممكن تسبب أضرار.

كذلك وأنا باستمع للآخر وتعبيراته مهما كانت محتاج أسأل نفسي، خلف هذا السلوك والكلام في كل لحظة:

ـ هو محتاج إيه؟

ـ حاسس بإيه؟

ـ خايف من إيه؟

ـ زعلان من إيه؟

ـ موجوع من إيه؟

ـ مع كل سؤال: أتصرف إزاي عشان ألبي احتياجه وأطمنه؟

بدون ده مش هنفهم الآخر، وهننشغل بالظاهر من السلوك ومين صح ومين غلط.

أنماط التعلُّق بتأثر على طريقة التواصل دي.

النمط الآمن متصل مع نفسه، وعارف عايز إيه وزعلان من إيه، وعنده أساليب تواصل توكيدية، بيقول اللي عايزه ومزعله بشكل واضح ومباشر ومحدد، وعنده تعاطف وتواصل لفظي وجسدي جيد بيخليه يفهم الآخر ووجهة نظره ويتفهم سلوكياته واحتياجاته ومخاوفه، كل ده بيخلي التواصل معه جيد وفعال.

النمط القلِق لأنه مش واثق في نفسه وفي إنه يتحب وخايف من الرفض وإنه بيربط قيمته وأهميته بقبول الآخرين له، ده بيظهر في

طريقة تواصله معاهم، فبتلاقيه بيمدح الآخرين كتير جدًّا وأوقات بشكل مبالغ فيه، يمكن لأنهم فعلًا شايفينهم بشكل مبالغ فيه أو إنهم بيتقربوا لهم، أو يمكن لأنهم عايزين مديح في المقابل يؤكد ذاتهم، أو يمكن بيبقوا خايفين إن الآخر ما يكونش بيحبهم عشان كده بيتعلقوا بيه وبيمدحوه بشكل مستمر على أمل إن ده يخلي الآخر يحبهم أكتر. كمان بيظهر في تواصلهم الرغبة العالية في الحميمية والقبول والتجاوب والاهتمام تجاه الآخر، وبيطالبوه إنه يظهر درجة عالية من التطمينات والبراهين والحب والاهتمام في المقابل، وبيظهر في رغباتهم في التحكم والسيطرة والغيرة الشديدة والتعلُّق المستمر.

في تواصل القلِق كل شيء كبير وضخم ولامع ومتحرك ودرامي يبتلع كل شيء ويلغي أي شيء آخر سواه.

تعبيراتهم قوية ودرامية ومليانة مبالغات، أوقات هجومية وعنيفة، وأوقات منهارة وضعيفة، وده بيربك اللي قدامهم.

طلباتهم مش مباشرة، وبيكتفوا بالتلميحات وانتظار إن الطرف الآخر يفهم، وبيفتكروا إن الإشارات اللي بيرسلوها كافية إن الآخر يفهم.

كمان لأنهم بيفكروا كتير وبيعملوا سيناريوهات والإشارات اللي بيرسلوها هي الملخص النهائي لكل اللي تم جوا مخهم هما كمان بيفتكروا إن تصرفات الآخر الظاهرة إشارات لسيناريوهات وحسابات أخرى مشابهة للي عندهم، وبالتالي ردود أفعالهم وتواصلهم في أغلبه مبني على حاجات في الخيال.

ولأنهم بيقلقوا من الغموض والتقلبات مشغولين بتحليل لغة

الجسد والهمسات وما وراء الكلام والافتراضات، وأي لخبطة وتناقض بيزعجهم جدًّا ولازم يلاقوا إجابة مفهومة وحل عشان يستريحوا. ويمكن ده مع تصعيدهم لأي مشكلة تظهر ورغبتهم الفورية لمناقشتها عشان يطمنوا ومحاولاتهم التأكد والتدقيق هو اللي بيخلي الآخرين يوصفوهم بإنهم زنانين ونكديين.

في المقابل النمط اللامكترث مش شايف فايدة لحاجة، لأي طلب أو اتصال أو لفت انتباه أو كلام أو تعبير أو تصعيد، ويتوقع الرفض أو اللامبالاة أو العقاب أو القمع، وإن العالم عبء ومتطلب وخانق. ولأن قراره كان مفيش فايدة وإني مش عايز حاجة من حد ومش عايز حد يكون له حاجة ولا سيطرة عليَّ، ظهر ده في طريقة تواصله برضو، إنه يقلل ردود أفعاله ويحتويها ويتجنب الخلاف والانتباه السلبي له، إنه يتجنب الأحكام والرفض واللوم، هو ما بيحبش الاعتذار، لا بيعتذر ولا بيعترف بالخطأ للآخر، ببساطة كل ده معناه إنه هيتعاقب.

أشهر طريقة للامكترث هي عدم التكلم في المشاكل وتجاهلها وتغيير المواضيع والانسحاب الجسدي والنفسي والذهني من المواقف، والهروب والاعتراض والرفض للاعتراف بالخطأ بشكل آلي عشان يحافظ على مساحته النفسية وينظم انفعالاته، والهدف تهدئة الاحتياجات والشعور الداخلي بعدم الكفاية، وتجنب الأحكام عليه بالتقصير، أو إنه يتعرض للرفض أو الهجر. قنابل الدخان والحوارات والتبريرات وإفراغ المضمون عشان يشتت الانتباه بعيدًا عن عيوبه، وإلقاء اللوم على الآخرين والظروف وسيلة مهمة

عشان يبعد المسؤولية عن نفسه لما يتعرض للنقد. لازم يكون فيه كبش فداء أو قنابل الدخان، أو يبدأ يقلل من أهمية اللي حصل (لا لا أبدًا دي حاجة بسيطة ملهاش لازمة)، أو ينكر اللي حصل (كل حاجة تمام)، أو يشوهه (اختراع قصة تانية)، أو يسخر من الآخرين على طريقة تفاعلهم مع المشكلة (إنتم مكبرين الموضوع كده ليه)، كل دي طرق هروب من مواجهة المشاكل اللي بيبرع فيها اللامكترث، لأن المواجهة تعني في النهاية فشله أو إنها في النهاية ملهاش لازمة فليه نواجه.

أثناء التواصل بيظهر تناقض بين الكلام وتعبيرات الوجه، وده بيخلي الطرف التاني يشك في نفسه، هل يصدق الكلام ولَّا تعبيرات الوجه؟ وده اللي بيخلي الآخرين يكدبوهم.

أثناء النقاش برضو ما بيعبرش وما بيقولش اللي جواه، بيكتفي بالتلميح فقط، وأوقات كتير مشغول بالدفاع عن نفسه وإنه ما يبانش إنه مقصر أكتر من إنه يعبر عن اللي مزعله واللي محتاجه.

في الحقيقة، أهم منطقتين تظهر فيهما تأثيرات الأنماط هما: التواصل (القدرة على التعبير بشكل أدق)، والتعاملات الإنسانية. وده بيوضح احتياج كل الأطراف بشكل قوي لمعالجة قدراتهم على التواصل واللي بتبدأ من قدرتهم على التعبير عن نفسهم بشكل جيد.

كل طرف يحتاج أن يتعلم كيف يعبر عن احتياجاته ومخاوفه بشكل جيد، ويحتاج أن يعرف كيف تؤثر عليه طريقته السابقة وتعرقله وتسبب له وللآخر ضغوطًا لا داعي لها، وكيف تؤثر على استقباله وتعامله مع احتياجات ومخاوف الطرف الآخر.

النمط القلِق عنده مجموعة مشاكل بتأثر على عملية التواصل: هو بالرغم إنه عارف هو عايز إيه وخايف من إيه بس ما بيعرفش يعبر بشكل مباشر وواضح وهادي، تعبيراته غاضبة وغير مباشرة، وبيختلق مواضيع أخرى جانبية يتخانق عليها، أو ما بيتكلمش وبيسيب الآخر يخمن ولو ما عرفش لوحده يرجع يتهمه. كمان أثناء التعبير بيهاجم ويأمر ويسيطر على عملية التواصل وما بيسمحش إنه يسمع، يسمع بجد عشان يفهم الآخر واللي بيحصل، مش يسمع اللي عايز يسمعه (اعتراف أو تأكيد أو اعتذار أو موافقة لأوامره). أوقات المشاعر بتغلبه فيعبر بغضب واتهام شديد أو انهيار وبكاء شديد ويتحول الأمر أمام الآخر من حل للأزمة الأولى إلى التعامل مع الموقف الراهن. وسواء الموقف ده اتحل أو ما اتحلش فالأمور السابقة عليه والمسببة ليه ما اتحلتش لأنها ببساطة ما تمش التعامل معاها بشكل جيد.

النمط القلِق محتاج يفهم تأثير نمطه إنه هيخليه حساس للتغيرات بزيادة، وإنه أوقات هيفسر تصرفات الآخر بشكل خاطئ إنها تجاهل أو إهمال أو رفض، وإنه بيحتاج تطمينات وحب كتير شويتين، وبالتالي هو محتاج يفكر نفسه إن دي طبيعته اللي ممكن تورطه في مشاكل بلا داعي، وإن أفضل حل هو التواصل الجيد. وإنه كمان عنده مشكلة في التواصل، إنه ما بيقولش، إنه بيدخل في مشاكل جانبية ملهاش لازمة، إنه ما بيعبرش بشكل مباشر وهادي، إنه بيهاجم، إن انفعالاته بتدخله في سلوكيات لا تفيده، إنه غير قابل لما يقدمه الآخر من توضيح أو شروحات أو تطمينات، إن جزء كبير من ده بيحصل بسبب تأثيرات نمطه (وارد إن الآخر والواقع يكون متسبب بشكل

أساسي أو جزئي ودي مهمة تانية أمام صاحب النمط القلِق وهي التفريق، اللي بيحصل فعلًا بسبب الآخر ولا بسبب مخاوفي، ودي برضو حلها التواصل الجيد).

أزمات الاهتمام والرعاية

العلاقات بتقدم إشباعات لمستويات متعددة من الاحتياجات العاطفية، منها الرعاية والاهتمام والأمان والدعم والاحتواء والمساندة والانتماء والتقدير وغيرها، بس ممكن تكون عندنا توقعات غير واقعية في اللي بنطلبه من الآخرين. أوقات بنطلب منهم إنهم يلبوا لنا كل حاجة وأي حاجة وطول الوقت وبالشكل اللي عايزينه، أو إنهم يحسونا باستمرار أو يحسوا مشاعرنا ويفهمونا بالظبط، إنهم يغيروا المشاعر السلبية اللي جوانا، إنهم يشوفونا، إنهم يستجيبوا لنا باستمرار، إنهم وإنهم وإنهم... أيًّا كان اللي عايزينه، بنتمنى يكونوا قد توقعاتنا، بس للأسف ما بيحصلش. توقعاتنا غير الواقعية وأوقات أنانيتنا وانشغالنا باحتياجاتنا دون إدراك لواقع الآخر واحتياجاته بيتسببوا لنا في إحباطات كتير، والكثير من الإحساس بالخذلان والتعاسة.

عشان تقدر تحب وتتحب بجد إنت محتاج:

- القدرة على طلب الرعاية والاهتمام واستقبالهم ومنحهم.

- القدرة أن تشعر أنك تمارس الحقيقة بدون خوف من الرفض، وإنك يكون عندك من القبول اللي يخلي الطرف التاني كده برضو.

- القدرة على المفاوضة وحل التعارضات، ودي محتاجة مرونة للتعامل مع التوقعات والعقبات.

النمط الآمن هو الأكثر قدرة على الحميمية والاهتمام والرعاية لأن عنده القدرات دي، بيقدر يتواصل ويتصل ويندمج ويهتم، بيقدر يبقى طبيعي وتلقائي ويكون نفسه من غير ما يخاف من الرفض، بيقدر يكون مرن كفاية وواقعي كفاية في توقعاته، بيقدر يقدم الاهتمام للآخرين، وبيقدر يقبلهم كمان، وبيقدر يشوف احتياجاتهم ويوصل معاهم لحلول وسط.

النمط اللامكترث هو الأقل قدرة على الاستجابة لاحتياجات الآخر ودعمه، وغير مهتم بالتأثيرات السلبية لتصرفاته اللامبالية واللامهتمة على الطرف الآخر، هو مهمل عاطفيًا وغير حساس لاحتياجات الآخر للقرب والرعاية والتطمين، وبيظهر ميوله للابتعاد عن الطرف الآخر أو عمل مسافة عن طريق عدم التواجد العاطفي والابتعاد الجسدي وتقليل الاهتمام والانتباه (الانفصال العاطفي)، كمان بيميل إنه يكون أكثر تحكمًا، وغير متعاون ومهيمن على العلاقة، لكن في بعض الأوقات بيتبنى اللامكترث دور الوالد للطرف الآخر وبيقدم الرعاية بشكل قهري.

أصحاب النمط القلِق هم الأكثر اهتمامًا بشكل مفرط، وده بيظهر في محاولاتهم المستميتة للحفاظ على العلاقة وإرضاء الآخر بكافة

الطرق. مخاوفهم من الرفض والهجر بتخليهم يبالغوا في تقديم الرعاية ومراقبة التغيرات المزاجية للآخر، وده بيخليهم يهتموا بالآخر على حساب نفسهم. هما كمان أحيانًا يتبنوا دور الوالد وبيقدموا الرعاية بشكل قهري، وأحيانًا بيتبنوا دور الطفل وبيطلبوا الرعاية والاهتمام بشكل زائد وقهري.

أصحاب النمط الآمن بيشوفوا العلاقات (الاهتمام والرعاية) من منظور الوفرة (الخير كتير ويساع الكل وكلنا شركاء فيه).

النمط القلِق بيشوف العلاقات من منظور الندرة (من منظور احتياجاته: أنا عايز. أنا محتاج)، أي حاجة مش كفاية، دايمًا ناقصة، دايمًا محتاج ومش شبعان ومش مستكفي وبيشتكي إن كل اللي بيقدمه الآخر قليل ومش عاجبه (ما بتهتمش، ما بتلبيش طلباتي، سايبني ومش سائل فيَّ، عمرك ما اهتميت). هو باستمرار يبحث عن المزيد واللي في وجدانه النفسي إنه ممكن يختفي في أي لحظة ولأي سبب، وكأنه يأكل ولا يستطيع تخزين الفائض، هو يستهلك ما يأكله وباستمرار، وبالتالي هو في حالة جوع دائم لا يشبع، وبالتالي هو غير راضي والآخر دايمًا غير كافي ومقصر ومهمل وغير مهتم وهو المتسبب في هذه الحالة من الغضب وعدم الرضا.

النمط اللامكترث بيشوف الوقت والمساحة والموارد من منظور الندرة برضو (ممتلكاته وموارده. حاجتي بتاعتي)، مثلًا الوقت والمساحة (ده وقتي ومساحتي أنا)، وفي التعامل مع الآخر بتبقى المعادلة هي: «أنا أو إنت، مش هينفع إحنا الاتنين، لو بقيت معاك هتخصم من وقتي ومساحتي ومواردي واحتياجاتي». مع الوقت

اللامكترث بيحس بالاستنزاف والعبء والضغط لأن ما يقدمه بيعتبره خصم من موارده هو، وده بيحسسه بعدم الرضا أيضًا وإن الطرف الآخر هو المشكلة لأن مفيش حاجة بتكفيه (لما نحس بالعجز عن تلبية احتياجات الآخرين ـ مش كافيين أو مش متقدرين ـ بنقفل ونلغي احتياجنا للقرب ونبعد، لما نشوف مشاعرهم المتصاعدة وغضبهم وعصبيتهم بنفتكر طفولتنا المؤلمة وبنهرب لأننا بنتخيل رفضهم لنا وإننا مش كفاية، أو نمشي على أطراف أصابعنا حتى لا نزعجهم ونبقى منكمشين ومنعزلين حتى لا نتعرض للإحساس بمشاعر القهر والعجز والتعرض للهجوم).

النمط القلِق يعلم أن الوالد (أو الآخر) موجود بدوام جزئي (موجود أحيانًا وغائب أحيانًا)، وقناعاته إنه مش هيحصل على ما يكفي من الآخر في العلاقة، أو إنه مش هيهتم بيه خلته يقرر أن يأخذ كل اللي يقدر عليه، عشان كده بقى متطلب باستمرار للكثير من القرب والاهتمام والمديح والحب والتطمين والاحتواء، وخلته يعمل أي حاجة لجذب الانتباه والاهتمام سواء بسلوكيات احتجاج غاضبة أو سلوكيات استجداء وتقرب واستدرار للعطف والشفقة (ده اللي نفعه واتعود عليه وهو طفل في التعامل مع الرعاية المتقلبة)، للأسف القلِقون مش بيعرفوا يطلبوا الاهتمام والقرب بشكل مباشر (لو مهتم كنت عرفت لوحدك)، وبدلًا من ده بيخلقوا مشاكل بلا داعي كتغطية على احتياجهم، ولأنهم كمان حاسين بالغضب من ضعفهم واحتياجهم للآخر، وحاسين بالغضب من الآخر لأنه لا يهتم ومش بيديهم اللي محتاجينه، كل ده بيخلي نوبات غضبهم متصاعدة

ومتشابكة. المشكلة أيضًا إنهم ما بيقدروش يستقبلوا الاهتمام والاحتواء والرعاية بشكل جيد، لا بيهدوا ولا بيطمنوا ولا بينبسطوا منها. ونتيجة كل الغضب والتصعيد ده، إن الطرف الآخر بيهرب وبيبتعد عنهم دون حصولهم على اللي عايزينه، وبيسيب جواهم أحاسيس الإحباط والخذلان والخوف.

اللامكترث عارف إن الوالد (أو الآخر) غير موجود ولا منتبه ولا مهتم، وعشان يتعامل مع الموقف ده ويحس بالأمان قرر إنه ما يعتمدش على العلاقات ولا على حد في تلبية احتياجاته، وإنه يعتمد على نفسه بس. هو في قرارة نفسه بيتوقع إنه مش هيحصل على الاهتمام والرعاية اللي عايزهم، وبيتوقع الخذلان والرفض، ومش عايز يحتاج حد (أطلب مساعدة من حد ليه بقى ما دامت مش هتحصل)، ولو في يوم احتاج حاجة من حد ما بيقدرش يعبر بشكل مباشر ويكتفي بالتلميح (لو بتحبني كنت فهمتني لوحدك من غير ما أتكلم)، وده بيخليه يشعر إن العلاقات عبء، وإن الآخرين طلباتهم كتير، وإنه ما يقدرش يلبي كل الطلبات دي (هو ما بياخدش حاجة ومش محتاج حاجة وفي المقابل عليه مطالبات عاطفية بتخصم منه ومش قادر يلبيها لهم).

النمط القلِق محتاج يعرف إن احتياجاته أكبر من العادي، وإن تلبية احتياجاته من حيث الكم والقوة والاستمرارية صعب على أي حد، وإنه محتاج يتعامل بطريقة أخرى وموارد أخرى للحصول على الإشباع أو حل المشكلة من أصلها، وإن مطالباته تكون معقولة، وإنه يطلبها بشكل مباشر وعدم الدخول في خناقات لها تأثير عكسي، وإنه يتعلم قبول الإشباعات المقدمة.

اللامكترث محتاج يعرف إن اللي بيمنحه قليل فعلًا، وإنه محتاج يقدم أكثر، وإنه كمان محتاج يتعلم يبقى مباشر ويتعلم يطلب احتياجاته.

التعامل مع الخلافات

ربما الحب هو أن نشعر بالأمان مع أحدهم، من لديه شيء ما يقدمه لنا ولدينا شيء ما نقدمه له، الحب هو ما يجعلنا نكون النسخة الأفضل من أنفسنا.

الحميمية هي الإحساس بالقرب من شخص آخر على مستويات متعددة، بتتكون من معرفة الآخر ومعايشته، وهي عملية متحركة مش ثابتة.

عدم قدرة أحد على استخدام الآخر كقاعدة أمان ومصدر للراحة والتطمين، ملاذ آمن بيقلل القرب والاتصال والحميمية، ده بيخليهم أقل انفتاحًا واندماجًا في خبرات إيجابية في العلاقة مع الآخر، وبالتالي بيبقوا مش حساسين لتأثير سلوكياتهم عليه، واللي مع الوقت يقلل النمو والشغف لاستكشاف العلاقة وتطويرها ويعمق الاختلافات. ومع تقلص الحميمية يقل الالتزام، أو محاولة الإصلاح، أو الرغبة في الحفاظ على العلاقة الزوجية أو تحسينها، أو خلق البيئة المناسبة لحل الصراع. كل الأطراف بتحس بالضيق لما يناقشوا

مشاعرهم واحتياجاتهم، وبيحسوا بالانفصال عن بعض، وبينشغلوا في سلوكيات مدمرة زي المزيد من التجنبية والانعزال أو الغضب العارم والتصعيد.

كل العلاقات فيها اختلافات، بس طريقة إدارة الاختلاف هي المهمة واللي بتفرق علاقة عن أخرى. الحل الجيد للخلاف بيزود قوة العلاقة وحالة الرضا فيها، وعدم الحل بيزود الكرب والتراكمات ويعرض العلاقات للخطر.

تأثير التعلُّق (الرابطة العاطفية) ما بيظهرش أثناء شهر العسل، لكن بيظهر بشدة أثناء الأزمات، أثناء تعاملنا مع الخلافات اللي بينا وإزاي بنتعامل مع الآخرين واللي هي بقايا تعاملاتنا مع الوالدين أثناء الكروب والخلافات.

عايز تعرف نمطك، شوف وقت الخلاف والكروب بتعمل إيه: بتبقى هادي زي الآمنين؟ ولَّا بتحاول توقف الخناقة وتهرب منها وما تشاركش مشاعرك الحقيقية وتختفي زي اللامكترثين؟ ولَّا بتعلي صوتك وتصرخ وتشتم وتسب وتلعن وتحاول تبقى متحكم ومسيطر وناقد وساخر وبتمارس عدوان لفظي وبتهدد (طلقني أو هاسيب البيت) وتحاول تشد الانتباه بأي طريقة زي القلِقين؟

النمط اللامكترث في صفاته ناقد ومتصلب ومتباعد، بيفتقد الثقة والمرونة، الحب خطر ومخيف، خايف من الانكشاف والضعف أو الخوف من الأذى، غالبًا ما بيدافعش عن نفسه وبيتجنب الخلاف وبيلوم نفسه لو الآخر عدواني ومتحكم، بيبقى هدفه الرئيسي تجنب الخلاف والمشاكل، وده اللي ممكن يخلي الآخر يسيطر على

العلاقة، ويخلي اللامكترث بيتخذ القرارات اللي تريح دماغه من الزن والمشاكل، وبتخليه يستسلم وما بيعبرش عن انزعاجه ولا اللي عايزه، بتخليه يكتم مشاعره ويحس بالوحدة داخل العلاقة، وأحيانًا بينفجر في ثورات غضب غير مناسبة وفجائية.

اللامكترث أثناء الخلافات إما بيقفل أو بيهرب منها ومن المشاعر السلبية أو بيبقى عدواني جدًّا أو بيحاول ينهي الخناقة بدري بدري، أو ممكن ينفذ للآخر كل اللي هو عايزه فقط عشان بس يستريح من الزن. هو عايز يتجنب الخلافات بالطرق دي، أبعد نفسي عن المشكلة أو ألغيها. وده لأنه مش واثق في الآخر ودعمه وبيبعد عنه وما اتعودش يطلب دعم أصلًا، وده بيخليه أثناء الخلاف بيحس بضغط الانفعالات ومش مستحملها، ولأن بالنسبة له مفيش فايدة وإن الآخر مش هيحس ولا هو قادر يفتح قلبه بيلجأ للحلول اللي يعرفها للتعامل مع مشاعره، بيحاول ياخد مساحة وينعزل ويبعد، والنتيجة مفيش حل مقبول للاتنين، والصراع بيستمر أو بيتم تجاوزه دون حل.

النمط القلِق أثناء الخلافات بيبقى أكثر تطلبًا للانتباه حتى ولو بشكل سلبي، يعمل مشكلة مثلًا وبيستخدم أساليب عدوانية وعصبية وغاضبة في عملية تصعيد ربما تنطلق من صفر لمية في لحظة بهدف إجبار الآخر على الدخول في الخناقة (يجر شكله). خوفه بيخليه متحكم وغير متوقع، بيلوم الآخر وبينتقم (إنت وجعتني وأنا هاوجعك)، ممكن يحاول إصلاح الآخر وتغييره ويتحكم في سلوكه وحتى أفكاره، لأنه خايف الآخر يسيبه أو يرفضه ومش متأكد من استمراره. عشان كده أثناء الخلافات بيركز على محاولة إبقاء

الآخر بأي شكل (خاصة لو الأمور اتصعدت جدًّا فبيحاول يلم الدور)، والتشبث به وبإصلاح العلاقة وحل المشكلة حتى ولو على حساب نفسه عشان يقلل توتراته وخوفه.

القلِقون بسهولة بيثاروا، ومع تدفق الأدرينالين بيصعدوا المشاكل وبيدخلوا في غضب دوار، يغضبوا ودماغهم تشتعل بالغضب والسيناريوهات تزوده ويبقوا مستائين ومتغاظين ويستمروا يهاجموا حتى لو الآخر افتكر إن الموضوع خلص، هو بالنسبة لهم ما بيخلصش، وده لأنهم كبروا مش واثقين في حب ووجود الآخر، بيبقوا متحفزين طول الوقت وعايزين احتواء وحب وتطمين مستمر، ولكن أوقات كتير ما بيعرفوش يطلبوا، ولو طلبوا بيغضبوا أكتر إنهم طلبوا، ولو اتعرض احتواء بيرفضوه ويقاوموه ويستمروا في الغضب أكتر وأكتر والهجوم، والآخر بيحاول يتجنبهم وما يدخلش في الخناقة، لكن النمط القلِق بيعتبر ده ابتعاد ورفض فبيغضب أكتر وأكتر وتستمر الدراما.

النمط الخائف علاقاته قلقة وفوضوية وغالبًا مسيئة ومتطلبة وتفتقد الثقة، غالبًا بيظهر سمات اللامكترث والقلِق أثناء الخلافات، العلاقة مع الآخرين بتتعرض لتقلبات كبيرة وعنيفة والكثير من الألم والمعاناة. الخائف ممكن يدخل في خناقة عنيفة ويصعد وفجأة يقفل وينفصل ويبعد ويعمل سلوكيات غير متوقعة، ممكن يتخانق على أتفه حاجة ويصعد بعنف وغضب أعمى، وصعب تستمر في الخناقة معاه أو تكمل إلا وهتتوجع بأي شكل، والنتيجة مفيش حل فعال وهتنتهي الخناقة وطرف أو الاتنين مجروحين بشدة بدون إصلاح

أو حتى نهاية لائقة تساعد على عودة العلاقات لاحقًا (انفصالات عاصفة ومؤذية للجميع دومًا).

حل الخلافات

القدرة على التناغم بتخلينا نبذل مجهود حقيقي لفهم مشاعر الآخرين، بتخلينا مش مشغولين بتغير الآخر أو مين صح ومين غلط، بتخلينا نقرب منه بشغف وفضول وقلب مفتوح، بنبقى متجاوبين ومندمجين وعاطفيين وفي تمام الحضور النفسي بكامل أنفسنا، بيكون عندنا الشجاعة إننا ندخل عالم الانفعالات مع الآخر، بنرسل له رسالة: «أنا هنا لأجلك، ومهما حصل أنا في ضهرك»، إنه آمن معانا، إنه متشاف ومسموع ومحسوس ومفهوم ومهم ومتقدر وفارق معانا، وسعادته تهمنا، ووجوده محبوب ومرغوب.

المتناغمون هم الأقل خلافًا، والأقل تصعيدًا لخلافاتهم، والأسهل والأسرع خروجًا منها، وهم أكثر تناغمًا وثقة ونموًّا.

أثناء الخلافات بنبقى مثارين وحاسين بالتهديد، والإحساس بالتهديد بيحصل لأي سبب مهما كان تافه، وبتزيد الشكوك في الآخر وفي العلاقة، وهنا بندخل في حالة دفاعية هدفها حماية الذات، وممكن نصعد الحالة لدرجات عالية وندخل في دورة الخوف (الهجوم/ الهرب)، وهنا الدنيا بتولع، إحنا تحت رحمة برنامج النجاة من التهديد، برنامج الخوف، بنتجمد، ما نقدرش ننفتح على الآخر ولا نبقى مرنين أو مبدعين ولا قادرين نستخدم المنطق أو الواقع لحل الأزمة، والأمور بتزداد صعوبة لحل الخلاف،

وبرغم إن ده الوقت المهم لتهدئة الذات واحتوائها وأخذ وقت مستقطع ما بنعرفش.

أثناء الخلاف يُفقد التناغم اللي كان موجود وبيحصل انفصال نفسي. كل طرف عايز هو اللي يتسمع، بيدافع عن الاتهام وبيتهم، مشغول بمين الصح ومين الغلط، حالة نشاز وانفصال وفقدان للإيقاع والمزامنة، والرسالة المرسلة: «أنا مش سامعك ولا شايفك ولا فاهمك ولا حاسك، أنا بعيد، أنا بره مجالك النفسي وبعيد عنك»، وبتوصل للآخر واضحة.

القدرة على العودة سريعًا للتناغم والاتصال العاطفي بتحل الخلاف، ومع تكرار حل الخلافات بشكل جيد بتقل فترات النشاز أثناء الخلافات، وبتزداد الثقة إننا مش هنفقد الآخر مهما حدث، ونثق إنه هيهتم لأمرنا ومصالحنا حتى وإحنا مختلفين ومتعارضين.

العلاقات المنسجمة طبيعي بتواجه خلافات كتيرة وقوية وربما أكتر من غيرها، لكنها الأسرع والأسهل في الحل. لما الخلافات بتكتر وبتكون قوية، الثقة بتضعف وبنصبح أكثر هشاشة للتأثير السلبي للخلاف وبنحس بالتهديد، لكن مع الحل بتعود أقوى وأكثر تناغمًا وانسجامًا.

أزمة غضب

الغضب له أسباب كتيرة، منها إنه رد فعل لما نعتبره ونفهمه أنه تهديد لوجودنا العاطفي أو الجسدي أو لمواردنا أو للي بنحبهم أو لإحباطاتنا أو لشعورنا بالألم أو الإهانة. إحنا ممكن نحس بالتهديد حتى لو مش حقيقي، أو ممكن نشوف التهديد أكبر من الحقيقي، وبالتالي بشكل اندفاعي ننفعل بغضب عارم.

كمان الغضب غالبًا بيبقى رد فعل لمشاعر سلبية زي الحزن والخزي والذنب والرفض ومشاعر عدم الكفاية، وهنا بيبقى حماية من الاستسلام لهم. في الحالة دي الغضب صرخة من أجل التعاطف، بوعي أو غير وعي مننا، وأول رد فعل للمعاناة الداخلية إننا بنركز انتباهنا على الشخص المسؤول عن معاناتنا، من خلال توجيه انتباهنا للخارج بنشتت أنفسنا من الشعور بالألم الحقيقي جوانا، وده كعادة ذهنية ونفسية بيخلينا حساسين لأي تهديد وبيتركنا معرضين لمزيد من الغضب.

التعلُّق والغضب

عدم القدرة على التناغم مع الأطفال بيسيب أثره في تعاملهم مع انفعالاتهم وانفعالات الآخرين.

لما الطفل بيحتاج لوالديه بيبكي، ولما محدش بيستجيب بيبدأ في الاحتجاج والغضب، ولما يتقابل ده بلامبالاة أو تجاهل أو عقاب بيعتقد الطفل إن احتياجاته ومشاعره شيء سيئ، وإنه سيئ لأنه يمتلكها وبيحس بيها، ويكمل الطفل بإحساسه بالسوء تجاه نفسه حتى الرشد. كتير لما بيتم إحباطه بيغضب، بس بيتعامل مع الغضب بإنه يحبسه جواه ويكبته ويظهر منه على هيئة سلوكيات عدوانية أو نقد وكراهية للذات، أو إنه ما يعرفش يحتوي غضبه فيسيطر عليه ويسوقه لتصرفات مؤذية.

إحنا محتاجين حد يحتوي غضبنا من وإحنا أطفال، ويعلمنا التعبير عن الغضب بالشكل الملائم، التعبير الصحي. الغضب شعور مهم وسلاح قوي ووقود للحركة، هو رفض ما لا يعجبنا، وحماية حدودنا وحقوقنا، والسعي لتحقيقهم والدفاع عنهم، عشان كده مهم نتعلم احتواءه وإدارته والتعبير عنه بشكل صحي دون توجيهه للذات (يظهر في حالات اكتئاب)، أو الآخرين (يظهر في حالات عدوان وصدامات وعنف ومشاكل علاقاتية)، أو بدون خصم وإلغاؤه من شخصيتنا واللي بيؤدي للشعور بالعجز والضعف وعدم الفاعلية والتأثير.

النمط الآمن حصل على إشباعات وتناغم جيد ساعدته في التعامل مع غُضبه وإحباطه واحتجاجه، وقدر يكون مهارات التعامل مع المشاعر السلبية. وبقى يثق في الآخرين واحتوائهم أيضًا، وما يخافش

يعبر عن مشاعره أمامهم، ولا يخاف من تعبيرهم عن مشاعرهم السلبية، هو قادر على احتوائها كمان.

في المقابل الأنماط غير الآمنة تم إهمال احتياجاتهم كليًّا أو جزئيًّا، وعانوا من إحباط كتير وتعامل سيئ مع احتجاجهم وغضبهم. الأنماط غير الآمنة أكثر ميلًا للغضب عن النمط الآمن، عندهم درجة عالية من الحساسية للتهديدات أو التفاعل مع المشاعر السلبية، كمان هما عندهم درجة منخفضة من الثقة في الآخر، وبالتالي بيبذلوا طاقة كبيرة في حماية أنفسهم من الشعور بالشكوك الذاتية وعدم الأمان والقلق وحتى الغضب، كل المشاعر السلبية هي بمثابة تهديد بالنسبة لهم، تهديد لإحساسهم بذاتهم، بيبذلوا طاقتهم لحماية نفسهم من مشاعرهم السلبية ومشاعر الآخرين، وفقدانهم للاتصال بمشاعرهم بيدخلهم في حالة من التشوش، وبينفصلوا عنها أكتر، وده بيدخلهم في حالة من القلق والغضب والاكتئاب.

الغضب في العلاقات بيظهر في مواقف معينة، لأن حد من النمط غير الآمن بيتوقع من الآخر أشياء لم يحصل عليها في الطفولة، مثلًا عايزينه يديهم إحساس بالأمان افتقدوه في طفولتهم، ربما الآخر حساس بشدة للأزمة دي ويقدر يحتوي ويقدم التطمين، بس هو مش مسؤوليته ولا يقدر يصلح لحد طفولته أو يديه تعويض.

النمط اللامكترث ما بيعرفش مشاعره ولا بيفهمها وبيكبتها، ومعندوش طريقة للتعامل مع مشاعره سوى الانفصال عنها. لما بيغضب بيظهر في هيئة انفصال جسدي أو عاطفي، والمشاعر السلبية بيحبسها في داخله ويلغيها من وعيه، لكنه مع الوقت ربما ينفجر في

ثورات غضب سرعان ما تهدأ، فورات، تفلت من كتمانه للغضب لفترة طويلة. ونتيجة كتمانه لفترات طويلة بيحس بالمرارة والاحتقان والاستياء تجاه الآخر والانعزال وربما يؤدي إلى ظهور أعراض جسمانية واكتئاب.

النمط القلِق هو أكثر الأنماط صعوبة في التعامل مع غضبه، طريقته في التعامل مع التهديد هي الاشتعال والتصعيد والمواجهة حتى يحصل على التطمينات. أي إشارة لرحيل الآخر أو انتهاء العلاقة هي بمثابة تهديد خطير يتطلب الاستنفار والثورة حتى يحصل على التطمينات والبراهين اللازمة. هو أيضًا لا يقبل الاحتواء المقدم له من الآخر، ويصل لمرحلة الهدوء بصعوبة. وأوقات بيتحول إلى لامكترث، ويتعامل مع الغضب مثله. الغضب في القلِقين يسير بنمط مميز وثابت، بيغضب ولما تصالحه يغضب أكتر، بيحتاج تطمين وتهدئة من الآخر ولما يكتشف احتياجه ده بيغضب أكتر لأنه بيحس بالألم، كمان الغضب بيفضل موجود حتى لو حصل على التطمين. تناقض الغضب واضح فيه: عايز حضن واقتراب وغضبان إنه مش حاصل عليهم، وغضبان إنه محتاجهم، وبيغضب عشان مش قادر يطلبهم، وبيغضب من اللي عاوزهم منه، وبيغضب لو أخدهم وما بيهداش. مش قادرين يبطلوا تفكير في المشكلة ولا الغلط اللي حصل، ودماغهم بتتصاعد وبيكبروا اللي حصل، وأوقات بيخترعوا مشاكل من الهوا. بيغرق في مشاعر الألم والذكريات، وبيكبر معاه الغضب، وبيركز بعنف على الآخر.

النمط القلِق في غضبه الحالي بيجيب معاه غضبه المكبوت

تجاه الوالدين واللي ما اتحلش، تصرفات الوالدين حطته في وضع تحفز عشان يتوقع الساقطة واللاقطة، وما يعديش أي علامة في المستقبل، ويحاول يتوقع اللي بيحصل عشان يحمي نفسه ويمنع الرفض المؤلم. والغضب المتراكم بيظهر في انفعال لا يرى أمامه ولا يدرك خطورة أفعاله.

ولأنه حاسس إنه مش هيقدر يستحمل الألم ولا يتعامل معاه بيفضل في حالة خوف وقلق وغضب، أغلب ده بيتم بشكل لاواعي، جهازه العصبي اتبرمج على ده، أول ما تظهر مشكلة حقيقية أو متخيلة تحصل حالة الاستنفار القصوى، وخزان الذكريات يشتغل لحد ما تضع الحرب أوزارها ويطمن. شعاره: «لازم أفهم اللي حصل، وليه حصل، عشان أنساه». المشكلة إن الآخرين عندهم معاناتهم الخاصة ومشاكلهم واللي ممكن هما كمان ما يكونوش واعيين بيها، القلِقون بيفترضوا إن الآخرين واعيين باللي بيعملوه وقاصدينه، وده مش صح، مش هنقدر نمنطق أفعال الآخرين غير العقلانية ونخليها مفهومة لينا إذا كانوا هما نفسهم مش فاهمينها، وبالتالي مش هنحصل على إجابات مقبولة منهم ولا للي حصل بسهولة إلا لما يقولوها بنفسهم.

التعلُّق والجنس

بالحفاظ على القرب الجسدي من الوالدين (ولاحقًا الشريك العاطفي)، وبالتكرار في التفاعلات بين الطفل والوالد وعلى حسب جودتها، بتترسم خريطة ونموذج للذات وتصور لها كهدف للعلاقة أو كطرف في علاقة.

التعلُّق بيرشد الشخص إزاي يتعامل في العلاقات طول العمر بالتأثير على رغبات الحميمية والتشاركية مع الآخر. كمان بيأثر على مستوى النشاط الجنسي كأحد مستويات الحميمية وتطوره، بيأثر على مواصفات الأشخاص المرغوبين ونوع العلاقات اللي بيفضلها وإيه اللي شايفه جذاب جنسيًّا ومغوي ومثير في الشريك الحالي أو الشريك المحتمل.

أنماط التعلُّق بتعبر عن نفسها أيضًا في الممارسة الجنسية كما في باقي مكونات العلاقة مع الآخر: النمط الآمن مثلًا بما يحمله من أمان ورغبة في الاستكشاف والمشاركة، والنمط اللامكترث بمقاربته المنفصلة عن العواطف والمهتمة باحتياجاتها هي، والنمط القلِق

المهووس بالآخر وإبقائه في العلاقة، والنمط الخائف بما يظهره من تقلبات حادة بين الاقتراب والابتعاد، تظهر في لغة الجنس مرة أخرى.

الدراسات بتقول إن هناك ارتباط بين ارتفاع الأمان في العلاقة وارتفاع الرضا الجنسي، والاهتمام باحتياجات الآخر الجنسية والانفتاح على الخبرات الجنسية ومناقشتها والتفضيلات للدخول في نشاط جنسي داخل حدود علاقات طويلة الأمد. الأمان بيشجع مقاربة واثقة للجنس مع سهولة وارتياح في الحميمية الجنسية والاستمتاع بالمشاركة الجنسية مع الآخر داخل العلاقة. الجنس بيقوي العلاقة، وهو تعبير عن الحب للآخر، ورغبة في مشاركة الاستمتاع الجسدي الحميم معه. حالة الاطمئنان الداخلية بتتميز بقلة المخاوف المرتبطة بالعلاقات والقلق المرتبط بالجنس، وبتنعكس على ممارسة تلقائية وعفوية ومنسجمة مع الآخر. الأمان بيسمح للشخص إنه يتجاوب مع تفضيلات الآخر الجنسية بدون التنازل عن احتياجاته الشخصية، فالهدف النهائي عملية تشاركية تعاونية ترضي الاتنين.

في المقابل، عدم الأمان بيأثر على دور الجنس في العلاقات، الغريزة ما بتشتغلش كويس. الأنماط غير الآمنة تعاني من إشباعات جنسية أقل، وبيتم فيها استخدام الجنس كوسيلة للحصول على أهداف غير جنسية من الآخر، مثل المكانة أو إعلاء تقدير الذات أو الإحساس بالمرغوبية والمحبوبية أو حتى أداة تحكم وسيطرة على الآخر. الأنماط غير الآمنة أيضًا هي الأقل في معدل الممارسات الجنسية، والأقل استمتاعًا بالجنس، والأكثر شعورًا بالإجبار على ممارسته. الأنماط غير الآمنة سهل إنها تختبر صعوبات جنسية

وعلاقاتية كبيرة ربما تحتاج تدخلات علاجية. برغم إنهم من الممكن أن يستفيدوا من الجنس، فممارسة الجنس بشكل جيد وحميم قد تساعد في تقليل دفاعاتهم التعلُّقية (الإطفاء أو التصعيد)، وبالتالي يساعد في تكوين حميمية عاطفية حقيقية، كما أن إحساس الحميمية المتنامي بدوره قد يساعدهم في الإشباع الجنسي أيضًا إلا إن أزمات الأنماط تعوقهم عن تحقيق ده.

بتظهر ثقة أصحاب النمط الآمن بأنفسهم واستحقاقهم وثقتهم بالآخر واهتمامه من داخل وضع الاستكشاف والشغف المطمئن في مقاربتهم للنشاط الجنسي. الآمنون بيستريحوا مع الجنس الحميم عاطفيًا وجسديًا كنتاج للعلاقة الحميمية ولمشاركة الاستمتاع مع الآخر. أصحاب الأنماط الآمنة مش بيفضلوا العلاقات القصيرة أو الجنس العابر أو العشوائي، وفي المقابل بيفضلوا العلاقات الطويلة ومع الشخص المناسب.

النمط الآمن منفتح ومتجاوب في غرفة النوم كما في خارجها، الطرفان يتشاركان رغباتهما ومخاوفهما بانفتاح على الآخر ودون خوف، والنتيجة تواصل أحسن واندماج وتركيز انتباه وإثارة أكثر ومتعة أكبر وإشباع أفضل.

كل الناس بتخاف إنها تكون مش كفاية في السرير أو غرف النوم، الخوف من عدم الكفاية أو الكفاءة الجنسية يقلق الجميع، ولكن عندما تمتلك الثقة إن الآخر موجود لأجلك ومحب ومتقبل عندها تستطيع أن تسترخي، أن تستسلم له بدون خوف من الإحراج والكسوف والرفض أو الأحكام. الأمان يدفع الرغبة للتجريب والمخاطرة

والانغماس في الحالة واللحظة ويصبح الجنس أكثر شغفًا وتلقائية وعفوية.

الآمنون بيطمنوا بعض ومنفتحين وبيساعدوا بعض، عشان كده الشخص الآمن سعيد مع نفسه وسعيد في العلاقات، كمان مبسوط في حياته الجنسية، وبيثمن الحميمية العاطفية، بيميل إنه يكون مخلص ومستريح في مناقشة التفضيلات الجنسية والاستمتاع بها، وبيقدم فرصة عظيمة للنمط الأقل أمانًا لأنه بيقدم الاستقرار والتطمين والحالة الآمنة اللي يقدر من خلالها يتطور نمط عاطفي حميم ومشبع.

عدم انشغاله بمخاوف التعلُّق (الرفض أو الإهمال أو الابتعاد أو الإيذاء) ولا بطبيعة الأداء الجنسي بتسمح له بالانسجام مع الآخر وتفضيلاته بكفاءة دون أن يلغي ذاته وتفضيلاته، وبتسمح له بالتواصل الفعال مع الآخر والانفتاح والحضور واللي بيمنحوه استمتاع متبادل بمشاركة الآخر، واللي بيزود الاتصال والاقتراب العاطفي أكثر فأكثر.

النمط اللامكترث ورغبته القوية في الاستقلالية وعدم الاعتماد على أحد وخوفه الشديد من الاقتراب العاطفي واستخدامه لآليات التباعد والإطفاء بيظهر في مقاربته للنشاط الجنسي.

اللامكترثون بيزعجهم القرب العاطفي الناتج عن الاتصال الجنسي، وبالتالي بينزع الجنس من الحميمية النفسية باستمرار، وبيحاول أن ينفصل عاطفيًا أثناء الممارسة أو بعد الممارسة. بيبعدوا نفسهم عن الآخر بإنهم يتخيلوا أشخاص آخرين أثناء الممارسة نفسها، أو يمارسوا أنشطة جنسية فرديّة زي العادة السرية، ويقللوا التواصل مع الشريك، أو بممارسة علاقات خارجية. أثناء الممارسة الجنسية

مع الشريك غالبًا لا تظهر عواطف أو تجاوب عاطفي لاحتياجات الآخر، جنس ميكانيكي، الآخر بيحس إن اللامكترث غير حاضر وغير متجاوب وبعيد أو أداء واجب، وكمان بيصل للشريك الشعور إنه غير مرغوب أو غير جذاب أو غير مثير جنسيًّا.

نتيجة انفصاله العاطفي بيحس بشعور منفر بالاغتراب بينسحب إلى عالمه الخيالي وبيملاه بالعدوانية اللي بتمنعه من الاستمتاع أكتر. الخوف من القرب بيمتد ليحميه حتى داخل عالم الخيال ليحرمه من علاقات دافئة تمنحه الفرصة التصحيحية لحالته.

ولأن التواصل الجسدي والعاطفي ممكن يضعف الدفاعات، أغلبهم غير مستريح للتلامس أو الأحضان، ربما أيضًا بيمتنعوا عن ممارسة الجنس ويختاروا الاعتماد فقط على ممارسة العادة السرية كطريقة آمنة من التواصل مع الآخرين (إدمان العادة السرية والبورنو)، وللبقاء بدون تورط عاطفي أو ربما يفضلون علاقات عابرة وسريعة وسطحية مع الغرباء أو غير المقربين عاطفيًّا.

اللامكترثون غالبًا بيمارسوا الجنس لأجل أنفسهم سواء لزيادة الثقة أو تخفيف التوتر دون الاهتمام بالآخر واحتياجاته وتفضيلاته. الأهداف دي مع ضعف الارتباط والخوف من القرب، توضح ليه اللامكترثون بيفضلوا العلاقات الحرة والعلاقات خارج الزواج دون التزام أو عاطفة. اللامكترث ممكن يكون متعدد العلاقات الجنسية، في النهاية هما مش مهتمين بالحميمية العاطفية.

اللامكترث بيميل لنوع معين من الجنس غير الحميم، بيركز فيه على إحساسه هو. الجنس أناني وتوكيدي للذات ولزيادة الثقة بنفسه،

مهتم بالأداء للوصول للذروة ولإثبات مهاراته الجنسية، المهارة مطلوبة والانفتاح العاطفي مرفوض، مشاعر الآخر غير مهمة وغالبًا ما لا يتم الاكتراث بها. ولأن المتعة الجنسية بدون اندماج عاطفي متعة سطحية وسريعة الزوال، بيحتاج اللامكترثون دايمًا للإثارة المتتالية حتى يستمروا، أشخاص جدد، وتكنيكات جديدة، ووسائل لرفع الإثارة اللحظية واللي ممكن تؤدي إلى ممارسات غير آمنة وأحيانًا إجبار للآخر المتردد على المشاركة. وده بيترك الآخر مفكك ومشتت وحاسس إنه أداة جنسية مش أكتر، وبيقلل الحميمية بين الاتنين وحالة أقل إمتاعًا وأقل إثارة وأقل في عدد من المرات للوصول للذروة، والنتيجة تقليل الرضا العلاقاتي والجنسي واستبدال العلاقة والجنس بسلوكيات تعتمد على الذات مثل العادة السرية وإدمان البورنو أو الانهماك في علاقات متعددة بحثًا عن الإثارة.

اللامكترثون في بداية العلاقات وقبل التورط العاطفي ممكن يكونوا شبقين جنسيًّا، لكن لما بيحسوا بالتورط العاطفي بيلجأوا لسلوكيات الإطفاء والابتعاد بسرعة، وبيبقوا غير راغبين في الممارسة أو متباعدين أو بيهربوا من العلاقة تمامًا (لما يحس إنه حب بينطفي).

في العلاقات العابرة والمفتوحة واللي من غير تورط عاطفي بيستطيع الممارسة ثم الاختفاء دون وداع أو دون سابق إنذار، في النهاية لا شيء يربطه بالآخر ولا يهتم بمشاعره.

خوف القلِقين من الرفض والهجر وتشبثهم بالعلاقات بيأثر أيضًا على مقاربتهم للممارسة الجنسية. برغم إن القلِق نشيط جنسيًّا لكن الخوف من الرفض بيخليه يستخدم الجنس لإشباع احتياجات

التعلُّق غير المشبعة (القرب الشديد والأمان والانتباه والاهتمام) مش لأجل الجنس نفسه، وبيميلوا إلى تحويل رغبتهم في الحب والقرب والتطمينات من الآخر إلى إثارة جنسية ورغبة في الممارسة مع الآخر لتقريبه ومنعه من الهجر والابتعاد. ممارسة الجنس بكافة أشكاله حتى عبر الرسائل النصية والمحادثات الصوتية ما هي إلا أداة لجذب انتباه الآخر وحبه وانتزاع استجابة منه تطمئنه وتهدئه ولمنع هجره وابتعاده.

للأسف، الخوف الشديد لدى القلِقين بيستمر في افتراسهم حتى في غرف النوم، وبيظهر منهم سلوكيات مؤذية تؤكد أكبر مخاوفهم (مثلًا، إنهم ما يتحبوش وغير مرغوبين وهيتسابوا)، وخوفهم من الفقد بيجعلهم يخضعون لرغبته غير المناسبة لهم أو المؤذية أو الخطرة في الممارسات الجنسية المختلفة. في نفس الوقت بيتجاهلوا التعبير عن تفضيلاتهم الجنسية، ده مع الاحتياجات المكبوتة مع الانشغال بمخاوف العلاقة (اللي بتيجي في باله أثناء الممارسة أحيانًا وشاغلة باله) بتخليهم يهجروا أحاسيسهم الجسدية وينفصلوا وما يركزوش ولا يكونوا حاضرين أو متناغمين أو تلقائيين، والنتيجة ضعف الرغبة وصعوبات جنسية وعدم الرضا الجنسي، وده ممكن يحبط توقعاتهم غير العقلانية للاتحاد التام مع الآخر والذوبان التام فيه، ويخلق المزيد من المخاوف الجنسية والعلاقاتية.

الجنس بالنسبة لهم أداة لكسب القبول والتطمين وتجنب الرفض، هما بيحبوا التلامس والأحضان والمداعبات والغزل والقبلات ما قبل العلاقة وما بعدها أكتر.

الرجال من النمط القلِق عشان يحظوا بالحب من الأنثى ويحسوا

إنهم محبوبين ومقبولين بيميلوا إنهم يكونوا متحفظين جنسيًّا وعايزين الست متجاوبة ومغوية، وهي المقبلة والراغبة في الممارسة وهو المتمنع. والعكس السيدات من النمط القلِق أقل تحفظًا وأكثر إغواءً عشان تتحب وتحس إنها مقبولة من الرجال ومقاربتها اعتمادية وتملكية. والاتنين بيعتقدوا إن الآخر بيتحكم في حياتهم الجنسية، وإنهم حسب مزاجه، وبالتالي بيبقوا منزعجين وغير مرتاحين للكلام عن الجنس معه. والاتنين لو ما شافوش الآخر راغب ومثار ومتفاعل بيحسوا بالإحباط والرفض. والاتنين ممكن يفقدوا الرغبة والإثارة لو حسوا بده (الرجال من الممكن أن يصابوا بضعف الانتصاب).

بالنسبة لهم الجنس أداة للتطمين والقبول وتقليل المخاوف وطلب الحب والقرب، والمشاعر المصاحبة للجنس بتبقى القلق والخوف من الرفض وعدم القبول، لما يكون ده هدف الجنس الوحيد من الممكن أن يؤدي إلى البعد، ولو النوع ده من الممارسة هو الشائع هتلاقي الأطراف مهووسين بالأداء لإرضاء الآخر أو متطلبين بشدة، وده بيطفي الرغبة الجنسية مع الشعور بالخواء والألم أحسن يكونوا مش عاجبين.

استخدام الجنس كمضاد للقلق والتوتر ما بيعتبرش ممارسة جنسية حقيقية. من الممكن أن يساعد في إبقاء العلاقة لفترة، لكن من الممكن أن يؤدي لنقاط سلبية، لما أي حاجة تحصل، أي اختلاف، الرغبة المتبادلة بتختفي ويبقى مكانها الألم والشعور السلبي.

الخوف من الهجر والإهمال لدى القلِقين من الممكن أن يؤدي إلى ممارسات جنسية خطيرة ومتعددة في نفس الوقت مع عدم

القدرة أو الخوف من طلب ممارسة جنس آمن. ممكن يوافقوا على الممارسة رغم إنهم مش عايزين، بس بيعملوها فقط لإرضاء الآخر أو خوفًا من ابتعاده، أو ممكن يعددوا العلاقات لجذب القبول والحب، أو يمارسوا الجنس بكثرة وباندفاعية من قبل ما يتعرفوا على الآخر كويس أو يتورطوا عاطفيًا بقوة. ولأن الجنس بالنسبة لهم دليل على الحب وإنهم حساسين لكل همسة بينتهي بهم الحال مش متأكدين وربما حاسين بالرفض.

الخائفون بيعانوا من الحميمية الجسدية بنفس الشكل، وبيمارسوا الجنس العابر كطريقة للأمان وبرضو كطريقة للحصول على الاطمئنان والتطمين والقبول والموافقة. ممكن يعيشوا علاقات قصيرة أو عابرة تنتهي أول ما يحسوا إنهم بيضعفوا. لما يكونوا مش مهتمين باحتياجات التعلُّق ومهتمين أكتر بحماية أنفسهم بيتجنبوا الجنس تمامًا. هما كالعادة خليط من النمط اللامكترث والنمط القلِق مع تقلبات عاطفية حادة وغير متوقعة.

التعلُّق والعلاقات خارج إطار الزواج

العلاقات قد تكون أكثر الخبرات الإنسانية متعة وأكثرها ألمًا أيضًا. وجود علاقات خارج إطار الزواج بيؤدي إلى محنة للعلاقة وأزمة كبيرة بتأثر عليها وعلى استمراريتها وعلى مستوى الرضا فيها في حالة استمراريتها. كل طرف هيحس بتدني في تقدير الذات ومشاعر سلبية هتأثر بشكل أو بآخر على الحالة النفسية والمزاجية وتسبب الشعور بالذنب أو الخزي والاكتئاب.

إيه اللي بيخلي البعض بيلجأ إلى ممارسات جنسية خارج إطار الزواج؟ إيه اللي يخليهم يفضلوا سعادة مؤقتة ممكن تأثر على رفاهيتهم وربما تخالف قيمهم الخاصة أو مصالحهم أو معاييرهم للسلوك؟

نظرية التعلُّق بتقدم تفسير للحالات دي (برغم إنها ليست العامل الوحيد، فهناك عوامل في الشخصية ومنظومة القيم والأعراف الخاصة بالفرد وظروف العلاقات الحالية وطبيعة الطرف الآخر والظروف المحيطة بالعلاقة من الخارج).

نمط التعلُّق في الطفولة وفي الرشد عبارة عن خريطة من خلالها نقدر نعرف مدى الإتاحة العاطفية للآخر واللي بناءً عليها بتحدد استجابته لقربنا واستجابتنا لابتعاده.

الآمنون واثقين في أنفسهم وفي الآخر، وبالتالي مش مشغولين بعلاقات خارج الزواج، وما بيخافوش إن الآخر ربما ينشغل بعلاقات خارج الزواج. على عكس غير الآمنين الأكثر ميلًا لعلاقات خارج الزواج لأسباب مختلفة.

القلِق غير متأكد من وجود الآخر وإتاحته واستمراريته، وبيتعامل مع ده بمحاولات التأكد وطلب التطمينات عن طريق إنه يبقى متعلق ومتطلب عاطفيًا.

اللامكترث بيتوقع عدم وجود الآخر وقت الحاجة له، فبيتعامل على هذا الأساس بالابتعاد وعدم الاقتراب منه وقطع الطريق للاحتياج إليه.

القلِق بيبقى في محنة وكرب من عدم وجود الآخر عاطفيًا، والنتيجة طوفان من المشاعر السلبية والإحساس بالهجر والخيانة أو الخوف منهم، هو غالبًا بيبقى خايف إن الآخر عنده علاقات خارجية. والمشاعر المتناقضة دي بتخليه مشتاق للحب والحميمية والدفء والأمان، مع تصاعد شكوتهم إنهم محتاجين حب واهتمام أكتر وإن الآخر مش عايز يلبي احتياجاتهم أو مش قادر يلبيها.

نتيجة الإحساس العنيف والمزمن إن العلاقة بتنتهي وإنه مش هيقدر يتحمل ألمها لو انتهت، بيحاول ياخد وسائل أمان وتأمين لحالته النفسية عشان يعرف يتعامل مع الانفصال، وبيعمل ده بإنه يعمل علاقة خارجية يروح لها ويطمن لوجودها لو علاقته الأساسية

فشلت، وممكن ده يبدأ كحالة من التقارب الخفيف إلا إنها بتحطه في موقف خطير أمام الإغراءات الخارجية لإشباع احتياجاته من الحب والحميمية وبالتالي الانزلاق إلى علاقات خارج إطار الزواج.

بالرغم إنهم الأكثر عرضة لفعل ده إلا إنهم الأكثر شعورًا بالذنب، وما بيقدروش يتعاملوا معاه ولا يتحملوا عواقبه لو تم اكتشافهم، وربما ده بيخليهم يلجأوا إلى الاعتراف للطرف الآخر بعدم قدرتهم على تحمل الشعور بالذنب.

القلِقون لأنهم بيحسوا إن احتياجاتهم العاطفية لم تلبى داخل العلاقة الحالية، منهم من يلجأ للبحث عنها خارج العلاقة باستخدام التواصل الجنسي لإشباع الاحتياجات دي. وبتبقى هذه الممارسات هي محاولة للهرب إلى الحب والحميمية المفقودين.

اللامكترثون في الأساس هم الأقل التزامًا وارتباطًا بشكل عاطفي عشان بيفضَّلوا الابتعاد عن القرب الحميم، وهم أيضًا الأكثر تساهلًا وتحررًا في موقفهم من الممارسات الجنسية، وبالتالي يميلون للعلاقات خارج إطار الزواج. الالتزام العاطفي تجاه الآخر والارتباط النفسي بيه هو اللي يضع علينا قيود تجاه الممارسات الخارجية أو إظهار الاهتمام أو الانشغال في بدائل أخرى للعلاقات، وهو أيضًا عامل مهم لاستمرارية العلاقات وقوتها ومستويات الرضا والاستثمار فيها. عشان كده اللامكترثون الأكثر عرضة للممارسات دي، لأنهم ببساطة بيتجنبوا الالتزام وبيهربوا منه وبيحطوا مسافات وأسوار بينهم وبين الحميمية. وربما تكون العلاقات خارج الزواج إحدى وسائلهم للتباعد العاطفي والهرب من الحميمية.

اللامكترثون مش بيحبوا البديل أكتر من الشريك الأصلي، هما ربما بيحاولوا الهروب من الحب أو بيحاولوا البحث عن المزيد من الإثارة من خلال الممارسة الجنسية وربما معندهمش نية أصلًا لترك العلاقة الأولى.

التعلُّق والغيرة

العلاقات الرومانسية تناغم بين ثلاث غرائز: التعلُّق، والرعاية، والغريزة الجنسية.

تظهر فكرة التواجد العاطفي للآخر وتأثيرها بقوة في حالات الغيرة.

الغيرة ممكن تعتبر إدراك لوجود تهديد بالفقد والخسارة لعلاقة مهمة أمام خصم حقيقي أو وهمي، إدراك إن وجود الآخر بجوارنا معرض للخطر والزوال، إننا هنفقده وهنعود لحالة الوحدة والعزلة وعدم الأمان، بالإضافة إلى إنها بتعتبر تهديد لتقدير الذات وصورتنا عن أنفسنا كأشخاص كافيين ومرغوبين ومهمين يستحقون الاحترام والحب والتقدير لأهميتهم ودورهم.

الغيرة زي التعلُّق أو مشابهة له، الاتنين هدفهم إبقاء الطرفين معًا، وبيثاروا بالانفصال، وفيهم نفس المشاعر الأساسية: الخوف والحزن والغضب، والاتنين هدفهم الشعور بالأمان لما التاني يقرب ويتجاوب وعدم الأمان لما يبعد.

الغيرة بتتضمن مكونات معرفية وسلوكية وعاطفية، وبتتراوح من الشكل الطبيعي للشكل المرضي بدرجات من القوة والاستمرارية والاستبصار.

كلنا بنحس بالغيرة من وقت للتاني، الغيرة بتخلينا نحدد التهديدات للعلاقة عشان نحافظ عليها. لما تلاقي الشريك العاطفي بيغازل حد تاني، أو لما نلاقي منافس آخر يهتم بالشريك العاطفي بشدة، طبيعي إننا نحس بالغيرة ونبقى متحفزين.

لكن الغيرة بتبقى مضرة لو خرجت عن المعقول أو أدت لسلوك غير صحي، زي مراقبة الآخر أو تفتيش تلفوناته ومحادثاته أو التحكم فيه وتحديد استقلاليته واللي ممكن تؤدي لعواقب كتيرة.

الأنماط بتأثر على تكرار الغيرة ومعدلاتها وطريقة التعبير عنها. النمط اللامكترث أكثر غيرة من النمط الآمن، وبيشوف المنافس أكثر تهديدًا. لكن اللامكترث بيظهر حزن أقل من الآخرين أو ما بيبينش إطلاقًا أو حتى ما بيحسش بحزن، وبيتجه لاحتقار الشريك والتقليل من أهمية تهديدات المنافس، أو بيبقى الأكثر غضبًا ويقوم بمهاجمة الشريك والمنافس وبيمارس العنف والتحكم لتحديد حركة الشريك ومراقبة سلوكه وتعاملاته وحتى ملابسه.

النمط القلِق هو أكثر الأنماط غيرة، وبيبقى في حالة انفعالية قوية، وبيدخل في نشاط مكثف للبحث والتفتيش والمراقبة والتلصص عشان يلاقي دليل أو اكتشاف الخيانة أو منعها. القلِق غيور جدًا بدرجة مزعجة للشريك ومضرة له هو شخصيًّا، غيرة تتجاوز الحد المعقول والممكن واللي يمكن تحمله. وهو الأكثر غيرة لقلة تقديره

لذاته وإنه مرغوب، بالإضافة إلى إنه بيحس بالغيظ من شعوره القوي بالغيرة. في الأصل أصحاب النمط القلِق متحفزين جدًّا لأي علامة لابتعاد الآخر وخيانته، ومتوقعين باستمرار إن ده يحصل. ولما بيلاقوا أدلة تظهر خيانة الآخر سواء كانت حقيقية أو متوهمة، بيلجأوا إلى التصعيد والغضب الشديد من بدري (سلوكيات عصبية وغاضبة ومتوترة وسلبية تجاه الشريك، وربما تتجاوز الحد لتصبح مدمرة للذات والآخر والعلاقة). للأسف، النمط القلِق بيبقى غير قابل لتصديق أو مناقشة أي تفسيرات لنفي أدلة الغيرة أو التمييز ما بين ما هو حقيقي أو متوهم (خلاص قفل دماغه).

غير الآمنين أصلًا عندهم صعوبات في الثقة بالآخرين، وعندهم أفكار غير عقلانية في العلاقات مقارنة بالنمط الآمن. هما مش بس بيغيروا أكتر، لكن كمان بيلجأوا لإثارة الغيرة لدى الآخر متعمدين (بيخلوه يغير عليهم)، خاصة النمط القلِق أو الخائف. النمط القلِق بيستخدم أسلوب أكثر عدوانية وقوة ووضوحًا ومباشرة لإثارة الغيرة (ممكن يغازل حد بشكل واضح ومستفز قدام الشريك أو يصر إنه يخليه يعرف)، والتجنبي الخائف بيستخدم أسلوب غير مباشر ومستفز وما يتمسكش عليه.

برغم إن للغيرة عواقب خطيرة فعلًا لو تجاوزت الحد، إلا إنها في الدرجة المعقولة بتلعب دور تكيفي، منها إن الحالة الانفعالية بتخلينا ننتبه لأي تهديد للعلاقة ونلغيه من بدري. الغضب أثناء الغيرة بيكون بسبب الاعتقاد إن الشريك أو الخصم بيهدد استمرار العلاقة، وللأسف ممكن يتطور إلى سلوكيات إيذاء للآخر أو الشريك

عاطفيًا أو جسديًا لإيقاف التهديد (وده الوضع اللي بيتسبب في تدهور العلاقة)، والخوف والحزن الموجودين في المقابل بينشطوا نتيجة الإحساس بخطر الفقد أو حدوثه، وبيشتغلوا كفرامل للغضب المتصاعد، خوف الفقد بيقربنا للآخر وبيخلينا نقوم بسلوكيات إبقاء الآخر والحفاظ عليه وعلى العلاقة (سلوكيات تودد واستجداء وتقديم تنازلات، إلخ)، والحزن بيقول لنا إن الآخر والعلاقة مهمين لينا فلازم نحافظ عليهم.

الخوف من الفقد والحزن على الابتعاد بيخلونا نحاول نصلح العلاقة، وبيفرملوا غضبنا ويمنعونا من فعل سلوكيات تؤذي الآخر أو العلاقة، أفعال نندم عليها لاحقًا ولا يمكن إصلاحها خاصة لو اكتشفنا إن تقديرنا لأسباب الغيرة غير دقيق أو متوهم.

الغيرة مش بس هدفها التنبيه على الخطر اللي بتواجهه العلاقة، لكن كمان بتنشط سلوكيات حماية العلاقة، سواء الموجهة للشريك أو الخصم، السلوكيات الموجهة للشريك هدفها حماية الشريك أو الحفاظ عليه، مثل مراقبته والتحكم في تصرفاته أو حتى تهديده وعقابه أو العدوانية تجاه المنافس (سلوكيات مشهورة في الرجال أكثر لما بيغيروا)، أو محاولة تحسين الذات والعلاقة وإظهار الحب والاهتمام والتودد وسلوكيات تحسين المظهر والاهتمام بيه وسلوكيات إعلان امتلاكه أمام الآخرين زي الغزل المتبادل أو الصور المشتركة على مواقع التواصل الاجتماعي مثلًا (سلوكيات مشهورة في السيدات أكثر لما تغير)، كل السلوكيات دي ممكن تكون فعالة أو مخربة، مباشرة أو غير مباشرة.

التعلُّق والاعتذار

الاعتذار للآخرين والغفران لهم شيء مهم جدًا للعلاقات واستمراريتها، ويبدو أن أنماط التعلُّق لها تأثير كبير على تقديم الاعتذار أو استقباله والغفران للآخر.

الاعتذار هدفه عودة المياه إلى مجاريها وإصلاح العلاقة بعد ضعفها أو إصابتها بالعطب، أو إلغاء الخلاف على الأقل. التعلُّق مش بس بيساعدك تنظم مشاعرك وتنظم مواقفك الاجتماعية وطريقة تعاملك مع الخلافات، ولكن كمان بيأثر على مفهومك للاعتذار والتهدئة بعد الخلافات.

مكونات الاعتذار:

- الأسف عما حدث من ضرر بشكل واضح وحقيقي.

- قبول المسؤولية.

- محاولة إصلاح الضرر.

- تقديم تفسير للي حصل دون تنصل من المسؤولية أو تبرير.

- الوعد والتعهد بعدم التكرار.

- الاعتراف بالضرر.

- الاعتراف بالخطأ.
- طلب الغفران.

الآمنون بيعملوا المكونات دي كلها بكفاءة.

الآمنون عندهم قدرة عالية على التناغم والمواجدة والوعي بالذات وتنظيم الانفعالات تمنحهم المهارات اللازمة للتفاوض وإصلاح العلاقة وتهدئة الأمور، ناس بتعرف تعتذر كويس، بيوصلوا اهتمامهم ورغبتهم الحقيقية للحفاظ على العلاقة واستعادة السلام. هما مش بس بيعتذروا كويس، هما كمان بيغفروا كويس. أكثر انفتاحًا وميلًا للمغفرة للآخرين والتسامح معاهم، هما عارفين فوائد الاعتذار والمغفرة وبيميلوا لهم باستمرار.

القلِقون عندهم صعوبات في تنظيم مشاعرهم، وعشان كده بيفضلوا متوترين ومشحونين فترة طويلة وما بيصفوش بسهولة، لما تحصل أزمة أو حاجة تفكرهم بيحسوا بمشاعر قوية بتخليهم يعيشوا في المشاعر المؤلمة من تاني وبتقلب عليهم القديم والجديد، هما عايزين بشدة الاعتذار من الآخر بس للأسف الاعتذار مش بيهديهم، وغالبًا بيعيد عليهم الخبرات المؤلمة من تاني والمشاعر العنيفة كمان مرة، بيسموه «تناقض الغضب الدوار» أو «حلقة الغضب» (آجي أعتذرلك وأطيب خاطرك تهيج عليك المواجع من تاني وتفتكر اللي حصل فتغضب تاني)، زي الأطفال اللي بيتشحتفوا على رجوع الأم، بس لما بترجع بيقاوموا احتواءها وبيضربوها أحيانًا في حالة من الغضب، الكبار شبه كده برضو.

القلِقون محتاجين يهضموا اللي حصل، وعشان يقبلوا الاعتذار

عايزين يتأكدوا إن الآخر فهم اللي حصل واللي سببه، لما بييجوا يعتذروا عايزين اعتذار مفصل وواضح ومباشر ومؤكد ووقت طويل وصبر كبير. عشان كده القلِقون لما بيستقبلوا الاعتذار ما بيسامحوش بسهولة، وممكن يصعدوا غضبهم أكتر كمان تجاه المعتذر، وده بحد ذاته ممكن يخلي الآخر يهرب ويتخلى عن الإصلاح ويمشي أو يبقى في حالة دفاعية وما يقدرش يقدم احتواء أو تهدئة أو ربما تتصاعد المشكلة أكتر.

لما القلِقون هما اللي بيعتذروا عن خطئهم أوقات بيبقى اعتذار مش خالص ولا حقيقي، مش بدافع إنهم عرفوا غلطهم وبيتأسفوا عليه. بيبقى كتير من الأوقات عشان يحلوا الموقف ويرجعوا العلاقة، أو عشان ما يحسوش إنهم غلطانين، أو عشان يتخلصوا من مشاعرهم السلبية، أو حالة من تطييب الخاطر عشان الموضوع يعدي، أو عشان هما كمان يحصلوا على اعتذار مقابل من الآخر. كل ده بيتفهم إنه اعتذار ليس لصالح الآخر وإنما لصالح الذات، الاعتذار الحقيقي هدفه الأول الطرف الآخر، تطييب جرحه هو، وعن طريق ذلك نحصل على غفران مستحق منه. عشان كده هما محتاجين يبقوا واضحين أمام نفسهم أولًا في نيتهم للاعتذار وهدفه.

اللامكترثون بيتضايقوا لما يحسوا بالضعف أو أي موقف يبانوا فيه ضعفاء وغير محصنين أو يكونوا في مشاكل أو يعترفوا بخطئهم. عشان كده بيحاولوا يتنصلوا من أخطائهم أو يرموها على شماعات خارجية. وعشان يعملوا كده غالبًا بيلوموا الضحية على سلوكهم الشخصي والمسيء تجاهها (إنت/ إنتِ السبب إني عملت كده)،

أو يهاجموها ويدخلوا في حالة دفاعية وقلب الترابيزة أو الشوشرة. ولو اضطرتهم الظروف إنهم يعترفوا بغلطهم ويعتذروا بيتضايقوا إنهم يقدموا اعتذار واضح ومباشر لإن ده معناه اعتراف بقصورهم وعيوبهم وإنهم لازم يتغيروا أو يتحملوا مسؤولية أخطائهم أو يطلبوا الغفران، عشان كده بيلجأوا إلى اعتذار مقتضب وغير مباشر، هتلاقي اعتذاراتهم مبهمة ومن بعيد ومفيش فيها مواجدة أو أسف حقيقي أو جهد مبذول عشان يخففوا عن الآخر، وغالبًا بيقدموه بطريقة دفاعية ومتعالية زي إنهم يبرروا سلوكهم أو يلوموا الضحية أو يعملوا أعذار أو يقللوا من فعلهم أو تأثيره أو ينكروا دورهم في الغلط.

اللامكترث عايز الآخر يعديها أو يخلص من المشكلة ويتجاوز الخلاف، ممكن يعتذر وهو مش مقتنع بخطئه ومش شايف ضرورة إنه يغير من نفسه، هو شايف إن الاعتذار لازم يتقبل وإنه لازم يتم الغفران له بدون الخوض في تفاصيل اللي حصل أو كلام كتير (ما قلنا آسف بقى).

حالة الغفران والمسامحة كمان ممكن تكون بالغة الصعوبة عند الأنماط غير الآمنة.

القلِقون بيغفروا بصعوبة. بسبب الخوف من الهجر هتلاقي عندهم صعوبات في التعبير عن مشاعرهم الحقيقية، بيخافوا يطفشوا الآخر. ولما بيعبروا عنها بيعبروا بطريقة غير بناءة وغالبًا فيها نقد وهجوم، وبيميلوا إلى لوم الآخر إنه بيعاملهم وحش، ونتيجة لده بيلاقوا صعوبة في التصديق على مشاعرهم وبيحسوا إنهم ما أخدوش حقهم. كمان هما بيحسوا بمشاعر عنيفة كرد فعل على اللي بيعتبروه خيانة أو هجر

أو إهمال، بيلاقوا صعوبة في رؤية وجهة نظر الآخر، ولا يعرفوا يشوفوا الأمور من بره ويراجعوا الموقف بشكل عقلاني، ما بيعرفوش يشوفوا الصورة الكبيرة للمشكلة وبيشوفوها حوادث منفصلة، لقطات من المشكلة، واللي أوقات بتكون إما مش موجودة أو أقل مما هما بيتصوروا، فلما ما يلاقوش اعتذار أو يلاقوا اعتذار أقل من اللي متوقعينه بسبب مفهومهم للمشكلة بيحسوا إنهم ما أخدوش حقهم.

مهم في التعامل مع القلِقِين إنك تمنحهم التطمينات، وتشجعهم إنهم يعبروا عن مشاعرهم كاملة، إنهم ينفتحوا ويتكلموا، إنك هتفضل تحبهم، وساعدهم يعبروا بشكل بناء وصحي عشان علاقتهم تتقوى، ويتعلموا إنهم بالتعبير الصحي هيلاقوا حل أفضل يرضيهم ويطمنهم.

اللامكترثون هما كمان بيلاقوا صعوبة في الغفران للآخرين، لأنهم بيترددوا في مناقشة المشاكل، بيفضلوا يبعدوا وينعزلوا ويراكموها جواهم ويتملوا بالغيظ والاستياء والمرارة وده بيبعدهم أكتر عن الآخر. وربما في الخلفية إن حل المشاكل بيزود الحميمية، وبالتالي المشاكل غير المحلولة بتعمل حاجز بينهم وبين الآخر وبتساعدهم بشكل لاواعي إنهم ما ينفتحوش ويقفلوا، عشان كده كتير بيبقى مفيش دافع للحل. ولو حصل وعبر فبيبقى بهدف إبعاد الآخر أكتر، وغالبًا بيبقى عدواني ومحتقر للآخر لو اكتشف خيانته أو خطأه، التعبير عن مشاعره هنا بيبقى مش بهدف الحل والتراضي ولكن بهدف خلق مسافة أكبر في العلاقة.

مهم للامكترث التعامل مع غضبه وإحباطه بشكل بناء ويعبر عنه بشكل صحي ويوجهه للحل وليس لمزيد من التعقيد. ومحتاج

يتعلم يرخي دفاعاته قليلًا ويستقبل دعم الآخرين ويحاول يفهم الرواية من جانبهم.

لو بتتعامل مع لامكترث زعلان منك إنت محتاج ما تضغطش عليه عشان ينفتح أو يعبر عن مشاعره، لأنك في الوقت ده بتهدد إحساسه بالاستقلالية، أصلًا هي دي طريقته اللي يعرفها في التعامل مع مشاعره (يقفل وينعزل ويحاول يهضمها أو يصرفها أو يتعامل معاها مع نفسه دون الحاجة لحد)، لما تضغط عليه بتزود جواه الرغبة أكتر في الانعزال، والنتيجة بيقفل أكتر ويبعد أكتر، ساعدهم يتعاملوا مع مشاعرهم بإنك تعلن إنك حابب تساعدهم وتقدم الدعم والاحتواء ووضح لهم إنك متفهم احتياجهم وطريقتهم في التعامل مع مشاعرهم، وإنك موجود بجوارهم لما يحبوا ينفتحوا ويتكلموا، وقبل كل ده ما تاخدهاش بشكل شخصي إنك مرفوض أو ملكش لازمة.

قبل الرحيل والهجر

إيه اللي بيخلي الناس تستمر في علاقات سامة أو تعيسة برغم إن المنطق والواقع يدعو للرحيل؟

قلق التعلُّق (الخوف من الانفصال أو الهجر) واحد من أهم الأسباب اللي بتحرم الناس من القدرة على التخلي عن العلاقة مهما كانت مسيئة أو تعيسة، عشان كده أكتر الأنماط خوفًا من الهجر هما أصحاب النمط القلِق وأصحاب النمط التجنبي الخائف.

أصحاب النمط الخائف في الأول بيبقوا مترددين في الدخول للعلاقات لأنها ممكن تهيج جواهم الصدمات السابقة، بس لما بيدخلوا العلاقة بيتعاملوا أغلب الوقت زي القلِقين اللي بيدخلوا العلاقات عشان بيدوروا على القبول والانتباه والحب اللي اتحرموا منه في علاقتهم السابقة أو في طفولتهم.

القلِقون بيبقوا مهتمين جدًّا بإثبات الذات وتأكيد قيمتها واللي بيستمدوه من قبول الآخر ومن استمرار العلاقة (إنهم حلوين ويتحبوا ويستاهلوا)، لدرجة إن الآخر لو منح لهم الفتات هيرتفع مزاجهم بشكل كبير. في أعماق القلِقين جوع شديد للحب والموافقة بيخليهم

يستخدموا طرق غير صحية للتفاعل مع الآخرين والحفاظ على العلاقات. وعشان هما الأكثر اعتمادية عاطفيًا على العلاقات فهما غالبًا بيعرفوا نفسهم بيها (من غير علاقة بيبقوا حاسين باللاشيء والضياع واللاأهمية)، وبيربطوا قيمتهم بيها، وده بيخليهم يتحملوا مستويات عالية من المعاناة عشان ما يفقدوش العلاقة، عشان كده الهجر بمثابة فقدان للذات أو ضياع أو موت. بسبب خوفهم من الهجر والمشاعر اللي بتيجي بعده من ألم ووحدة، وبسبب ضعف ثقتهم في أنفسهم واعتماديتهم العاطفية على الآخر وتمحورهم عليه، هتلاقيهم بيستمروا في علاقات سيئة وظروف صعبة لاعتقادهم إن مفيش حد تاني هيحبهم، أو مش هيلاقوا حد يرضى بيهم، أو لخوفهم من الوحدة (ضمنيًا معناها مش هالاقي حد)، أو لأنهم شايفين إنهم عملوا كتير واستثمروا كتير ومش عايزين يضيعوا اللي عملوه أو يروحوا لحد تاني، أو معتقدين إنهم مش هيعرفوا يتصرفوا من غير الطرف الآخر، أو إنهم مش عارفين حياتهم هتكون إزاي من غيره، أو إنهم يضيعوا أو يتبهدلوا أو ما يعرفوش يتصرفوا (أو مش هنلاقي أحسن من كده، أو بيقنعوا نفسهم إن كل البيوت كده، كل الناس كده، كل العلاقات كده، مفيش حد ولا علاقة ولا حب حقيقي، طب على إيه؟ كله محصل بعضه، إني ممكن أسيبه ويبقى سعيد مع حد غيري وقتها أنا هاموت، خايفة أكون قصرت أو فشلت أو أكون أنا السبب، أو إنه ممكن يتغير وأبقى قصرت أو اتسرعت أو فقدت حاجة حلوة).

سبب آخر مهم لبقاء الناس في العلاقات المسيئة، هو إن فيه بعض

الأشخاص بيستمر في العلاقات اللي بتأكد له تصوراته السابقة عن نفسه وعن الآخرين حتى لو تصوراته دي مؤلمة، مثلًا أصحاب تقدير الذات المتدني من الممكن إنهم يسيبوا علاقات محبة ومتقبلة وآمنة وصحية وشايفاهم كويسين ويروحوا يقبلوا علاقات مسيئة (أيًا كان التفسير لده إيه، بس بيحصل بكثرة)، هما كمان ممكن يقاوموا التغير للأحسن سواء من نفسهم أو محاولة الآخر للتغير للأحسن.

أصحاب الأنماط غير الآمنة مش بيبقوا قادرين يتخلوا عن أنماطهم، وبالتالي في اختياراتهم واستمرارهم في العلاقة بيختاروا (دون وعي منهم) النمط اللي مناسب لهم وبيؤكد تصوراتهم إنهم ما يتحبوش أو الدنيا ملهاش أمان أو الآخرين لا يوثق بهم أو عبء، هما أصلًا بيتشدوا للأوضاع دي بشكل لاواعي واللي بتتسمى «الكيميا غير الفعالة» (جاذبية عالية جدًا بس مؤذية). في النهاية الأنماط جزء من الهوية وأداة للحماية والأمان، وبالتالي التخلي عنها صعب، ولما بتدور بتدور على نمط ملائم لها ويركب معاها.

الانفصال والهجر والفراق

أيًا كان النمط، مفيش ضمان إن العلاقات تستمر أو لا تتعرض للانهيار. كل العلاقات من الممكن أن تنتهي ولأي سبب. لكن الآمنين علاقاتهم أطول وأكثر رضا، بعكس غير الآمنين المعرضة للانهيار أكثر والأقل رضا.

الموضوع مش بالبساطة كده، مش معنى إني عندي نمط غير آمن إن علاقتي هتبوظ أكيد، الموضوع بيعتمد أكتر على تفاعل الأنماط مع بعض والظروف المحيطة بهم.

الآمنون بيبقوا فاهمين العلاقات صح وعارفين مكوناتها وبيعرفوا يقدموها ويستقبلوها، مؤمنين إن ممكن يحصل انفصال لأي سبب أو إنه خيار مطروح بس مش مشغولين بيه بشكل كبير ولا سايبينه يأثر على الحميمية أو يخليهم يستثمروا عاطفيًا أقل، بالعكس ممكن يخليهم يستمتعوا ببعض أكتر ويتشاركوا بشكل أفضل، في النهاية مجرد وجود خيار الانفصال في الخلفية بيخلي الأطراف ما بيتعاملوش مع بعض كأنهم مضمونين.

لو حد آمن والتاني لأ، الآمنون بيعرفوا بسرعة إن الآخر فيه مشكلة،

بيتخانق كتير على حاجات تافهة أو بيقاوم القرب العاطفي، وبيقرر بسهولة إنه يخرج ويدور على حد آمن.

طيب الأنماط غير الآمنة بينفصلوا كتير يعني؟

مش شرط، النمط اللامكترث والنمط القلِق لو في علاقة مع بعض بيستمروا في علاقات طويلة جدًّا، وممكن ما تنفصلش برغم إنها مليانة صراعات وخناقات وعدم رضا وثقة قليلة في بعض. هي أصلًا تاني أطول العلاقات استمرارًا بعد علاقات الآمنين برغم تعاستها ومشاكلها.

ليه بيستمروا؟

جزء من الإجابة إنهم ما يعرفوش علاقات تانية غير اللي هما فيها، مش متخيلين إن فيه علاقات صحية مختلفة، ومش قادرين يميزوا إن اللي هما فيه مش كويس وشايفينه عادي وكل البيوت فيها كده وده الطبيعي، مش متخيلين إن فيه أحسن من كده أو مش مصدقين أو لأن برمجتهم بتقول لهم إن الدنيا كده. تاريخهم كله كده وما يعرفوش غيره.

النمط القلِق لأنه بيخاف من الرفض ومن الوحدة وعنده عدم الإحساس بالأمان ما بيقدرش ياخد خطوات لإنهاء العلاقات غير الصحية بسهولة، بيتجنب غالبًا الانفصال بشكل لاواعي، وغالبًا بيتعامل مع الرفض والانفصال والوحدة بالانتقال من علاقة لعلاقة بسرعة عشان ينسى العلاقة السابقة، أو ممكن ينهمك في سلوكيات غير مرغوبة زي التلصص على الطرف الراحل والتهديد بالإيذاء.

اللامكترثون لما بيقربوا من الطرف الآخر بشدة، ممكن ياخدوا

قرار الانسحاب لأنهم ببساطة بيخافوا من الحب، والقرب وتَّرهم، أو بقوا شايفين إن العلاقة بقت عبء ومتعبة ومتطلبة عاطفيًّا أو فيها مشاعر سلبية كتيرة وضاغطة عليهم، وبالتالي بيهربوا دون محاولات الإصلاح.

أما النمط الخائف فهو كثير العلاقات، ولو حس ببوادر الرفض ممكن هو اللي يبادر بالرحيل من قبيل بيدي لا بيد عمرو، أو ربما يبادر بالرحيل لاعتقاده إن الآخر لو اكتشف حقيقته هيسيبه أو إنه في يوم من الأيام هيسيبه لسبب أو لآخر فبيقرر يمشي هو من نفسه.

بعد الانفصال

الانفصال عن الآخر المهم وانتهاء العلاقات المهمة حدث مؤلم بشدة وخبرة حياتية ممكن تغير حياة وشخصيات اللي اتعرضوا لها، وتأثر على حالتهم النفسية ومستقبلهم ونظرتهم للعلاقات ولأنفسهم أيضًا. عندما نفقد المحبوب نتعرض لقلق انفصال عالي جدًّا، بعده نتعرض للاكتئاب واليأس نتيجة الفقد، فقد الآخر وفقد العلاقة معه. يقول فرويد:

نحن نصبح في أشد حالاتنا ضعفًا وبلا دفاعات تحمينا أمام المعاناة حين نحب، ونصبح في أشد حالاتنا عجزًا وتعاسة عندما نفقد المحبوب أو نفقد حبه.

إحنا متبرمجين على التعلُّق من أجل الشعور بالأمان والرغبة في البقاء، بنحتمي بالوالدين اللي الانفصال عنهم بيبقى مساوي للموت، ولما بنكبر بيبقى الانفصال عن الحبيب مساوي بشكل ما للموت أيضًا، في النهاية إحنا بنتعلق وبنرتبط بالمحبوب وبيبقى جزء من تكوينا النفسي، وبيبقى الانفصال عنه فصل للجزء ده وإعادة لتنظيم نفسنا من غيره من جديد.

أحاسيس الهجر والألم والإيذاء والإهمال اللي بيحسها أصحاب الأنماط غير الآمنة نتيجة الطفولة، بتستنى في الذاكرة حية، وبتظهر من تاني مع الانفصال، بتظهر بنفس قوتها وكأن الانفصال ما هو إلا إعادة إحياءها وإخراجها من الأعماق لنعاني كل فقد وهجر وإهمال وإيذاء مر علينا في السابق بدون حل صحيح من جديد وبشكل مضاعف.

الانفصال يؤلم. الطرف الآخر أصبح ولفترة مصدر للأمان والطمأنينة وتنظيم الانفعالات والاحتواء، وفقدانه بيسبب حزن عميق وآلام جسدية ونفسية قوية واضطرابات واضحة، القلق والتوتر نتيجة الانفصال بيملا رؤوسنا بذكريات المحبوب وبيحتل عقولنا وبيحرق أعصابنا حزنًا وشوقًا وغضبًا، حزنًا على المفقود وشوقًا لعودته وغضبًا لرحيله وتركنا بمفردنا، المشاعر المصاحبة للانفصال لا تترك لنا مجالًا للتنفس أو فعل شيء آخر.

التعلُّق بيلعب دور برضو في تعامل الناس مع الانفصال وتنظيم المشاعر المصاحبة له، جون باولبي بيقول:

أثناء الفقد يكون جهاز التعلُّق في أوج نشاطه. أثناء الفقد يساعدنا التعلُّق في التعامل وطلب الدعم من الآخر المهم، واستعادة إحساسنا بالأمان.

الانفصال بيأثر على الناس بطرق مختلفة، وبيتعاملوا معاه ومع الحبيب السابق ومع تجاوزه أيضًا بطرق مختلفة. تؤثر أنماط التعلُّق في كل هذه الطرق، الأكثر حبًّا هو الأكثر اهتمامًا هو الأكثر معاناة عند انتهاء العلاقة.

النمط الآمن هو صاحب أفضل تعامل مع الانفصال، بيروح

لأصحابه من أجل الدعم، بينفتح على الحزن الحقيقي للفقد، بيتفهم ويتعاطف مع مبررات الآخر للرحيل، وده بيخليه أقل عدوانية، بيلوم نفسه قليلًا على انتهاء العلاقة.

الآمن عارف إن احتياجه للقرب والدعم ممكن يتحققوا مع ناس كتير مش بيقفوا على حد، وإن في المستقبل هيقابل حد بنفس القرب برضو مع اللي مشي. الآمنون بيتألموا عادي بس قادرين يتعافوا بشكل جيد ومتفائلين بالنسبة للمستقبل. ممكن يحسوا الألم وإنهم كويسين في نفس الوقت.

الآمنون بيتعاملوا مع مشاعرهم بشكل صحي، هما غالبًا بيستخدموا الانفصال كفرصة لفهم هما عايزين إيه في العلاقات عشان يبقوا سعداء، ومش عايزين إيه في المستقبل. ده ما بيمنعش إنهم يحزنوا، الانفصال صعب على أي حد وهم منسجمين ومتناغمين مع أنفسهم وانفعالاتهم، وأكثر وعيًا وإدراكًا للي بيحصل جواهم، وبيفهموا الرسالة واحتياجاتهم، وبياخدوا الخطوات للحصول عليها، كمان هما عندهم مهارات تهدئة الذات وتنظيم الانفعالات جيدة. هما عارفين إنه مش معنى إنهم مش في علاقة إنهم لا يستحقوا الحب، هما حاسين بنفسهم كويس إنهم مرغوبين، كمان عندهم علاقات صداقة جيدة خارج العلاقة الرومانسية بتمنحهم الدعم الجيد أمام الانفصال.

النمط القلِق بيبقى حاسس بتهديد طول الوقت، بيستمتع فقط بالقرب لما يكون مطمئن، بس ما بيدومش وما بيصدقهوش وما بيصدقش إنه هيستمر، وبيحاول منع الفقد بأي ثمن بإنه يركز مع مشاعر الآخر وتغيرات مزاجه عشان يتأكد إنه مش هيمشي أو هيخونه. وبيبقوا

متشائمين مش مصدقين إن فيه حد ممكن يملا الفراغ اللي هيسيبه المحبوب لو مشي، أو إنهم هيتحبوا أو يلاقوا حد تاني، والنتيجة استمرارهم في مراقبة وملاحظة المحبوب ومحاولة إرضائه (لو فضلت مليان بالخوف إن الآخر هيرحل هتفضل مهووس بجذب انتباهه، وهتفضل إما قلقان أو مكتئب وحاسس بالعجز والإحباط).

النمط القلِق عنده دفاعات قليلة ضد الفقد والحداد، في حال حدوثهم أو الخوف من حدوثهم بتنشط فيه سلوكيات التعلُّق والتصعيد للتعامل مع الانفصال واستعادة العلاقة، ما بيعرفش يهدِّي نفسه ويسيطر على مشاعره، وبيعيش انفعالات قوية وعنيفة وطويلة، وبيستخدم طرق تعامل غير فعالة للتعامل مع الحالة الانفعالية. كمان بيبقى معرض للغيرة بشدة بعد نهاية العلاقة خاصة لو هو اللي متساب. وغالبًا القلِقون هما اللي بيحاولوا استعادة العلاقة حتى لو العلاقة غير صحية أو مسيئة، وغالبًا بيدخلوا في مطاردات غير سليمة زي التلصص والتتبع والتهديد وأحيانًا محاولة الإيذاء البدني للآخر، بيدخلوا في حالة تشوش وتوهان، وبينشغلوا في أسئلة ما بتنتهيش (هل هم غلطانين ولَّا لأ؟ قصروا في إيه؟ ليه ده حصل؟ ولو اعتقدوا إنها غلطتهم بيدخلوا في حالة كرب شديدة واكتئاب). عشان كده هما أكتر ناس بتتعب وبيطولوا في الحزن، وممكن يستمروا فترات طويلة في حالة غضب من الموقف أو من الآخر، وممكن الوضع يسوء مع الوقت مش يتحسن، أو من الممكن يقفزوا لعلاقات أخرى بديلة كنوع من تهدئة المشاعر، وكتير من الوقت بيستمروا على علاقة بالحبيب السابق بأي شكل

أو تحت أي مسمى، وأوقات بيبقوا مزعجين لحد ما يجبروا الآخر على وضع حدود قوية معهم.

أصحاب النمط القلِق هم الأصعب في التخلي والمضي قدمًا، وده بيبطأ عملية التعافي. شكوكهم الذاتية العميقة إنهم معيوبين وإنهم هيتسابوا للوحدة ومحدش هيحبهم، بتخليهم يتمسكوا أكتر مهما كانت العلاقة مسيئة. للأسف حلهم الوحيد محاولة التعافي وليس الرجوع أو الانشغال بعلاقات أخرى.

اللامكترثون هم الأقل تأثيرًا والأقل تغيرًا ونموًّا بعد الانفصال والفقد، بيكبتوا مشاعرهم السلبية وبتتحول إلى أعراض جسمانية، زي الصداع واضطرابات الجهاز الهضمي وغيرها، وبيلجأوا إلى أساليب التباعد والانطفاء العاطفي للتعامل مع انفعالات الانفصال. بيبقوا أقل إحساسًا بالتوتر وأقل إظهارًا له وبيبانوا كويسين. بس للأسف كل ده مش صحي وبيتبعه مشاكل صحية وعلاقاتية لاحقًا. الهلع والألم الناتج عن الرفض بيتم قمعه في الداخل، والغضب الناتج عن الألم والرفض ممكن يعزز العزلة الاجتماعية والانفصال العاطفي والمثالية.

اللامكترث غالبًا بيبعد عن الآخرين أثناء الانفصال، وما بيطلبش دعمهم، وربما بيستخدم مخدرات للتعامل مع التوتر، بيحاول يتجنب الشريك السابق بأي شكل، وممكن يبعد جدًّا مكانيًا ويغير الشغل أو يسافر مع محاولات لكبت أفكاره ومشاعره وأي حاجة تفكره.

اللامكترث كرجل بيتظاهر إنه مش محتاج حد لأنه مفترض ما يظهرش مشاعره ويبقى مستقل، لكنها في النهاية حالة تظاهر.

اللامكترثون بيبان إنهم بيتعاملوا كويس مع الفقد، لكن ده مش صحيح، البعض بيشوفهم قاسيين وغير مهتمين بس هما ذهنيًّا بيتبعوا الآخر اللي مهتمين بيه حتى لو مش واعيين بده. هما عايزين يتحبوا بس من غير ما يحبوا، متشوقين لنوع من الاتصال بس مش عايزين التزامات، لو ما اتصلتش بيهم هيتصلوا بيك بعد شوية، بيحاولوا يطمنوا إنك لسه موجود عشان هما بس محتاجين يطمنوا إنهم مش محتاجينك.

قدرة اللامكترثين على كبت مشاعرهم بالإضافة لثقتهم العالية بأنفسهم والنظرة المتدنية للشريك بتخليهم يتظاهروا إنهم مش حاسين بحاجة وبيتعاملوا بلامبالاة وبيعقلنوا الأسباب اللي أدت للانفصال وإنها ما كانتش نافعة من الأول، طريقتهم المراوغة لكبت المشاعر بتخليهم بسرعة ينفصلوا عن الحالة ويخرجوا منها ويبدأوا ويركزوا على استقلاليتهم والهروب من الحميمية. وإذا حدث وظهرت المشاعر على السطح بيلجأوا بسرعة لتخديرها عشان ما يحسوش بيها، وده بيخليهم الأقل استفادة من تجربة الانفصال بشكل صحي. يمكن اللي بيساعد اللامكترث على التجاوز بسرعة إنه طول الوقت عامل مسافة بينه وبين الآخر، وغير ملتزم عاطفيًّا بيه، وقليل الاستثمار العاطفي، ومتوقع إنه هيحصل انفصال في أي وقت بأي حال.

النمط الخائف غالبًا بيبقى مفكك بعد الفقد، وممكن يدخل في حالة كرب ما بعد الصدمة. بعد الانفصال بيعانوا من غليان عاطفي شديد، وبياخدوا وقت أطول لتجاوز العلاقة، وبيميلوا يكونوا اعتماديين ومعندهمش وفرة من الأصدقاء والأسرة لدعمهم أمام

الانفصال لأنهم بيتمحوروا حول الآخر تمامًا وبينسوا كل حاجة، ونتيجة تمحورهم بيفتكروا إن مفيش طريقة تانية للحصول على الحب، ولأن حياتهم بقت فاضية بالإضافة لنظرتهم المتدنية للذات ممكن يحاولوا يرجعوا للحبيب السابق حتى لو العلاقة سيئة. إدراكهم سبب معاناتهم ممكن يساعدهم في تجاوز المعاناة، إدراكهم إن السبب يكمن في نمط تعلقهم هو سبيل تعافيهم.

النمط الخائف ما بيعرفش يكبت مشاعره زي اللامكترث، وعنده مشاعر متعاكسة تجاه الانفصال، في الأول بيحاولوا ما يحسوش مشاعرهم وتخديرها والتظاهر بإنهم كويسين، بعد شوية المشاعر بتظهر وما بيعرفوش يتعاملوا معاها، وثقتهم بنفسهم بتهتز، وبتزيد عندهم الرغبة في الدخول في علاقات بسرعة، وده بيخليهم ينهمكوا في علاقات قصيرة متتالية كمحاولة لإلغاء وإخفاء مشاعر الألم. أثناء الانفصال ربما تثار لديهم كل الصدمات والإساءات السابقة، عشان كده بيتعاملوا مع الانفصال بطرق غير صحية، ممكن ينعزلوا عن الآخرين ويكبتوا مشاعرهم وأفكارهم، غالبًا ما بيعرفوش إيه اللي حصل ولا بيعرفوا يتجاوزوه وبيسيبوه زي ما تيجي، بيعدوا الانفصال بشكل سلبي. في الأصل علاقاتهم قصيرة وبيقطعوا الروابط بسرعة مع أي مشكلة (مع الانفصال بتخدر مشاعرك، وبتبلغ الكل إنك كويس، وبتهرب بأجازات أو فسح، وبتحاول تدخل في علاقات بسرعة قدرِ الإمكان مهما كانت، كل دي محاولات للهروب من المشاعر).

التعافي

حسب باولبي، ردود الأفعال تجاه الانفصال بتمر بثلاث مراحل:

١- الاحتجاج: واللي بيشمل الغضب، والبكاء، وعدم التصديق، ومحاولات استعادة الاتصال والقرب من الآخر.

٢- اليأس والحزن.

٣- إعادة ترتيب العلاقات من جديد: عن طريق إقامة علاقات جديدة والانفصال النفسي عن المحبوب المفقود.

في التعافي من الانفصال بنكمل في مسارين:

١- العمل على التعافي من الفقد واستخلاص المعنى من التجربة.

٢- تنظيم انفعالاتنا للعودة لممارسة الحياة اليومية.

الأنماط بتختلف في التعامل مع عملية التعافي بعد الانفصال.

النمط الآمن يتميز بإن عنده متانة نفسية وتقبل وتعافي جيد.

النمط القلِق غالبًا بيستجيب باستنفار عاطفي عالي وكرب نفسي وانشغال كبير بالآخر وربما بتعاطي المخدرات مع إحساس بفقدان الذات. النمط القلِق يعاني حسب باولبي من حداد مزمن، فترة طويلة من الاحتجاج واليأس والتعلُّق بالآخر الراحل، وحالة الكرب الشديدة

بتبقى نتيجة طرق التكيف القليلة وغير الفعالة واجترار الذكريات والاعتمادية العاطفية الكبيرة على وجود الآخر لمنحه الأمان والميل للوم الذات على سلبيات العلاقة وما آلت إليه.

النمط التجنبي هو الأقل كربًا في انفصالات العلاقات، وبيميل لسلوكيات الإطفاء لأفكاره ومشاعره وكبتها، يغيب عنه الإحساس بالحزن للفقدان، وهو الأقل احتجاجًا ويأسًا، والأسرع في العودة إلى تنظيم علاقاته وحالة الانفصال العاطفي (تكوين علاقات جديدة ونسيان العلاقة السابقة). لكنه أوقات بيبقى كثير اللوم للذات، وممكن يلجأ للمخدرات، وبيبقى الأقل دافعية لاستبدال السابق بعلاقة جديدة والأقل اهتمامًا بممارسة الجنس أحيانًا.

التعافي والنمو النفسي بيحصل بكثرة بعد الصدمات العاطفية، ممكن تحصل تغيرات ملحوظة للأشخاص نتيجة تفاعلهم الإيجابي للأحداث السلبية في حياتهم، والتغيرات بتميل لتطوير الشخصية ومناطق القوة فيها، والإحساس بالمعنى في الحياة والاتصال مع الآخرين. مثلًا تغيرات إيجابية في سماتهم الشخصية (ارتفاع الثقة بالنفس والاستقلالية)، وسلوكيات الحفاظ على العلاقات (مهارات تواصل أفضل)، وتعديل التوقعات من العلاقات الرومانسية المستقبلية.

الكرب الشديد أثناء الانفصال والمحنة مؤشر لإمكانية النمو النفسي الجيد: النمط القلِق بيعيش حالة كرب شديدة، والنمط اللامكترث بيميل لكبت حالة الكرب والهروب منها. والنتيجة فرصة أعلى لأصحاب النمط القلِق في النمو النفسي، بيبقوا قادرين على تحويل محنتهم ومعاناتهم إلى منحة وتحول كبير في الشخصية.

نتيجة الضغوط ومراجعة العلاقة والاجترار لتفاصيلها ولوم الذات وتقييم الأحداث بيكتسب أصحاب النمط القلِق القدرة على اكتشاف الكثير عن أنفسهم، الاكتشافات اللي بتمنحهم رغبة قوية في تحسين أنفسهم وتطويرها. على العكس بيميل اللامكترثون إلى كبت انفعالاتهم وتجاوز الحالة سريعًا دون تدقيق، وبيشوفوا أنفسهم بشكل جيد يمنعهم من فرصة أن ينظروا لأنفسهم بأمانة ويراجعوا العلاقة ودورهم فيها، ومحاولة تحسين أنفسهم أو تطويرها.

اللي ممكن يعطل النمو النفسي للقلِقين هو محاولة انفصالهم السريع عن حالة الكرب بدخولهم في علاقات سريعة، واللي بتوجه مجهودات التعافي للعلاقة الجديدة من غير مراجعة العلاقة القديمة وتطوير أنفسهم، الرغبة السريعة في العلاقات بتخليهم يفضلوا إجراءات سطحية سريعة زي محاولات تحسين المظهر وزيادة الجاذبية لتحسين فرصهم في المواعدة من جديد، الخوف من الفشل مرة أخرى ممكن يدفعهم إلى تطوير مهارات الاحتفاظ بالآخر وإبقائه في العلاقة وتصحيح أخطائهم القديمة. عشان يقدروا ينفصلوا عاطفيًّا عن العلاقة القديمة ويقدروا يكملوا بيميلوا بدون وعي إنهم يشيطنوا العلاقة القديمة والشريك السابق عشان يعملوا حاجز نفسي وتمجيد العلاقة الجديدة والشريك المحتمل. وبرغم إمكانية نجاح التجاوز للعلاقة المنتهية لكن تضيع الفرصة للتعافي من نمط تعلُّقهم وتأثيره على العلاقات اللاحقة.

العلاقات: رقصات بين اتنين

العلاقات مش بتتأثر بنمط كل طرف بس، لكنها ـ وده الأهم ـ تتأثر أكتر بتفاعلات الأنماط مع بعض:

ممكن تكون من النمط الآمن، لكن في علاقة ما تكون بتتحول إلى شخص يتصرف كنمط لامكترث أو قلِق نتيجة تأثير نمط الطرف الآخر عليك في العلاقة (لو كان هو قلِق أو لامكترث على الترتيب).

ممكن تكون نمط لامكترث، لكن في علاقة مع آخر أكثر لااكتراثية تتحول إلى نمط قلِق.

ممكن علاقة ما تُظهر نمط بشكل واضح وعلاقة أخرى تُظهر نمط معاكس.

ممكن في نفس العلاقة وحسب الظروف تتصرف بأشكال مختلفة وكأنك مجموعة من الأنماط.

إحنا في النهاية مجموعة أنماط تعلُّق، جوانا نماذج لأنماط عديدة كوناها من علاقاتنا مع الأم والأب والإخوة والأجداد وغيرهم. وفي تفاعلنا مع الآخرين حسب ما يظهر لنا من نمطهم قد يظهر منا نمط

متكامِل معه، وكذلك نحن معه. والحكاية دي اللي بتخلي العلاقات مليانة تفاعلات مختلفة برغم وجود سيادة لأنماط محددة.

التفاعلات بين الأنماط في شكلها المبسط جدًّا بيبقى تأثيرها كالتالي:

- الأنماط الآمنة مع بعض: علاقاتهم طويلة ومستقرة ومشبعة، هم الأعلى التزامًا وحبًّا وقربًا ودعمًا.

- نمط آمن مع نمط غير آمن: في علاقتهم الآمنون بيقدروا يلاحظوا إن العلاقة مش كويسة وإن سمات الآخر مسببة صعوبات، ولما بيلاحظوا ده غالبًا بيسيبوا العلاقة وبيدوروا على حد أكثر أمانًا.

- الأنماط غير الآمنة مع بعض: في علاقاتهم بيطولوا برغم المشاكل وعدم الرضا والخلافات، ببساطة لأنهم ممكن يكونوا مش عارفين يفرقوا بين العلاقات الجيدة وغير الجيدة، أو مش شايفين مشكلة في سلوكهم أو سلوك الآخر، وما بيعرفوش الفرق بين السمات الطبيعية والمضطربة. كمان وكأنهم بيدوروا على حد يؤكد توقعاتهم بخصوص أنفسهم وبخصوص العلاقات بتمشي إزاي.

فخ القلِق واللامكترث

أشهر رقصات الأنماط هي رقصة القلِق واللامكترث (المطارد والمنسحب أو الأخطبوط والسلحفاة).

القلِق عايز حد متاح ومهتم وموجود باستمرار، لكن للأسف بيتشد للامكترث اللي عنده صعوبة يقدم ده.

اللامكترث بيبقى عايز علاقات قليلة التطلب والاهتمام والوجود.

كل واحد بيقوي طريقة الآخر واحتياجه في رقصة مؤلمة بينهم: القلِق بيبقى أكثر قلقًا، واللامكترث أكثر تجنبية ولااكتراثية. هذا أكثر ضغطًا وطلبًا ومطاردة، وذاك أكثر هروبًا وانسحابًا وانكماشًا.

وبالرغم من ألم هذا التفاعل المرهق للاتنين، واللي فيه إعادة معايشة مخاوف الطفولة وتحققها، لكن الاتنين بيتشدوا لبعض عشان يعيدوا نفس ظروف الطفولة. من بره الاتنين منسجمين مع بعض؛ كيميا عنيفة، لكن بالتدقيق، في اللاوعي اللي خلف سلوكياتهم بنشوف في هذا الانسجام تفاعل كيميائي مضر جدًّا. بالمنطق مفيش معنى لارتباط الاتنين، الاتنين عكس بعض تقريبًا، بس اللاوعي له أحكام، هو اللي بيخلينا نخلق أو نعيد خلق ظروف العلاقة المشابهة للي حصلنا عليه من الوالدين، العلاقة المألوفة اللي بتأكد قناعاتنا عن نفسنا وبتخلينا نحاول نحصل على أفضل طريقة للإشباع، حالة بتتسمى «التكرار القهري لأحداث الطفولة». النمط القلِق حاسس إنه ما يستاهلش ومعيوب وما يتحبش، واللامكترث بيقدم الدليل له ولعدم جدارته، والقلِق يقدم الدليل للامكترث إن العلاقات عبء ومخيبة للآمال وخانقة ومتطلبة وإن الأفضل الحياة من غيرها.

النقيضان في المواعدة:

هناك في ميدان الفرص والاقتناص ينجذب كلٌّ منهما إلى الآخر كمغناطيس وكيمياء لا تقاوم.

يتحرق القلِق إلى القرب والحميمية التي تُرعب اللامكترث برغم

شوقه للخروج من الوحدة. يريد اللامكترث أن يجرب العلاقات مرة أخرى ويمنحها فرصة جديدة ربما يشبع أمله في الحب والسعادة.

أوقات في بداية العلاقة، ينجح اللامكترث في إظهار نفسه ومشاعره وأحلامه ورغباته، لكن انسحاباته المتتالية بتشعل السباق، وتبدأ المطاردة من الطرف القِلِق عشان تبدأ رقصة المطارد والمنسحب. أوقات بتستمر العلاقة مع القليل من الرضا، لكن غالبًا ما تفشل مع الإحباطات المتكررة اللي بتخلي الاتنين يبعدوا.

لما القِلِق بيقابل اللامكترث بيتلخبط عاطفيًا (بيتخطف، بيقع)، وبيعتبر ده دليل على الحب الحقيقي. الشرارة بتخليه مهووس (مش معقول، أنا مش هاكون في الحالة دي إلا لو كان هو ده الحب الحقيقي). بس في الحقيقة، غريزة التعلُّق تمت إثارتها لأقصى حد بطريقة اللامكترث المتباعدة. احتياجه للمساحة بيخليه يبعت رسائل متناقضة وما ياخدش باله من رسائل القِلِق اللي بتطالب بالاهتمام، وبالتالي حالة القِلِق بتدهور. كمان مطاردة القِلِق واحتجاجه بيبوظ الحكاية، بتخلي اللامكترث يهرب بزيادة ويشوف القِلِق زنان.

في البداية، الاتنين ما بيعرفوش بعض. اللامكترث واثق من نفسه، مجامل جيد، وأوقات مغوي، وربما بيفكر إزاي يسيب انطباع إيجابي. القِلِق عايز يعرف إن الآخر معجب ومهتم، متحمس بزيادة ومنطلق في الحديث، واللامكترث مش متضايق، ده بيريحه من عبء الكلام والانكشاف. اللامكترث بيظهر الاهتمام بشوية أسئلة، والقِلِق مبسوط بالانتباه اللي واخده ومنطلق، واللامكترث دوره يهز راسه ويقول جملة أو اتنين، في الآخر تكتشف إنه ما قالش

حاجة، بس انطباع القَلِق إن الشخص ده هايل وشكله بيحبني ومعجب ومهتم.

مع الوقت القَلِق بيكتشف إن اللامكترث لسه ما دخلش في العلاقة أو إنه فقد الاهتمام، وده ممكن يكون صحيح، مش لأنه مش مهتم بس لأنه لامكترث ودي طريقته. القَلِق يبدأ يضغط عايز اهتمام، وتبدأ العلاقة تاخد منحى سلبي. اللامكترث زي ما هو مش فاهم إيه اللي بيحصل ولا يعمل إيه، بعده القَلِق يبدأ في التوتر واللخبطة والدراما، يقرب بشدة ويبعد بشدة وحالة من الفوضى والحدة. هنا يبدأ اللامكترث في الانغلاق، الموضوع بالنسبة له مخيف.

الوضع مربك، لو القَلِق دخل بقوة ممكن يطرد اللامكترث بره، لو القَلِق انفعل وغضب وجري على حد تاني اللامكترث غالبًا بيغادر نهائيًا، ولو القَلِق اكتشف إنه غلط لما راح مكان تاني بيكون الأوان فات.

في الاهتمام والخناقات:

أكثر العلاقات اضطرابًا وشجارًا ودراما هي اللي بين اتنين، قَلِق ولامكترث، علاقات مشحونة بالفوران العاطفي والفوضى. القَلِق لا يحصل دايمًا على احتياجاته، وغالبًا بيسيب العلاقة لأنه محتاج قرب أكتر من اللي بيديه اللامكترث، واللامكترث مضغوط ومرهق من مطالبات القَلِق، وغالبًا بينسحب أو يهرب.

في بداية العلاقات الإدمانية يظهر اللامكترث الحب والحميمية والاهتمام (بيدلع القَلِق مدمن الحب)، مع الوقت يزول السحر وينطفئ الانتباه وتختفي طريقته في الإغواء، يخرج بلا عودة إلا نادرًا. واللي كان شخص ساحر ورائع ودافي ومهتم أصبح الآن بارد لامبالي.

الطرف القَلِق مش فاهم إيه اللي بيحصل، ومع التشوش واللخبطة بيحس إنه عمل حاجة غلط ويبدأ يلوم نفسه، ويحاول يبذل مجهود واهتمام أكبر، لكنه للأسف بيطارد خيال وتصبح استعادة الافتتان مطاردة سراب.

وتبدأ رقصة سامة في الاستعداد للظهور على المسرح.

النمط القَلِق عايز اهتمام وانتباه واحتواء واقتراب كبير ومستمر، بيطلبهم بالتلميح وأوقات ما بيطلبش (لأن الاهتمام ما بيتطلبش، ولو مهتم كنت عرفت لوحدك).

اللامكترث في المقابل، ما بيشوفش احتياجات القَلِق، غير منتبه أصلًا، وكمان بيحب المساحات وبيخاف من الاقتراب، بيزعجه. وبيترعب أكتر من المطالبات عمومًا، واللي فيها اقتراب وعواطف خصوصًا، ومعاهم عدم قدرة على الاحتواء ولا التعامل مع المشاعر السلبية والخناقات والهجوم والاتهام واللوم، وبالتالي بيفصل كحل وحيد له، بيهرب جوه نفسه أو مكانيًا كمان.

خلطة حلوة لخناقة بتطلع من اللاشيء، على الأقل بالنسبة للامكترث، خناقة مش مفهومة السبب والهدف من وراها إيه بالنسبة له، خناقة بتتصاعد مع استمرار عدم قدرة اللامكترث على فهم السبب والهدف وتقديم الانتباه والاهتمام والقرب والمودة والتطمين المطلوبين بشكل عاجل وملح، وبتزداد الخناقة قوة مع كل تأخير. الموقف يشتعل، الدراما تعلا وتعلا، حالة الاحتجاج بتظهر ويظهر معها الغضب الشديد اللي ما بيشوفش قدامه، ويبدأ التخبيط والهجوم والاتهام، مع فواصل من البكاء أحيانًا والاستجداء أوقات أخرى

وربما الإغماء والتراجع والعتاب أوقات. خناقة زوجية مثالية غير مفهومة.

اللامكترث اتاخد على غفلة بالتغير في المزاج العام والحالة السلبية، أو بالاتهام والهجوم، أو بطلب غير مفهوم أو بفخ منصوب، ومع المباغتة، أجهزته بتعطل أوتوماتيك، فيبعد أكتر نفسيًّا عن إدراك الموقف وفهمه. هو اتخدر خلاص، بيشوف بعينيه بس مش شايف، وبيحاول يفهم بس مش فاهم.

الطرف القلِق بيشتعل أكتر، ومع اشتعاله يستمر اللامكترث أكثر فأكثر بالانغلاق والفصلان، حيلته الأساسية للتعامل مع العواطف المشتعلة «البرود الشديد»، مع ازدياد الموقف سوءًا، ربما يهرب من المكان، أو ينفجر غضبًا في نوبة ثورة أو هجوم مضاد يندم عليه. الخناقة بتنتهي أحيانًا لما يتغير الموقف، عندما يظهر الخوف من الهجر جوه قلب النمط القلِق مكان الغضب ويظهر بشدة الاحتياج للتطمين، يبدأ القلِق في الهدوء ويستجدي الاقتراب. أو لما يقدر اللامكترث إنه يحتوي غضب النمط القلِق قبل التصعيد. أو إن النمط القلِق يغضب بشدة ويهرب هو وياخد قرار الرحيل (أسيبه قبل ما يسيبني)، وربما يغلط ويتسرع بالدخول لعلاقات أخرى ويندم. ثم تعاد الكرة مرات ومرات ومرات.

ليه لما هما مش مناسبين بينتهي بيهم الحال مع بعض؟

● ممكن القلِق فاكر إن ده حب: بيخلط ما بين التقلبات العاطفية اللي استثارة غريزة التعلُّق بتنشطها وبين الحب الحقيقي. التقلبات العاطفية هي السبب أصلًا في انجذابه للامكترث.

إديلين بريتش بيقول إن الذروة العاطفية والتقلبات بتقوي الرابطة العاطفية، أقوى رابطة غير فعالة. في بعض الأحيان بتبقى عاملة زي الإدمان.

لما القلِق يقابل الآمن بيشوفه ممل ومش مثير ومش جذاب، ما بيحسش بالشرارة العاطفية اللي بيحسها مع اللامكترث، عشان كده بيستنتج إن التوتر اللي بيحسه حب (ما دمت اتلخبطت واتاخدت وطبيت كده يبقى ده حب)، لكن للأسف دي مش شرارة الحب، ده نظام التعلُّق اللي تم تنشيطه، سارينة جهاز إنذار.

- ممكن بسبب الاعتمادية العاطفية المتواطئة: بعض اللامكترثين بيستمد إحساسه العالي بالتقدير لنفسه لما يشوف قد إيه هو مستقل وقوي وقد إيه الآخر محتاجه. وده معناه إن بعض اللامكترثين بيحسوا بالقوة والاستقلالية فقط لما الشريك يسترضيهم ويستجديهم أو على الأقل محتاج ليهم ومعتمد عليهم. الحقيقة المؤسفة والمحزنة، إحساسهم بالقوة مرتبط بضعف الآخرين. وده سبب بيخلي اللامكترثين ما بيواعدوش بعض، ما بينبسطوش لأنهم الاتنين أقويا ومهيمنين في العلاقة.

- ممكن لأن نسبة اللامكترثين عالية: إنت هتقابل لامكترثين طول الوقت.

- لأنهم غالبًا عزاب، الآمنون خلصوا من بدري ومخلصين لبعض، القلِق بيقع في مين بقى؟ في اللامكترث اللي بيلاقيه في كل مكان.

علامات فخ القلِق واللامكترث:

- الملاهي العاطفية: حالة مستمرة من التبادل بين الأوقات العظيمة والرومانسيه والمتبوعه فورًا بالأوقات السيئة جدًّا. وكأنها ملاهي عاطفية صعودًا وهبوطًا. خد بالك كل الصعود والهبوط إدماني، بيقوي الحالة الإدمانية.

- الإحساس المستمر بعدم الاستقرار: غالبًا العلاقة بتطول جدًّا زي علاقات الآمنين ببعض، بس فيه سمة عامة إنها علاقة غير مستقرة ولا مطمئنة ولا هادية، علاقة فيها دراما شديدة وتوترات وناس مشحونة واحتقان وتعاسة ولا أمان.

- الإحساس بإنه بيتم التعامل معاك بشكل سيئ: بتتعامل وحش. القلِق بيشوف اللامكترث بيعامله أوحش من الناس الغريبة (حاجة تجنن، إزاي بيعاملني كده وبيعامل غيري بشكل حلو). بالنسبة للامكترث، القرب تهديد، والأقرب هو الأكثر تهديدًا.

- الإحساس بالحصار: جواك تمامًا إنت عارف إن الشخص ده والعلاقة دي مش نافعة بس صعب عليك تمشي.

- محدش بيفوز.

- العلاقة مش مرضية للطرفين، بس في النهاية القلِق بيخسر أكتر: مع كل خناقة القلِق بيقدم امتيازات وتنازلات للامكترث عشان يهدِّي الدنيا ويعيد الحميمية.

- بالنسبة للقلِق العلاقة صحراء قاحلة من الاحتياجات غير المشبعة مع واحات صغيرة من السلام، والعلاقة بتاخد أهميتها من الطبيعة الإدمانية.

- لو إنت قلِق هتسأل نفسك: هل ممكن أعمل أفضل من ده؟ هل في إيدي حاجة تانية أعملها؟ وهتتهم نفسك بالتقصير وعدم الكفاية.

الطلاق والأطفال

الطلاق واحد من أهم أحداث الحياة الكبار لأنه بيتضمن إنهاء رابطة عاطفية قوية بين اتنين وبيأثر بشكل كبير على حياة الطرفين والأطفال.

حسب نظرية التعلُّق؛ لا مشاعر من أي نوع تجاه أي شخص تساوي في القوة ما نشعر به تجاه الشريك الرومانسي. علاقة التعلُّق معه هي ما تجعلنا حريصين باستمرار على الحفاظ على القرب منه وحماية العلاقة من أي تهديد، لذلك فإن انتهاءها بمثابة حدثٍ قاسٍ ومؤلم. علاقات التعلُّق تتكون بسرعة وتتحلل ببطء. لذلك العلاقات الطويلة تتحلل ببطء شديد برغم الألم والغضب. ومن الممكن لاستمرار مشاعر التعلُّق بعد الانفصال أن يؤثر على نجاح التعافي. أوقات حتى بعد الطلاق بتستمر العلاقة قائمة نفسيًّا مع الآخر، وأوقات بيحصل الندم، وأوقات بترجع العلاقات مرة أخرى، والأسباب غالبًا لوجود مشاعر تعلُّق مستمرة بشكل لاواعي برغم إننا ممكن نموه عليها أو نغطيها بمشاعر الغضب والاكتئاب.

الدراسات بتقول إن استمرار العلاقة الجيدة مع الشريك السابق

بيبقى صعب، وده بسبب مشاعر الغضب والرغبة في الانتقام واللوم والكراهية والآمال غير الواقعية بعودة العلاقة الرومانسية اللي بتتوجد حول الطلاق. ورغم ذلك، فإنه من المهم للوالدين إيجاد طريقة للتعاون الجيد عشان تقليل الأضرار على الأطفال، وإيجاد بيئة إيجابية لهم، ومساعدة أنفسهم على القيام بمسؤولياتهم.

الأنماط الآمنة بتعرف تتعامل مع كافة معطيات الطلاق ورعاية الأطفال بأفضل ما يمكن، بعكس الأنماط غير الآمنة اللي بتفتقد مهارات التواصل والتعاون والتأقلم وتنظيم المشاعر وحل الخلافات.

الطلاق بيأثر على الأطفال بطريقتين:

١- طريقة مباشرة: تأثيره على الوالدين وقدرتهم على رعاية الأطفال ومنحهم الأمان، وبالتالي بيؤثر على أنماط تعلُّقهم وصحتهم النفسية ونموهم الاجتماعي وتحصيلهم الأكاديمي وعلاقاتهم المستقبلية.

٢- تقليل ثقة الأطفال في الوالدين ووجودهم وتجاوبهم وقبولهم: لما يفقد الطفل أحد الوالدين بيخاف من فقدان الآخر كمان وبيزيد التعلُّق بيه وبيشعر بعدم الأمان. وعشان كده ممكن تظهر الأنماط غير الآمنة في أطفال الطلاق أكثر من غيرهم، وخاصة أنماط التعلُّق القلِق والخائف في علاقتهم بالأم ونمط التعلُّق اللامكترث في علاقتهم بالأب بسبب حدوث الطلاق. البنات هن الأكثر تضررًا من الطلاق عامة، والأولاد الأكثر تضررًا في العلاقة مع الأب بوجه خاص.

اللي بيقلل التأثيرات دي هي العلاقة الإيجابية بين الوالدين

والابتعاد عن الاغتراب الوالدي (عدم الكلام بشكل سيئ عن الوالد الآخر أمام الأطفال، وعدم إفساد علاقة الأطفال بالطرف الآخر)، والحرص على علاقة جيدة بين الطفل ووالديه.

أوقات الطلاق بيكون مفيد للأطفال عندما يقلل الجو الأسري السيئ والعلاقة المضطربة بين الوالدين، ولكن بشرط تلقيهم رعاية سوية بعد الطلاق ودي مسؤولية الوالدين.

التعلُّق والعلاقات الأخرى

ارتباط التعلُّق وغريزة الرعاية معًا يظهر تأثيره في العلاقات المختلفة مثل تربية الأبناء والتعامل مع الوالدين والأصدقاء والعمل وغيرها.

تربية الأطفال

الأطفال مجهزين غريزيًّا لطلب التعلُّق (الحماية والرعاية والتطمين)، وتنشيط غريزة الرعاية لدى الوالدين.

أفضل ما نستطيع تقديمه للأطفال بينبع من غريزة الرعاية اللي موجودة فينا. وعلشان نقدم رعاية جيدة محتاجين نتحكم في مشاعرنا وإحنا بنربيهم (نعرف ننظم مشاعرنا ونهدِّي نفسنا).

النمط الآمن بيعرف يقدم رعاية جيدة. هما في الأصل استقبلوا نموذج جيد للتربية والرعاية من الوالدين وبيكرروه. بيكونوا واقعيين ومحبين ومستقرين ومقدرين لاحتياجات الأطفال، متجاوبين بدقة وباستمرار لتعبيرات الأطفال العاطفية وبيفهموا هما حاسين بإيه وبيعرفوا يتعاملوا معاهم ويساعدوهم ينضجوا عاطفيًّا واجتماعيًّا.

القلِقون بيقدموا رعاية متفانية ومجهدة، وأوقات كتيرة مش مبسوطين من تعاملهم مع الأطفال وخايفين يكونوا وحشين، وأوقات بيبقوا حادين وعنيفين ويلوموا الأطفال على مشاكلهم الشخصية. عدم قدرة القلِقين على تنظيم مشاعرهم بيخليهم حاسين بعبء طول الوقت ومش عارفين يركزوا كويس مع الأطفال وبيتذبذبوا بين الاهتمام والإهمال. ممكن يقدموا رعاية كويسة في الأوقات العادية لكن أثناء محاولات الطفل للاستقلالية بيبقوا استبداديين ومتحكمين. أوقات بتنعكس الأدوار مع الأطفال والطفل هو اللي يقوم بدور الوالد.

اللامكترثون ممكن يقرروا عدم الإنجاب عشان الالتزام والمسؤولية وتأثيرات ده على العمل. ولو عندهم أطفال بيقابلوا صعوبة في الحميمية معهم. توتر الأطفال وبكاؤهم بيثيروا مشاعر سلبية عند اللامكترثين وما بيعرفوش يحتووهم. اللامكترثون غالبًا بيبقوا متباعدين ومتجاهلين لاحتياجات الأطفال العاطفية، وده بيأثر على تعاملهم مع تربية الأطفال. مثلًا وهما صغار بيتجه الوالد اللامكترث إنه يدي أوامر وما بيسمحش للأطفال إنهم يتعلموا، وفي المراهقة بتتصاعد الخلافات مع المراهقين وبيتحول الوالد لمستبد ومتسلط.

الخائفون بيقابلوا صعوبات عديدة مع الأطفال من ناحية إنهم ما بيعرفوش يتعاملوا مع مشاعرهم المضطربة والمتقلبة، وإن أفعال الأطفال نفسهم ممكن تنشط صدماتهم الطفولية ويتحولوا المسيئين أو مهملين.

رعاية الوالدين

الكبار أيضًا بيعتمدوا على أبناءهم إنهم يكونوا قاعدة أمان وخاصة لما يكبروا أو يعانوا أزمات العمر والصحة.

الأبناء الآمنون بيقدروا يقدموا رعاية جيدة للوالدين بعكس الأنماط غير الآمنة اللي بتلاقي صعوبات عديدة، واللي محتاجين يعالجوا أزمة تعلُّقهم عشان يعرفوا يقدموا رعاية جيدة. بس برضو بتقابلهم مشكلة تانية وهي إنهم حتى لو تحولوا للنمط الآمن وأصبحت علاقاتهم الأخرى جيدة، ما زال الوالدين ما اتغيروش (ما زالوا متجاهلين أو متقلبين مثلًا)، وده بيثير في الأبناء الذكريات السيئة والمشاعر السلبية.

النمط الآمن اتربى على إيد والدين آمنين، وبالتالي مفيش مشاكل كبيرة في تقديمه للرعاية، بيعرف يوازن بين أولوياته ويقدم رعاية جيدة ويلاقي شبكة دعم كويسة.

النمط الآمن المتعافي (غير الآمن سابقًا) بيلاقي صعوبات في تعامله مع شخصية الوالدين وأنماط تعلُّقهم غير الآمنة، فهما إما مش عايزين مساعدة أو مش عاجبهم مستوى المساعدة وبيشتكوا باستمرار. الأبناء هنا محتاجين ينظموا أولوياتهم وعلاقاتهم مع الوالدين عشان ما تتأثرش بأزمات تعلُّق الوالدين.

النمط القلِق ممكن يتفانى في رعاية الوالدين على حساب نفسه ومسؤولياته، وممكن يقدم خدمات مش مطلوبة أو دون أن تطلب منه أو يتدخل بشكل زائد، ومن الممكن أن يتبنى أدوار معكوسة مع الوالدين ليعيد أزمة التعلُّق بشكل جديد؛ يصبح هو الوالد متقلب

الحضور. هو محتاج ينظم مجهوده وأولوياته ويسأل على المطلوب عمله ويركز على نقاط قوته.

النمط اللامكترث أوقات كتيرة هيظهر عدم الاهتمام وهيتهرب من الرعاية. غالبًا أيضًا الوالدان بيكونوا من النوع اللامكترث واللي ما بيطلبوش مساعدة واللي غالبًا ما بيكونوا مرتبين لرعاية نفسهم بشكل ما. أما إذا حصل واللامكترث قدم رعاية، فغالبًا هيقدمها بطريقة غير مباشرة، وهيفضِّل إنه يقوم بالمهام زي تنظيم الزيارات والمسؤولين عن الرعاية ومكان الرعاية ومين يعمل إيه وخلافه.

غالبًا الأنماط الخائفة بتبقى مش على تواصل مع الوالدين وفي حالة قطيعة.

علاقات الأخوة

علاقات الأخوة معقدة وخاصة لو كانت هناك تفرقة في المعاملة. في الحالات المتطرفة ربما يقوم الإخوة بأفعال مؤذية بعضهم تجاه بعض، وفي حالات أخرى بيتنافسوا ويتصارعوا على الموارد المادية والعاطفية.

الآمنون حصلوا على رعاية جيدة وعلاقاتهم جيدة ومتعاونة وبها إيثار وتقدير لاحتياجات بعضهم البعض.

القلِقون عندهم صراعات كتيرة زي كل علاقاتهم، بتظهر المنافسة الشديدة مع باقي إخوتهم على حب واهتمام الوالدين، وبيشتكوا كثيرًا منهم وغيرة كبيرة بينهم. أحيانًا ونتيجة احتياجهم الشديد للحب والقرب من إخوتهم بيتدخلوا بشكل زائد في حياتهم واللي ممكن

يتفهم كتسلط وتحكم. كمان ممكن يهتموا بإخوتهم على حساب نفسهم ومسؤولياتهم.

اللامكترثون، غالبًا الإخوة بيكونوا من نفس النمط وبتبقى العلاقات متباعدة. وأوقات بيبقى الإخوة من أنماط مختلفة، لكن اللامكترث بيفضل يعمل مسافة. ممكن يعمل علاقة جيدة مع الأخ من النمط الآمن ويبتعد عن الأخ من النمط القلِق بشكل كبير. اللامكترثون أوقات بيقوموا بأفعال مؤذية ولاأخلاقية تجاه إخوتهم لمصلحتهم.

أسرة النمط الخائف بها مشاكل كتيرة وربما مليئة بالمقاطعة بين الإخوة، لأنها علاقات غير مستقرة وغير متوقعة. أوقات التجمعات العائلية بتثير الذكريات السلبية وصدمات الطفولة.

الصداقات

مع النمو في المرحلة الابتدائية والمراهقة بتبقى الصداقات علاقات مهمة. وجود علاقات صداقة قوية بيحمي من الاكتئاب والقلق في مرحلة المراهقة.

أيضًا في علاقات الراشدين بتبقى الصداقات شديدة الأهمية خاصة في حالة عدم وجود شريك رومانسي.

زي باقي العلاقات، أنماط التعلُّق بتأثر على جودة الصداقات. الآمنون صداقاتهم جيدة ومشبعة.

القلِقون بيكوِّنوا صداقات بسهولة ومشغولين بالعلاقات، لكن أوقات كتيرة بيفشلوا في الاحتفاظ بيها. توترهم بيخليهم مش مركزين مع احتياجات الآخرين ومشغولين بإشباع احتياجاتهم هما، كمان

ما بيقدروش يتحملوا اختلاف الآراء حتى لو تافهة. عدم قدرتهم على تنظيم مشاعرهم السلبية وخاصة الغضب بيبقى له دور كبير في الصراعات وفقدان الصداقة.

اللامكترث بيعمل علاقات بسهولة بس بيحب يخليها سطحية، وبيعمل ده بطرق مختلفة، منها عدم الانفتاح على الآخرين بشكل جيد، والانطوائية، أو إنه يكون له معارف كتيرة جدًّا بحيث يتجنب الالتزام ويكون الوقت المتاح لكل صديق قليل. كمان هو بيفضل العلاقات البعيدة أو الافتراضية تجنبًا للالتزام والانفتاح.

الخائفون كمان بيلاقوا صعوبات في الحفاظ على صداقاتهم بسبب تقلباتهم العاطفية وخوفهم من الاستغلال والإساءة. صداقاتهم غير مستقرة ومليانة صراعات.

الزملاء في العمل

في العمل ما بنقدرش نتجنب الأشخاص، وكمان فيه لوائح منظمة للعمل والتعاملات.

الآمنون بيختاروا أعمال مناسبة لهم وبيتأقلموا مع الجوانب السلبية ومتعاونين.

غير الآمنين بيلاقوا صعوبات، إما في اختيار العمل أو الاستمرار فيه أو التعاون مع الزملاء.

الآمنون لديهم صفات جيدة للعمل بكفاءة، مثل التعاون والإيثار والتحمل وعدم الشكوى من أشياء صغيرة واحترام الآخرين والالتزام والضمير الجيد.

الصفات دي مش موجودة بكثرة أو بقوة في الأنماط غير الآمنة اللي لديهم ثقة متدنية في الآخرين: اللامكترث ممكن يتصرف بشكل غير أخلاقي للتهرب من الضغوط، والقلِق ممكن ما يلتزمش بالوظيفة. والاتنين تعاملهم غير جيد مع الخلافات: اللامكترث ممكن يحلها على حساب نفسه أو الشركة وبيلجأ للاعتماد على نفسه والتقليل من الآخرين، والقلِق بيفقد التركيز وبيحس بالعجز وثقته بتهتز. أوقات النمط القلِق لما يتقابل بعدم التقدير بيبذل مجهود أكبر وبيعافر أو بيسيب العمل فورًا. اللامكترث ما بيحبش يشتغل في فريق عمل، والقلِق كثير الشكوى من الفريق. وبرغم ذلك أوقات النمط القلِق بيكون مفيد للفريق لقدرته على اكتشاف الأخطاء والتهديدات بشكل أسرع، واللامكترث بيكون مفيد لقدرته على الإنجاز وإنهاء المهام من أقصر الطرق.

التعلُّق والقيادة

ربما يمثل المديرون والقيادات رمز تعلُّق للمرؤوسين، وتحمل العلاقة بينهم نفس آليات التعلُّق.

القائد من النمط الآمن بيرفع من تماسك المجموعة وتعاونها، وبيهتم بصحتهم النفسية والاجتماعية، بيعرف يتعامل مع تنويعات المرؤوسين، بيشجع وبيرفع من ثقة القلِقين وبيستفيد من جانبهم الاجتماعي، وبيشجع أصحاب النمط اللامكترث على التفكير المستقل ويستفيد من ده.

القائد من النمط اللامكترث غير مهتم بموظفيه ولا احتياجاتهم

الاجتماعية والنفسية، وده بيأثر عليهم خاصة أثناء الضغوط. الموظفين من اللامكترثين كمان لهم نظرة سلبية في المديرين بغض النظر عن كفاءة المديرين. وجود قيادة من النمط اللامكترث وموظفين من النمط اللامكترث قد يكون وضع كارثي.

القائد القلِق بيشتت الموظفين عن المهام لأنه بيركز على الجوانب العاطفية والعلاقات، وبرغم إنه بيرفع أخلاقيات العمل وتماسك الفريق لكن ده بيتم على حساب العمل.

التعلُّق والدِّين

«وَإِذَا سَأَلَكَ عِبَادِى عَنِّى فَإِنِّى قَرِيبٌ أُجِيبُ دَعْوَةَ ٱلدَّاعِ إِذَا دَعَانِ فَلْيَسْتَجِيبُوا۟ لِى وَلْيُؤْمِنُوا۟ بِى لَعَلَّهُمْ يَرْشُدُونَ».

غريزة التعلُّق هدفها الشعور بالأمان عن طريق الاقتراب من رمز تعلُّق أكثر قوة وحكمة يقدر يقدم الحماية والرعاية والتطمين. ورمز التعلُّق بيقدم ده لما بيكون قاعدة أمان وملاذ آمن.

بتحاول بعض الدراسات فهم علاقات المتدينين بموضوع الإيمان من خلال نظرية التعلُّق. بعض النظريات شايفة إن تصور المؤمنين للإله بيتشابه مع تصور الطفل للأم أو الأب (الحامي والراعي والمطمئن والمحب والموجود دايمًا والقريب المستجيب عند الكروب).

بتحاول الدراسات البحث عن مظاهر التعلُّق في علاقة المؤمنين بالإله، مثلًا:

● طلب التقرب من الله، ومحاولة الحفاظ على هذا التقرب، وده بيتشابه مع سلوكيات التعلُّق عند الأطفال لما يحتاجوا للحماية والأمان والدعم. ومظاهر التقرب دي بتظهر في الدعاء

والصلاة والطقوس الدينية، كمان بتظهر في إيمان المؤمنين بأن الله موجود بجوار الإنسان وبيمنحه الحماية والأمان والعون.

- الله بالنسبه للمؤمنين هو الملاذ الآمن كمعنى مشابه للمعنى اللي في علاقة التعلُّق، بنلجأ إليه في حالة الكروب والشدائد. وبتظهر الدراسات إن الممارسات الدينية والصلوات تعتبر وسيلة فعالة يلجأ إليها المؤمنون للتكيف مع الأمراض الخطيرة. كتير من المرضى بيشوفوا الله كمانح للطمأنينة والارتياح والرعاية والقوة لتجاوز الأزمات.

- كمان بيظهر الميل للتدين بشكل واضح بعد فقد الأحباب أو الانفصال كطريقة ناجحة بيلجأ ليها البعض للتكيف مع الفقد، سواء كان ذلك كسلوك تعلُّق تم تنشيطه (اللجوء إلى الملاذ الآمن) أو كرمز تعلُّق بديل (البحث عن ملاذ آمن بديل للمفقود).

- كمان بيتعامل المؤمنون مع الله كقاعدة أمان بتمنحهم الشعور بالسكينة والاطمئنان والاستقرار والتوكل أثناء الاستكشاف (العمل والدراسة واللعب والحركة)، فالله موجود ومعنا يحمينا ويرعانا، الله كلي القدرة والحضور والاستجابة والعلم، يمنح ذلك الشعور بالأمان.

عالم النفس الديني ليد جونسون بيقول إن الميزة العاطفية للإيمان بتظهر في الشعور بالثقة والأمان الأساسيين للشعور بحالة الطمأنينة، الإيمان مقابل الخوف والقلق والمجهول. الوصف المشابه لوصف جون باولبي لقاعدة الأمان.

الإيمان بالشكل ده بيخدم وظائف مهمة للحياة، فهو يعطي

للمؤمنين به نظامًا أخلاقيًا ومعنى للحياة. لكن للأسف قد يتم استخدامه للتحكم في الآخرين وفرض قناعات معينة عليهم والسيطرة والتحكم فيهم.

الدراسات بتقول إن كيفية استخدامنا للدين (كوسيلة للحصول على الأمان ـ ملاذ آمن وقاعدة أمان ـ وكإطار أخلاقي موجه لسلوكنا ومانح للمعنى، أو كأداة للسيطرة على الآخرين والتحكم فيهم، أو حتى عدم استخدام الدين نهائيًا) قد ترجع لأنماط تعلُّقنا (من وجهة نظر الدراسات دي).

أصحاب الأنماط الآمنة بيحسوا بالرضا في علاقتهم بالله وكأنهم في علاقة خاصة مع الله الراعي والحامي والموجود لكل خلقه. وغالبًا هما أشخاص متسامحين مع آراء الآخرين ومعتقداتهم، ومتفتحين في التفكر والتدبر للأفكار الدينية، وقادرين على الاعتراف بشكوكهم الدينية، وقادرين على التعامل مع الشكوك دي بشكل جيد.

غير الآمنين بيلاقوا صعوبات في تدبر الأفكار الدينية والتعامل معها. القلِقون بيخافوا من التشكك، وما بيحبوش اللي بيتساءلوا عن أساس قناعاتهم الدينية (ما بيحبوش الاختلافات في وجهات النظر)، وممكن يزداد توترهم مع ظهور تساؤلات دينية وشبهات وأفكار مخالفة لقناعاتهم، أو بيتوتروا في المواقف اللي بتتطلب التعامل مع المختلفين دينيًا، أو في مواجهة الأسئلة الوجودية، وغالبًا ما بيلجأوا إلى الصراعات معها. كمان سلوكيات القلِقين الدينية بتظهر تشبث شديد وانغماس كبير.

في حالة التجنبيين أو اللامكترثين فربما بيتوجهوا إلى الإلحاد أو اللاأدرية، البعض منهم يرى أن الله بعيد وغير متاح، أما المؤمنون

منهم فربما يتعاملوا بازدراء واحتقار للأشخاص اللي بيطرحوا تساؤلات دينية لأنها في رأيهم بتزيد الشكوك حول الإيمان. وبرغم رغبة المؤمنين من التجنبيين في الالتزام الديني لكنهم في الكثير من الأحيان بيلاقوا صعوبات في الالتزام الحقيقي أو المتواصل بالصلاة والدعاء والطقوس الدينية.

أما في حالة الخائفين فربما رؤيتهم للإله تعكس أزمتهم الداخلية تجاه رمز التعلُّق الأول، المحب والحامي والمخيف والمرعب معًا، وعلاقتهم الدينية غالبًا متقلبة.

غير الآمنين كمان بيبقوا معرضين لتغيير أديانهم أو مذاهبهم بشكل مفاجئ وحاد أثناء أزمات الحياة، واللي بعض الدراسات بتقول إن ده ربما يكون وسيلة من وسائلهم للتعامل والتكيف مع الضغوط. في أوقات الأزمات دي أيضًا ربما ينضم البعض لجماعات دينية مختلفة، واللي بيحاول من خلالها الحصول على الدعم والأمان (علاقة تعلُّق)، ولكن قد تتحول لعلاقة مسيئة ومؤذية.

بعض الدراسات بتشوف إن الإيمان في حالة التعلُّق بيسير في طريقين: فهو إما علاقة تعويضية عن فقدان علاقة تعلُّق سابقة أو لعدم وجود علاقة تعلُّق، أو هو انعكاس لأنماط التعلُّق الداخلية.

ختامًا، الدراسات هي محاولة لتفسير علاقة المؤمنين بالله كعلاقة مانحة للأمان أو هدفها الشعور بالأمان والطمأنينة وتأثيرات أنماط التعلُّق على أشكال التدين المختلفة. وموضوع الإيمان ككثير من الظواهر الإنسانية تتداخل فيه العديد من العوامل والتفسيرات.

الجزء الثالث

ما الحل؟

تمهيد

في هذا الجزء من الكتاب سنتناول خريطة عامة للتعامل مع أزمات التعلُّق، ابتداءً من تربية الأطفال وانتهاء بالعلاج الزوجي. بالطبع لن نستطيع تقديم علاج تفصيلي وذلك لأسباب متعددة، أولها إن ذلك خارج قدرة الكتاب لتنوع المواضيع وتعددها، وثانيها إن أنماط التعلُّق المتوسطة والشديدة قد تحتاج إلى علاج متخصص وعميق لفترة معقولة.

في البداية يجب التنويه إلى عدة نقاط:

● الأنماط غير الآمنة لا تعني أنها أنماط غير صحية، هي فقط طريقة تعلُّق تم تعلمها في الطفولة كانت مناسبة لظروفها، وربما تناسب ظروفًا مشابهة في المستقبل. في الدرجات البسيطة والأحوال العادية غالبًا لن تسبب لصاحبها وللآخرين مشاكل كبيرة. ربما بنظرة أعمق في اتجاه النمو النفسي، الأنماط المختلفة أو الشخصيات المختلفة تحدد اختياراتنا في الحياة وتمنعنا من المرونة الكافية لتحقيق أفضل ما يمكننا من أنفسنا

ومن الحياة. لكن في العموم الأنماط غير الآمنة لا تعني بحد ذاتها أنها أنماط بها مشكلة أو غير فعالة، من الممكن اعتبارها تنويعات بشرية للعلاقات.

- كل نمط هو طيف كبير ودرجات بحد ذاته، من الدرجة البسيطة القريبة للنمط الآمن (اللي بيتم اعتباره النمط المتوازن) إلى الدرجة المتوسطة والشديدة. كلما زادت درجة النمط زادت صفاته وضوحًا وتصلبًا، وبالتالي زادت فرصة ظهور عدم الفاعلية وظهور المشاكل الشخصية والعلاقاتية.

- إحنا مش نمط واحد، إحنا جوانا نسخ أنماط متعددة اتكونت من علاقاتنا المختلفة مع كل المحيطين بينا في بيئة نشأتنا. من الممكن أن نحتوي على أنماط آمنة متنوعة، أو أنماط آمنة وغير آمنة في نفس الوقت. أي نعم، هناك أنماط مهيمنة عن أخرى، لكن في تفاعلاتنا الاجتماعية مع الآخرين ربما تظهر أنماط أخرى في الصورة.

- الأنماط اتكونت في سن مبكرة جدًّا، في الشهور والسنوات الأولى، ولذلك هي عميقة وتأثيرها عميق وربما في بعض الأوقات تحتاج إلى علاج مكثف وعميق وطويل.

- الأنماط اتكونت في علاقات مع الآخر المهم، وتظهر تأثيراتها بشكل كبير في العلاقات المهمة، وتحتاج بشكل كبير إلى علاقات مهمة لعلاجها.

- العلاقات عمليات ديناميكية بين الأطراف، كل طرف بيأثر

على الآخر والعكس إيجابًا وسلبًا. توتر العلاقات وإصلاحها مسؤولية أطرافها جميعًا وبشكل متساوي بدون تنصل من المسؤولية أو إلقاء اللوم على الآخر.

أطفال آمنون

التعلُّق الآمن بيتشكل نتيجة قدرة الوالدين على رؤية الطفل ككيان منفصل عنهم (هو إنسان تاني مختلف عنهم)، له حقوقه واحتياجاته وانفعالاته الخاصة بيه، وقدرتهم على رؤية نفسهم كمانحين للرعاية والاهتمام والحماية لهذا الكائن حسب احتياجاته، وقدرتهم على الإحساس بيه وفهم احتياجاته وانفعالاته والاستجابة المناسبة والمستمرة والمستقرة لها، وإدراكهم لتأثير دورهم في تقديم هذه الرعاية والحماية والاحتواء على حاضر الطفل ومستقبله.

أهم هدية تقدمها للطفل هي أن تغرس داخله الشعور بالأمان، الأمان تجاه نفسه والآخرين والعالم.

التعلُّق له ثلاث وظائف على الأقل:

١- منح الإحساس بالأمان.

٢- تنظيم المشاعر عن طريق الاحتواء والتهدئة والتطمين والدعم والمساندة.

٣- منحه قاعدة أمان يستطيع من خلالها أن يكمل مراحل نموه،

ويستكشف نفسه والعالم عن طريق التربية المتناغمة والمحبة والحساسة.

وده بيتم عن طريق:

- إقامة علاقة إيجابية مع الطفل تساعده على النمو الجسدي والعاطفي والمعرفي والاجتماعي.

- إدارة المشاعر والتعامل معها حتى يستطيع أن يحتوي مشاعره ويهدئها.

- أن نعكس للطفل خبراته في العالم حتى يكوِّن معنى آمن ومتسق عن نفسه والعالم وعن مكانه ودوره وتأثيره.

- التواصل الإيجابي.

- الحفاظ على حدود صحية تحميه من العالم وتحمي العالم منه.

- بناء الثقة: تلبية احتياجاته العاطفية والجسدية بشكل مناسب وثابت ومستمر بينمي جواه الإحساس العميق بالثقة فيهم.

- الاعتراف بتميزه وقبوله وحبه كما هو.

- الثبات والاستقرار: التقلبات وعدم الاستقرار بيرسخ الشعور بالهجر والرفض وعدم الأمان والفوضى.

كل ده بيحصل من خلال:

- التواجد والحضور العاطفي للوالدين والاندماج في حياة الطفل واللي بيساعد على بناء الثقة إن هناك من هو موجود وحاضر لأجلي باستمرار.

- الحساسية العاطفية من الوالدين اللي بتاخد بالها من حالة

الطفل الداخلية كما يشعر بها هو وبتساعده على التعامل مع مشاعره وسلوكه.

- القبول اللي بيساعده على بناء تقدير مرتفع للذات والإحساس بنفسه.

- التعاون والمشاركة اللي بيحسس الطفل إنه فعال ومتعاون وله دور.

- تعزيز الإحساس بالانتماء كفرد من الأسرة.

التواجد العاطفي

لما الأم تفهم ما يحتاجه الطفل وتقدر تفسر إشاراته (بكاءه) وتقدم اللي عايزه الطفل بشكل مناسب، الطفل بيستقبل الحالة دي كرسالة مضمونها النفسي على المستوى العاطفي الأعمق: «أنا فاهماك وحاسة بيك ومش هاتخلى عنك أو أخذل توقعاتك مني. أنا موجودة ومنتبهة ومتاحة ومستجيبة. اطمن أنا معاك». وده بتكراره اليومي وإيقاعه الثابت بيغرس في الطفل القناعات التالية: «أنا آمن ومطمن. أنا أقدر ألعب وأتعلم وأستكشف وأرجع أطلب المساعدة. أنا أقدر أعتمد على وجود الآخرين في حياتي وأثق فيهم». أحوال نفسية عاطفية عميقة أكتر منها قناعات اتغرست وانطبعت على الوجدان النفسي، خبرات اتحست واتعاشت وانطبعت جوه القلب دون المرور على العقل والتفكير. ولعمل ذلك:

- مهم إن الأم تزيد من تواجدها العاطفي وانتباهها وتركيزها مع الطفل وتنمية مهاراتها التواصلية، ومهم كمان إنها تتعامل

مع أزماتها النفسية وتوتراتها عشان ما تأثرش على قدراتها في التعامل والتفاعل مع الطفل أو تؤثر على حضورها وإتاحتها (أجازات الوضع، والدعم الأسري، ومشاركة الزوج في التربية، والراحة النفسية والجسدية، وعلاج أي أزمات نفسية، وتثقيف الأمهات الجدد على التربية، ضرورات مهمة).

- عليها أن تنمي قدرتها على فهم الاحتياجات الأساسية خلف سلوك الطفل (انعزاليته أو تشبثه وتعلُّقه أو غضبه أو خوفه)، وكيفية التعامل معها.

- عليها أن تنمي قدراتها على احتمال مشاعر الطفل واحتوائه ومساعدته على الهدوء، وبالتالي عليها تعلم إدارة مشاعرها بشكل فعال جدًّا، وخاصة مشاعر الغضب والتوتر والإحباط (ضرورة بالغة الأهمية).

الحساسية العاطفية (المواجدة) والذكاء العاطفي

والد حساس عاطفيًّا معناه والد قادر يفهم مشاعر الطفل وأفكاره وسلوكه ويحسبها ويعرف يفسرها، وإنه يقدر يساعد الطفل إنه يفهم مشاعره ويعبر عنها ويتعامل معها بكفاءة، وده بيوصل رسالة للطفل إن مشاعره مفهومة وممكن التعامل معها، وإن الناس عندها مشاعر وأفكار برضو. وده بيزود قدرته على المرونة النفسية والمواجدة مع الآخرين.

الحساسية العاطفية هي إني أقدر أحط نفسي مكان الطفل أشوف وأحس من مكانه وأرجع أتصرف من موقف البالغ.

القبول

أشوف الطفل وأعترف بيه كما هو بصفاته وطبيعته وأحبها وأقدرها. بالقبول نقدر نبني تقدير الطفل لنفسه عن طريق الاعتراف بوجوده وتقدير واحترام هذا الوجود والشعور بأهميته وقيمته وغلاوته وحب هذا الوجود، واللي بيظهر في الاهتمام بمشاعره واحتياجاته ونقاط قوته وضعفه كما هي. الهدف إننا نغرس جواه المعنى ده: «أنا مقبول ومهم وغالي ومحبوب كما أنا. أنا مش محتاج إني أكون كامل ومثالي عشان أتقبل وأتقدر وأتشاف وأتحب».

التعاون والمشاركة

مساعدة الطفل إنه يحس إنه كفء وشاطر، بمساعدته ودعمه وتشجيعه على اللعب والاختيار والتعاون مع الآخرين، بشوفانه ككيان مستقل له أهدافه وأمنياته واختياراته وإرادته وتأثيره وإن ده حقه وإنه محتاج يشعر إنه فعال وكفء ومؤثر.

على الوالد إنه يدور على طرق لمساعدته عشان يكون مستقل ويعزز الاستقلالية دي، ومساعدته على إنه يلاقي حلول جديدة لمشاكله وتعزيز التعاون مع الآخرين، ومساعدته على الشعور بالإنجاز الحقيقي بالمديح المناسب، وكمان على الاعتمادية المناسبة مع الآخر عن طريق التعاون والمشاركة، أن يصبح توكيديًّا ومتعاونًا.

الانتماء إلى الأسرة

إنه يصبح له جذور وعلاقات داخلية قوية عن طريق تقديم الدعم والاهتمام والتشجيع والمساندة، وتكوين ذكريات سعيدة فيها من الدفء والمتعة والسعادة، ومساعدته على الإسهام والمشاركة في القرارات الأسرية حسب سنه، والمشاركة في أحداث الأسرة الممتدة.

نصائح سريعة

- تناغم مع احتياجات طفلك. افهمه واعمل علاقة تعاونية، وابتعد عن علاقات التحكم.

- احترمه. احترمه. احترمه. على كافة مستوياته: جسدي، ونفسي، وعقلي، وعاطفي، ووقت، وممتلكات، وحدود، وأحلام، واحتياج. شوفه كإنسان (حسسه بقيمته كإنسان. مين في الدنيا هيحسسه بقيمته لو إنت انتهكتها وضيعتها).

- دلعه حب واهتمام وتقدير. ما تخافش مش هتفسده ما دمت بتحبه بجد وبتعمل باقي مهامك. ما دمت بتحبه هتلاقي طريقة تعرف تربيه كويس. تربيه بدافع الحب مش بدافع الخوف أو المسؤولية.

- قضي وقت كتير معاه والعب معاه، املا روحه ذكريات ومعاني حلوة، حوش جواه رصيد نعيم وأمان وحب وثقة واهتمام.

- خليك قاعدة أمانه، يتحرك زي الفرسان يغزو العالم ويرجعلك فخور بانتصاره. خليك ملاذه الآمن، ملجأه، لو الدنيا جت عليه يروح جري ليك.

- حافظ على الاستقرار والروتين في البيت. أمان واستقرار ونظام ووضوح بيتغرسوا جواه.
- شجعه يتعلم من خلال اللعب والمرح.
- افهم مشاعره. افهمه واتعرف عليه، يستاهل تتعرف عليه.
- افهم مراحل نموه، وشوفه بيكبر قدام عينيك حبة حبة.
- اتناقش واتحاور معاه باحترام وتفهم.
- حاول تفهم خبراته. بيشوفها إزاي.
- شارك معاه مشاعر كتيرة. دوقوا طعوم كتير للدنيا والخبرات.
- شاركه خبراته وانفعالاته، وخليك طبيعي.
- اشتغل على تعبيراتك العاطفية وخليك معبر بصدق. إنت بتعلمه لغة العواطف، لغة من أهم اللغات اللي محتاج يتقنها، أهم من أي لغة.
- احضنه وقبله واحمله وقول له باحبك وامدحه كتير.
- هذبه وربيه بحب. إحنا بنربي لأننا بنحب مش بنعاقب، ومش بنوجع، ومش بننتقم لغضبنا، ولا عشان نطمن خوفنا، ولا عشان نشبع احتياجنا للفخر أو صورتنا، ولا عشان نسكت إحساسنا بالذنب. إحنا بنربي عشانه هو، عشان بنحبه. راقب نيتك بتربي عشان مين.
- اتعلم تستحمل انفعالاته وتصبر عليه وتساعده يعبر عنها بشكل صحي، واحتويه وهدِّيه وطمنه.
- خليك صادق وأمين معاه.
- احترم حدوده وخصوصياته.

- خليك منتبه ومستجيب.
- علمه التعاون واحترام الآخرين والمواجدة والتعاطف.
- فهمه كتير وطمنه وإنت بتسيبه لأي سبب، وخاصةً لو خايف ومتوتر. خد من وقتك كام دقيقة تطمنه هتوفر عليه ساعات كتيرة يدور فيها على أمان بكرة.
- علمه الاعتذار.
- استجيب لبكاء الطفل وخوفه وألمه، وخليك حساس ومتفهم.
- اتعامل مع مستوى ضغوطك وتوتراتك عشان ما تأثرش عليه.
- اصبر عليه.

ليس المطلوب والدية مثالية. مفيش حد مثالي ولا هيكون. مطلوب والدية جيدة بما يكفي لتوفير بيئة جيدة لنمو الطفل بشكل صحي. وحتى قصورنا سيترجم إننا كده بشر غير كاملين ولن نكون، ليس علينا إلا المحاولة لتحقيق الأفضل وفقط، وده معنى جيد إنه يتغرس فيهم برضو.

وفي النهاية تستطيع أن تقدم أفضل رعاية محبة ومتقبلة ومستجيبة وكافية إذا كنت مستقر وقمت بعلاج نمطك الخاص وأزماتك.

خريطة تعلُّق جديدة

البحث عن تعلُّق هو بحث عن الأمان النفسي.
بالنسبة لباولبي «مفتاح الأمان النفسي هو رابطة تعلُّق».
الطفل الضعيف يبحث عن اقتراب والتصاق جسدي بشخص
يرعاه ليحميه ويشعره بالأمان. الكرب يستدعي الرغبة في الاقتراب
للشعور بالأمان وتنظيم وتهدئة المخاوف والحالة النفسية.
أماننا النفسي والجسدي كأطفال بيعتمد تمامًا على علاقاتنا
بالوالدين. لازم نتعلق بأحد وإلا سنموت. لذلك من نحب هم
أيضًا قد يكونون مصدر خطر.
الكفاءة العلاقاتية (ناس شاطرة في العلاقات) في الكبار تبدأ من
الطفولة أيضًا. حتى قدراتنا ومهارات الوالدية وتربية الأبناء بتأتي من
علاقة التعلُّق.

لو مناعتنا النفسية بعافية هنضحي بجوانب من عالمنا النفسي
وقدراتنا من أجل الأمان، هنكتف نفسنا عشان خايفين.
الآمنون مناعتهم النفسية عالية وبيقدروا كمان إنهم يعتمدوا على

الآخرين ويعتبروهم قاعدة أمان وملجأ للأمن لما مناعتهم تضعف، بدون ما يخافوا يفقدوا أجزاء من عالمهم النفسي.

اللامكترث كانت طريقته في الشعور بالأمان هي الاستقلال وعدم التنازل عن حريته لأحد، وبالتالي قرر عدم الاحتياج إلى أحد، ضحى بأجزاء من عالمه النفسي، كتير من الحميمية والقرب عشان الأمان.

طريقة القلِق للشعور بالأمان هي التشبث بالآخر والتضحية بأجزاء من عالمه النفسي، استقلاله وانطلاقه ونضجه عشان الأمان.

النمط الخائف ما عرفش يكوِّن طريقة واضحة ومتوقعة ومنتظمة يعتمد عليها لحصوله على الأمان. أوقات ممكن يبقى لامكترث أو قلِق أو حتى خليط منهم في نفس الحالة واللحظة.

إدراكنا لأنفسنا والآخرين بشكل قوي بيخلينا ندور على وسائل أكثر فاعلية للتكيف والتعامل مع المخاوف ولزيادة مناعتنا النفسية دون خصم من عالمنا النفسي أو من احتياجاتنا.

إحنا متبرمجين على طلب الأمان ومش بالضرورة واعيين بده، خاصة إن مشاعر الاعتمادية والضعف اللي عشناها في الطفولة مؤلمة وبنحاول نخبيها في اللاوعي، بنخبيها عن نفسنا. أو ربما أوقات مجرد إدراكنا لضعفنا وخوفنا يظهر علينا قدام الآخرين اللي ممكن يستغلوه بيخوفنا أكتر فبنستخدم حيل كتيرة لإخفائه، حيل إحنا نفسنا مش واعيين بيها.

التمسك بالنمط الخاص بينا هو تمسك بوسائل الأمان اللي اتعودنا عليها وبقت مألوفة لنا وبقت جزء من صورتنا الذاتية عن نفسنا، عشان

كده التخلص منها أو تغييرها صعب ومحتاج مجهود وتعلم أدوات جديدة للأمان. في النهاية الأنماط بحد ذاتها مش هي المشكلة، ولكن المشكلة إنها بتحدد نظرتنا للحياة وتحطنا في مواقف غير مثالية للحصول على احتياجاتنا العاطفية، أو بما تسببه من سلوكيات مخربة للذات، زي اللي لابس درع حديد قوي بيحميه بس بيفقده المرونة الكافية للحركة والمناورة أو هو نفسه بيكعبله ويوقعه. في حال وجود المشاكل دي أو الرغبة في الحصول على إشباعات أكبر فالمنطقي هو التخلص من الدرع والبحث عن درع جديد، علاج النمط اللي بيعطلنا والاقتراب من النمط الآمن الأكثر فاعلية.

عشان كده هدف العلاجات المبنية على التعلُّق أو المسترشدة بنظرية التعلُّق هو زيادة الشعور بالأمان الداخلي وفي العلاقات عشان تكون الفرصة جيدة إنها تشتغل بكفاءة وتحقق المرغوب منها.

مناطق العلاج في التعلُّق

العلاجات هدفها العمل على إشباع احتياجات التعلُّق بشكل جيد. بالإشباعات دي نقدر نعدل النمط غير الآمن (اللي اتكون حول عدم الإشباعات دي)، ونقدر نحوله إلى نمط آمن.

تكوين قاعدة أمان:

أهم وأول قاعدة أمان هي الراعي اللي الطفل أو البالغ بيلجأ له لما يكون في كرب، بيحتمي بيه وبيطلب تطمينه وتهدئته. رؤيتنا للراعي كقاعدة أمان بتغرس في وجداننا النفسي:

● إيه السلوكيات اللي بنعملها لما نتعرض لتهديد.

- إيه استجابة الراعي للسلوكيات دي.
- حالتنا النفسية بتنتهي على إيه.

قدرة الطفل أو البالغ على تكوين قاعدة تعلُّق آمنة خارجية (أروح لمين لما أتعب)، ثم استبطانها داخليًا، (الإيمان الداخلي والاطمئنان إن هناك من هو موجود عشاني، ليَّ ضهر وسند)، بتساعده إنه يهدِّي نفسه، ممكن بمجرد استدعاء الكلمة أو الصورة للأم أو الأب أو الشريك أو حتى المنزل.

قاعدة الأمان مسؤولة عن أو بتشبع احتياجات البقاء والرعاية والحماية والتطمين. ومن غير الحماية والرعاية والبقاء نفتقد الأمن. ومن غير التطمين والتهدئة نفتقد الشعور النفسي الداخلي بالأمان.

بس أوقات رمز التعلُّق ما بيقدمش التطمين، عشان كده بيبقى الطفل أو البالغ خايف ومكروب، موجود فقط من أجل البقاء والسلامة بس مش حاسس بالأمان (جوهر العلاقات المسيئة. مربوط في علاقة مش حاسس فيها بالأمان)، وبيكون نمط تعلُّق غير آمن (طريقته اللي عرف يكونها عشان يتعامل مع الخوف ويحس بأدنى قدر من الأمان).

في العلاقة الحميمية لو بقت ثابتة ومستقرة، بيقدر الأطراف إنهم يحققوا درجة من الأمان أعلى من كل طرف بمفرده، إنهم يشوفوا العلاقة بيت محتاجين يحافظوا عليه بشكل صحي عشان يكون قاعدة أمان صحية (سكن واستقرار).

الاستكشاف والاستمتاع والجنس:

لما نطمن نقدر ننطلق ونلعب. الألفة والونس هما القدرة على الاستمتاع المتبادل مع بعض سواء لعب أو جنس أو تلاقي عقلي أو

نشاط اجتماعي أو اهتمامات متنوعة. على راحتنا ومطمئنين ومقبلين على بعض.

لما الناس تحس بتهديد هيبطلوا لعب وتعلم وهير وحروا لقاعدة أمانهم، في اللحظة دي رغبتهم في المرح والمتعة واللعب والانطلاق هتنطفي.

القلق عدو الاستمتاع. الأطفال الخايفة ما بتلعبش. كذلك الكبار لو طرف خايف إن الآخر هيسيبه غالبًا مش هيبقى قادر يستمتع بالجنس أو الحب أو المشاركة معاه مثلًا. فهم ده مهم لفهم الصعوبات الجنسية والعاطفية أو قضاء وقت جيد مع بعض.

الناس ممكن تتجنب الاقتراب الحميم والعاطفي أثناء ممارسة الجنس زي العلاقات كلها، أو يحاولوا الاعتماد بس على الأحاسيس الجسدية وإغلاق الجانب الانفعالي العاطفي والنفسي، ممارسات جسدية ميكانيكية آلية. ممارسة الجنس القهري مع الآخر يمكن يظهر كصفة للتعلُّق القلِق كنوع من التشبث هدفه الأساسي الاقتراب الجسدي والشعور بالأمان وليس المتعة الجنسية.

العلاقة الجنسية الناجحة بتشمل العديد من الصفات لها علاقة بالتعلُّق: التناغم، والانسجام العاطفي المتبادل، والقدرة على الاحتواء، وعدم التوتر تحت ضغط مشاعر الإثارة الجياشة، والتغلب على الخوف من الإيذاء، واحترام الحدود، والقدرة على التراجع وإعادة الاندماج، والقدرة على الانفصال وتحمل الفقد.

الاحتجاج والغضب وإدارة المشاعر:
الاحتجاج والغضب والعدوانية والخلافات بيحصلوا في العلاقات

كلها، وهما مش حاجة وحشة، بالعكس هما أجهزة إنذار بتوجهنا إن هناك مشكلة وإنها تعلن عن نفسها لطلب المساعدة والحل.

الغضب بيظهر لما بيبقى فيه تهديد بالانفصال أو تهديد لسلامة العلاقة، وله دور قوي لضمان استمرار العلاقة لو تم التعامل معاه واتفهمت رسالته. الطفل اللي بيجري وسط العربيات مثلًا بيتواجه بتأديب غاضب من الأم عشان يبقى جنبها في المستقبل وما يتعرضش للخطر، أو في حالة الغيرة مثلًا بيظهر الغضب كتحذير لوجود تهديد عاجل ضد العلاقة وهدفه هناك إلغاء التهديد والحفاظ على العلاقة سليمة وقائمة.

دور الغضب إنه بينظم العلاقة، بينظم حالة التعلُّق. لو طرف هدد العلاقة وبقاءها بعلاقة خارجية، ده هيثير الغضب في الطرف اللي بيشعر بالخيانة، طعنة لشعوره بالأمان وتقدير الذات المرتبط بالآخر. لو طرف أهمل احتياجات العلاقة، الطرف الآخر بيثور لإعادة العلاقة لوضعها الصحيح. بدون الشعور بالغضب مين هيشوف التهديدات ومين هيقف ويهتم يتعامل معاها.

أشهر مثيرات الغضب المتكررة هي لما طرف بيفشل في رؤية وجهة نظر الطرف الآخر أو يتجاهلها أو لا يحترمها. ببساطة لأن ركن مهم من مكونات العلاقة الآمنة هي التلاقي الذهني والعاطفي، القدرة على فهم الآخر ورؤية الأمور من منظوره والإحساس بمشاعره واحترام ده والتعامل معاه وتقديره.

عدم احترام وتقدير مشاعر ووجهة نظر الطرف الآخر أو عدم رؤيتها بيعني إني بيتم تجاهلي. أنا مش موجود ولا متشاف ولا مهم

ولا فارق، وده تهديد للأمان الشخصي للأشخاص داخل العلاقة (إيه العلاقة دي اللي مليش وجود فيها ولا دور)، وبيستجلب الاحتجاج والغضب لإعادة الأمان ده والاطمئنان إن العلاقة الآمنة موجودة.

التدريب على التوكيدية؛ إعلان نفسنا واحتياجاتنا ومشاعرنا وآرائنا، بيساعد الناس على الهروب من فخاخ الخضوع السلبي أو الغضب الخارج عن السيطرة أو الانسحاب. واستخدام الغضب بفاعلية بيساعد على استعادة العلاقة الآمنة والحفاظ عليها عن طريق استعادة الأمان الداخلي والشعور بالقيمة والأهمية. وتقدير الذات المرتفع والثقة بالنفس كمان مرتبط بالعلاقة الآمنة. داخل أنواع العلاقات المختلفة هناك لحظات من الحميمية والاتصال والانفصال. أصحاب تقدير الذات الجيد شطار في إصلاح الكسر أو الانفصال، وواثقين إن القرب والحالة السابقة يمكن استعادتها.

رؤية أخرى للغضب ممكن تخلينا نفهمه بشكل آخر، رؤية مواجدة تفسر ثورات الغضب اللي بيقوم بيها الطرف الآخر واللي غير مفهومة لينا، إنها نوع من الإعلان عن معاناته الداخلية، لما الشخص يتمزق بين الاحتياج لقاعدة الأمان والخوف من الحصول عليها (مثلًا طرف يهاجم الآخر لمعرفته بخيانته، هنا التهديد للعلاقة ينشط سلوك التعلُّق والرغبة في القرب والتطمين، ولكن الصراع بينشأ من إن مصدر الأمان هو نفسه مصدر الخوف، وده وضع غير محتمل)، الغضب هنا بيظهر كمتنفس يساعد الشخص لإعلان احتياجاته واحتجاجه.

دور التعلُّق الآمن هو التعامل مع الغضب بتوكيدية مواجدة تهتم

بحقوق الشخص ومشاعر وحقوق الطرف الآخر، أيضًا في احتواء كافة المشاعر السلبية الأخرى وتقديم التطمين والتهدئة والاحتواء.

التعامل مع الفقد:

الفقد أو التهديد بالفقد محوري في حالات الكرب النفسي. والقدرة على التأقلم معه مفتاح النضج النفسي.

نحن نستطيع أن نمارس الحب بشكل جيد إذا استطعنا التعامل مع إمكانية فقده بنجاح.

وكأن الزواج والأطفال رهائن القدر. وحتى تملك شيئًا عليك أن تتعامل مع فكرة فقدانه والتي ستكون موجودة باستمرار. أنا لا أضمن وجوده وأتوقع إني قد أفقده، ومع ذلك أستطيع الاستمتاع به.

في علاقات الكبار كل طرف بيجيب معاه تاريخه من الانفصال والفقد والقليل أو الكثير من الأمان الداخلي واللي هيلونوا علاقاته.

العمل على كل أنواع الفقد السابقة ضروري في العلاج المبني على التعلُّق، وهو عملية مؤلمة بشدة. وسيحدث التعافي فقط عندما نعلم أن احتمالية إعادة الآخر ـ أو ما يمثله أو ما نريده منه ـ الحبيب المفقود أو إيجاده في العالم الخارجي لن تتم، أن نفقد الأمل في عودته أو وجوده النفسي، ولكن يمكن استعادته فقط في عالمنا الداخلي.

لو استطاع المعالج منح قاعدة أمان مؤقتة عندها يمكن التعامل مع الغضب واليأس المصاحبين للفقد والمساعدة في حدوث قبول جزئي على الأقل.

النماذج الداخلية العاملة ـ خرائط الحب والعلاقات:

المشاعر المؤلمة بتتسحب من الوعي وبتتم إزاحتها ودفنها في

اللاوعي / الكبت. وبالتالي بتقيد العالم الداخلي وتحدده وتخلي سيناريوهات التعامل مع الآخرين والمواقف محدودة، والقدرة على التكيف والتعامل قليلة ومتصلبة وغير مرنة.

السيناريو الداخلي اللي بيمشينا في حياتنا بيدينا قواعد التعامل مع الآخر المهم، بيقول لنا الدنيا المفروض تمشي إزاي، شكل العلاقة، طريقة التعامل مع المواقف المختلفة، الأدوار المتوقعة من العلاقة إيه.

كلنا بندخل العلاقة وعندنا سيناريوهات أو برامج تشغيل معقدة وقوالب وأفكار، الأطراف بتنجذب لبعضها لو هناك بعض الملاءمة والتناسب بين السيناريوهات دي، سواء التناسب هينتج علاقة فعالة أم لا. تعشيقة ما يجب أن تحدث تسمح برقصة العلاقة بينهم أن تبدأ، وتخلي كل طرف بشكل واعي أو غير واعي عارف خطواته وخطوات الآخر في الرقصة دي. كل ما الاتنين يكونوا متواجدين معًا كل ما انكشفوا على بعض أكتر، وعندها مناطق الألم والضعف هتظهر وهتلعب دورها بينهم. وعشان كده هناك درجة من النضج يجب أن تكون موجودة قبل العلاقة. الثقة والانسجام والتناغم الداخلي والقدرة على اجتياز العقبات والمرونة والواقعية وفهم الآخر، يقدروا يتجاوزوا التحدي بنجاح.

التنويعات الثلاث لقاعدة الأمان الداخلي بتستخدم شبكة من التفكير بخصوص تحديات العلاقات تلك وخلافاتها.

اللامكترث مثلًا ممكن يضحي بالحميمية والاقتراب عشان درجة عالية من الاستقلالية والحرية، على العكس تمامًا من المتعلق القلِق اللي ممكن يتخلى عن الاستقلالية والحرية في شكل اعتمادي حميم

جدًّا للعلاقة. الاتنين عكس بعض، ولكن كل طرف بيقدم للآخر الفرصة الذهبية ليتحول لنمط آمن (الحب والقرب للامكترث، والاستقلالية والحرية للقلِق)، كل طرف بيقدم للآخر الجزء اللي ناقصه والفرصة لتعلمه واختباره.

عشان كده كل علاقة جواها الأمل اللي بيساعد على الخروج من النمط القديم أو اللي هيخلي الطريقة القديمة تقدر تتسامى. بس الطرفين محتاجين يفهموا نقاط التوتر في العلاقة زي الاحتجاج أو الخذلانات أو التعاسة. نقاط التوتر هتظهر أكيد في العلاقة لأنها متعارضة بشكل واضح مع افتراضات كل طرف وأفكاره وتوقعاته غير الواقعية.

القدرة على مراجعة الذات والتعبير عنها:

قد إيه أنا شايف نفسي وقادر أعبر عنها بشكل مفهوم، المهارة والقدرة على التعبير عن النفس اللي بتزيد في أصحاب التعلُّق الآمن عن الآخرين. واللي مهمة جدًّا في العلاج النفسي والوعي بالذات والحياة والعلاقات.

العلاج النفسي علاج بالكلام، فيه المعالج والعميل بيطوروا مع بعض حوار بخصوص حياة العميل وطبيعة العلاقة العلاجية نفسها. زمان كانت الأسرة والقبيلة بتقدم لنا قلعة أمان، كان هناك من نلجأ إليه ليحمينا ويطمنا، كان هناك العديد من الأشخاص متاحين وده بيساعدنا (برغم الضريبة الباهظة من التضحية بالحرية) على الشعور بالأمان.

دلوقتِ فقدنا جزء كبير ممن يدعمونا ومن يمثلون لنا قاعدة أمان،

في اتجاهنا إلى الاستقلالية تحررنا من امتلاك الآخر لنا. قاعدة الأمان الداخلي بتمنحنا الحرية والقدرة على الحركة حرفيًّا وعاطفيًّا.

الناس اللي بتلجأ للعلاج إما بحثًا عن قاعدة أمان أو لأنهم مرعوبين من الحميمية، خايفين من الوحدة وفي نفس الوقت خايفين من القرب، عايزين يهربوا بس مفيش مكان يهربوا له، عندهم رغبة لإقامة علاقات ثقة وأمان بالخارج (قاعدة أمان خارجية)، ثم عايزين يقدروا على احتوائها بالداخل النفسي عشان يحسوا بالأمان. عملية نمو وعملية معرفية تحتاج وقت.

جوهر العلاج النفسي هو زيادة الوعي بالعالم الداخلي. معرفتنا بأنفسنا هتخلينا نعرف نفرق بين ما يخصنا من مشاعر وأفكار واحتياجات ومخاوف وما يخص الآخرين، وبتورينا أدواتنا غير الفعالة، وبتعلمنا أدوات جديدة للتعامل.

المعالج بيحاول يساعد في تكوين قاعدة أمان عن طريق الثبات والاستمرارية والاتساق والمصداقية والاستجابة والدفء غير التملكي والحدود القوية، على أمل أن يستطيع المريض أن يهضمها داخل بنيانه النفسي كمكان وملاذ آمن وقلعة أمان داخلية يلجأ إليها عند الحاجة. في العلاج المريض بيتعلم يشوف نفسه ويراجع دوافعها. كل ما قدرنا نشوف الصور الداخلية ونعبر عنها هنقدر نشوف تأثيرها ونغيرها.

علاج الوالدين للتعامل مع الأطفال الصغار والمراهقين

كتير من الأطفال والمراهقين بتظهر عليهم سلوكيات التعلُّق غير الآمن أو حتى مشاكل نفسية وسلوكية مختلفة. أفضل طريقة لعلاج

هؤلاء الأطفال الصغار والمراهقين هي علاج الوالدين أو تثقيفهم. العلاج هنا هدفه مساعدة الوالدين على تقديم الدعم والمساندة للأطفال وتعليمهم وزيادة حساسيتهم لاحتياجات الطفل للتهدئة وتنظيم المشاعر، وإنهم يكونوا مبادرين في التفاعل مع الطفل. كمان مساعدة الوالدين على رؤية تأثير أنماط تعلُّقهم هما على الأطفال سواء بتأثيراتها على إدراكاتهم الشخصية أو في طريقة تفاعلاتهم مع الطفل، وده بيتم بزيادة قدرة الوالدين على ضبط النفس وتنظيم المشاعر وإدراك المعوقات اللي بتمنعهم عن قراءة الطفل والاستجابة المناسبة.

التحدي الأكبر أمام المعالج هو مساعدة الوالدين على رؤية ما هو أبعد من رؤيتهم لطريقة تعلُّق الطفل أو سلوكه سواء احتجاجه وغضبه أو انسحابه وانعزاله، ولكن الأهم ما هو خلف هذه السلوكيات الظاهرة من احتياجات تعلُّق واحتياجات عاطفية غير ملباة. الوالد محتاج يتنبه للاحتياجات دي ويزود من شعور المواجدة والحساسية النفسية مع الطفل، المواجدة اللي بتخليه يشوف مخاوف الطفل وكروبه واحتياجاته من منظور الطفل ويتعامل معاها بشكل جيد، في نفس الوقت اللي بتشجعه على الاستقلالية والفطام النفسي.

المراهق بشكل خاص بيحتاج تواصل جيد من الوالدين، وبيحتاج مناقشته بخصوص توقعاته السلبية في الوالدين وتواجدهم وحساسيتهم واستجابتهم، ومساعدته وتشجيعه إنه يعبر عن احتياجاته بشكل مباشر، وتعديل نظرة الأهل السلبية للطفل على إنه مكتئب أو متمرد أو خجول، إلخ، إلى رؤيته إنه طفل يحتاج إلى التفهم والحماية والتطمين والحب والتشجيع والإرشاد.

كمان الهدف الأهم من علاج الأطفال والمراهقين في الحالة دي هو مساعدتهم على استكمالهم لمراحل نموهم النفسي والاجتماعي اللي ربما تعرضت لإعاقة، وتعليمهم تنظيم مشاعرهم وإدارتها بشكل جيد.

علاج الأنماط غير الآمنة

الأنماط غير الآمنة هي طريقتنا في العلاقات بشكل خاص وفي الحياة بشكل عام، وهي في النهاية طريقتنا لتأمين نفسنا. ربما كانت فعالة في ظروف نشأتها الأولى، وربما تكون فعالة في ظروف مشابهة (فعالة إنها تحمينا ولكن على حساب احتياجات أخرى)، لكنها أيضًا غير فعالة في ظروف مغايرة، وربما تسبب مشاكل. فلا معنى للبقاء في درع يحدد حركتنا ويعيقنا ويحرمنا أيضًا ولا يجعلنا نحقق أفضل ما يمكننا تحقيقه.

نعم، الأنماط غير الآمنة هي وضعنا الدفاعي أمام ظروف حياتية ما. أفادتنا كثيرًا لكنها تجبرنا أن نكمل حياتنا من هذا الموقف؛ موقف الخائف.

هناك فرص عديدة في الحياة للنمو والتغير للأفضل لمساعدتنا للحصول على الأمان الداخلي الذي يسمح لنا بالانطلاق والاستكشاف والتعلم وإثراء ذواتنا والاستمتاع أكثر، يسمح لنا بالتحرك من موقف المطمئن. نستطيع إذا أردنا أن نمتلك نمط تعلُّق آمن في أي عمر كنا فيه.

ما نستطيع أن نقدمه هنا هو خريطة عامة إرشادية لأصحاب الأنماط غير الآمنة تساعدهم على التركيز على مناطق الإصلاح والتعافي واكتساب بعض المهارات النفسية والعلاقاتية الممكنة، واللي ممكن تساعدهم على التعامل مع التأثيرات السلبية لبعض سلوكيات الأنماط في تعاملها مع الآخرين.

طرح خطة علاجية تفصيلية كنوع من خطط المساعدة الذاتية أمر غير منطقي ومتجاوز لفلسفة العلاج المبني على التعلُّق الذي يركز باستمرار على الخبرات النفسية داخل علاقة ومن خلال علاقة.

من أولى الخطوات للتحول إلى النمط الآمن هي فهم قصتنا، وما حدث لنا، وكيف صرنا إلى ما صرنا إليه، وكيف أثرت نشأتنا علينا وعلى علاقاتنا الحالية وعلى رؤيتنا لأنفسنا وللآخرين وللحياة وللعلاقات، ثم تعديل هذه النظرة وإعادة كتابة السيناريو من جديد، كتابة قصتنا بشكل يساعدنا على النمو والاطمئنان.

ثاني خطوة مهمة هي اختيار نوعية علاقاتنا المهمة. العلاقة القوية مع شخص آمن قد تكون إحدى الطرق المهمة والعميقة للتغيير. العلاقة العلاجية إحدى هذه العلاقات المهمة واللي بتقدم ملاذ آمن، بيئة آمنة ومتقبلة تسمح للعميل أن يكتشف نفسه وتاريخه، ويكتسب استبصارات عن نفسه والعلاقات والآخر، ويكتسب خبرات نفسية مهمة وعميقة غابت عنه في أثناء تطوره: القبول، والتفهم، والمواجدة، والتناغم، والانعكاس، والتأكيد، والتصديق، والمساعدة على فهم المشاعر والاحتياجات والتعبير عنها والتعامل معها، ثم هناك المعنى الأعمق؛ الشعور بالثقة والاطمئنان واختباره مرارًا.

في العلاجات المبنية على التعلُّق أو المسترشدة به:

هدف العلاج التحول للنمط الآمن، والانتقال من التشبث والرغبة في التماهي إلى الحميمية، ومن التجنبية اللامكترثة واللامبالية إلى الاستقلالية. الحميمية الحقيقية بتحتاج الإحساس بالعلاقة مع احترام استقلالية الآخر، والاستقلالية الحقيقية بتحتاج إن كل فرد يتحمل مسؤوليته عن مشاعره وأفعاله.

وعشان نتحول للنمط الآمن، سواء كنا أطفال أو كبار، محتاجين أن تنمو لدينا المعاني التالية:

- الشعور بالأمان: بما يعني إننا نحس إن هناك من هو موجود لأجلنا باستمرار عندما نحتاج له أو نتعرض للخطر والكروب.

- نحس إننا متشافين ومفهومين ومحسوسين عن طريق التناغم المستمر.

- نحس بالاطمئنان عن طريق التطمينات والتهدئة والاحتواء.

- نحس بالتقدير عن طريق إظهار الإعجاب والفخر.

- نحس بالدعم عن طريق المساندة والتقدير.

- نحس بالثقة والمصداقية والاستقرار وثبات الرعاية والحماية.

البداية لما نقدر نروي قصتنا وإننا نقدر نشوف مناطق الخلل فيها عشان نصلحها، ونقدر نشبع ما ينقصنا من احتياجات وتطمينات للتحول للنمط الآمن.

التركيز على التعافي هو التركيز على مداواة الجروح النفسية وما تركته فينا من أزمات الثقة بالنفس والآخرين، والتعامل مع الحدود وفهم المشاعر والتعبير عنها وإدارتها، والتعامل مع

نقد ولوم وكراهية الذات ومشاعر الرفض والهجر والسلوكيات المخربة وأخطاء التفكير والأفكار السلبية وأوهام السيطرة والسعي للكمالية. وما نريد أن نكتسبه هو حب الذات وقبولها والغفران لها واحترامها وتقديرها والإحساس بقيمتها وأهميتها، وأن نكون حقيقيين ومستقلين، وفي نفس الوقت لدينا القدرة على الحب والاتصال والتعاون. يبدأ كل ذلك بمعرفتنا لقصتنا وأحداث طفولتنا وما سببته لنا.

كل نمط يجب أن يسعى إلى:

- بناء الثقة بالنفس والآخرين.
- العناية بالذات جسديًا وعاطفيًا وروحيًا، وإشباع الاحتياجات النفسية.
- التواصل الفعال.
- التوكيدية.
- المواجدة مع الآخر.
- الحضور العاطفي والتناغم.
- إدارة المشاعر والاحتواء.
- الاستقلالية.
- التعامل مع الخلاف.
- القبول.
- التعبير عن الذات والاحتياجات والحب.
- احترام الآخر.
- ضبط المسافات والحدود.

- التعامل مع التحكم والغيرة والغضب.
- الغفران والاعتذار.
- كيفية اختيار شريك الحياة.
- كيفية الاهتمام والمشاركة.
- كيفية إنهاء العلاقات.
- التعافي من العلاقات والفقد.
- تعلُّم كيفية التصرف والتعامل بشكل حقيقي بدون تزييف أو تمثيل.
- التعامل مع طلب الموافقة والاعتراف والقبول.
- التعامل مع الخوف من الرفض والهجر والحميمية والالتزام.

علاج النمط التجنبي اللامكترث (الأغلبية رجال)

أزمة التجنبي تقع في الخوف من الحميمية العميقة وعدم الثقة في الآخرين، وده خلاه يعتمد على نفسه بس ويبعد عن الآخرين وينفصل عن عواطفه واحتياجاته للتعلُّق (لعمل علاقة مع الآخرين).

من صعوبات تغيير النمط التجنبي، اعتقاده إن سمات النمط من الاستقلالية وعدم إظهار الضعف أو الاحتياج إلى أحد، هي نقاط قوة وامتياز وما بيرضاش يتخلى عنها.

عشان كده أول خطوة للعلاج هي تغيير قناعته الشخصية، إنه يعرف إن مقاربته دي طريقة غير صحية في التعامل مع شريك حياته، وإنه بكده بيسبب له الأذى والألم. غير صحي تمامًا أن تكون في علاقة لا تطلب مساعدة ولا تستطيع الاعتماد على الآخر أو الانفتاح عليه

أو الاقتراب منه أو الثقة فيه أو التواصل معه أو الاهتمام به، هي علاقة أشبه بجزر منعزلة خرساء وصامتة وباردة.

مشاكل النمط التجنبي الأساسية في ثلاث مناطق:

١- فشل تنظيم المشاعر مع ميل للكبت والهروب.

٢- الاكتفاء بالذات بشكل قهري مع عدم القدرة على الاعتماد على الآخرين.

٣- افتقاد الدعم الاجتماعي.

لو إنت من النمط التجنبي اللامكترث:

- هتحتاج عشان تتحرك إلى النمط الآمن، أن تضيف إلى عقلك الكثير من العاطفة، أن تتصل بمشاعرك، أن تصبح أكثر فضولًا وشغَفًا واهتمامًا بشريكك ومشاعره وأفكاره، أن تتعرف عليه من جديد، أن تشارك من نفسك معه، أن تطلب المساعدة، أن تسترخي فتستطيع الاستناد عليه، أن تعيد إيمانك بالأشخاص.

- التجنبية ضعف مش قوة. هي حالة هروب من الحميمية وخوف من الاقتراب والانفتاح وعدم ثقة. مظهر القوة واللامبالاة هو فقط قناع للحماية من الخوف، وهو العائق الأساسي للنضج العاطفي. الانفتاح على الآخرين والإقبال عليهم هو القوة والنضج.

- اختار دايمًا شريك آمن يساعدك على تجاوز النمط التجنبي لنمط أكثر أمانًا ونضجًا.

- فكرة العلاقة المثالية والحبيب المثالي فكرة غير واقعية وهروب من الواقع والمحاولة. لا توجد علاقة مثالية ولا شخص مثالي ومفيهوش غلطة أو كامل الأوصاف.

- درب نفسك على القرب من الناس، وإنك تفتح قلبك تدريجيًا، وتكتسب القدرة على الثقة فيهم. وسع دوائرك الاجتماعية وخلي هدفك إني أعمل علاقات حقيقية وقوية. خد وقتك وبشويش.

- العمل على نقاط القصور، واللي أهمها طرق الإطفاء والإبعاد والهروب إلى المثالية والعيش في أحلام اليقظة.

- اتدرب تتعرف على مشاعرك، أن تكتسب هذا العمق داخلك وتكتشفه. لغة المشاعر هي جوهر الذكاء العاطفي والاجتماعي.

- حاول المشاركة من نفسك مع الآخرين قليلًا قليلًا.

- تعرف إلى نفسك: إنت مين؟ وعايز إيه؟ نفسك جديرة بالتعرف عليها.

- اتعلم تعبر عن نفسك ومشاعرك واحتياجاتك بشكل مباشر.

- اتمرن على طلب المساعدة والدعم. محدش مطلوب منه يعمل كل حاجة لنفسه، الناس للناس.

- إدي نفسك الحب والتعاطف، إنت تستحق ده.

- خليك صبور مع نفسك وشريك حياتك، التغيير صعب ومحتاج مجهود وممارسة.

- الشفاء هو الخروج من حالة الانفصال عن المشاعر السلبية ومن إنكار احتياجاتنا الاجتماعية. التعافي يأتي عندما نتعرض تدريجيًا للمشاعر السلبية ونتحملها، وبالقدرة المتزايدة للتعبير عن الاحتياجات والمشاعر.

- عادي إنك تسأل عن نوايا الآخرين بدلًا من افتراض نية عدوانية أو متلاعبة خلف أفعال الآخرين والقفز إلى استنتاجات سلبية.

- عادي تطلب مساعدة الآخرين.
- عادي تطلب وقت مستقطع أثناء الخلافات وتعود عند الهدوء.
- عادي إنك تعبر عما تعتقد، عن رأيك، ربما تتفاجأ إن مفيش أحكام ولا رفض.
- تعلم الاعتذار.
- عبر عن احتياج ما كل يوم.
- عبر عن عاطفة ما كل يوم.
- اخرج بره الروتين وشارك في أنشطة.
- اتكلم عن مشاعرك وأفكارك كما هي من غير عقلنة وتبرير وأحكام.
- اتعلم الإحساس بمشاعر الشريك وفهمها وتصديقها واحتوائها.
- جرب الخروج من فخ الاعتماد على الذات القاسي.
- خد بالك من طريقتك في تفسير الأمور بشكل سلبي عشان تدي نفسك مبررات للهروب.
- اصنع قائمة امتنان للعلاقات. افتكر دايمًا إن عدم الرضا ربما سببه إنك مش شايف النعم.
- شوف طريقة تبعد الإكس الشبح بتاعك من دماغك ومن حياتك.
- قضي وقت أطول مع الطرف الآخر. اندمج معاه، وقضي وقت حلو، وشاركه بكامل جوارحك.
- خليك أمين، اعترف بمعاناتك ومخاوفك، ده أول الطريق للاتصال بالذات والآخرين.

- اعترف لنفسك بميولك التجنبية.
- انفتح على شكوى الآخر واحتياجاته واعملها.
- احضن، وتواصل باللمس والأحضان والعناق والقبلات كثيرًا.
- طمنهم إنك بتحبهم ومهتم وموجود ومقدر ومعبر ومش هتسيبهم.
- خد بالك من اللي بيثيرهم زي اختفائك وتأخرك وسفرك وبعدك وانعزالك وسكوتك. طمنهم وفهمهم.
- أكد مشاعر الآخر، وما تشكش فيها ولا تحتقرها أو تهينها.
- خليك متجاوب بجد وبإخلاص. بلاش فكرة تكبير الدماغ.
- احتياجك للحب والقرب مختلف عن الغير وبتحتاج مساحة، عبر عن ده، وطوَّر نفسك وخد بالك من احتياج الآخر.
- إنت بتثق في الناس بصعوبة وبتنفتح ببطء، اتعلم تثق وتنفتح.
- إنت بتقدر الاستقلالية، احترم ده بس الحياة مشاركة. اتعلم تتسند على الآخر وتعتمد عليه، واستمتع بده، وخد بالك من احتياج الآخر للاتصال والقرب.
- استخدم المخيلة العلاجية والتأمل.
- ركز على الأحاسيس الجسدية اللي بتحسها من الآخر لما يقرب، وإديها اسم، وفرق بين مشاعر الحب والقلق.
- خد بالك، العشب أكثر اخضرارًا على الناحية الأخرى ولما يطير من إيدينا بيحلو، أو بيحلو لما يكون بعيد. الحب اللي إنت عايزه ممكن يكون قدام عينيك وإنت مش شايفه.
- اعرف نمطك، واكتب قصتك كاملة عن نفسك وطفولتك

وأفكارك واحتياجاتك ومخاوفك وسلوكياتك في المواقف المختلفة والمثيرات.

- ركز على التواصل مع ذاتك ومشاعرك، وافهم لغتها.
- خد بالك من طريقة تعاملك مع شريكك إنك تطلع فيه عيوب كتير عشان يقل في نظرك وتنفصل عنه عاطفيًا، أو تشوف الآخرين أحلى، أو أحبابك السابقين أو حبيبك الخيالي وتقارنه بيهم فتشوفه أقل من معاييرك، كل ده طريقة إبعاد وإطفاء وهروب من الحب.
- محتاج تغير مفاهيمك عما يعتبر تشبث وتطلب عاطفي وطلب الاهتمام والاقتراب. خد بالك، إنت نظرتك لدول بعيدة عن المستوى الطبيعي.
- مهم جدًا تعرف إن تصرفاتك بتضغط على الآخرين وعلى مخاوفهم. إنت محتاج تاخد بالك من تصرفاتك دي. محدش مهما كان بيحب وبيقدم الدعم مطالب إنه يتحمل تصرفات مؤذية ولا من مسؤولياته يكيف نفسه عليها أو هو اللي يصلحها.
- محتاج تتعلم الاحتواء والتواصل الفعال وحل الخلافات.
- اشتغل مع معالج علاج فردي أو زوجي.

لو إنت في علاقة مع حد من النمط التجنبي اللامكترث:

- أهم صفة لازم تتحلى بيها هي إنك تكون واثق من نفسك بشكل صحي.
- ما تاخدش تصرفات التجنبي بشكل شخصي، ما تفسرش كل التصرفات إنها عشان إنت وحش أو قليل أو غير مرغوب أو

غير محبوب. طريقة التجنبي تخصه ونابعة من صفاته وتاريخه ومخاوفه وتوقعاته وأفكاره. إنت ملكش علاقة بانسحابه وابتعاده وطريقة تواصله.

- خليك ذو مصداقية. مشكلة التجنبي إنه ما قدرش يثق في والديه أو في اهتمامهم ووجودهم، ما قدرش يعتمد عليهم. إنك تكون مستقر وثابت وذو مصداقية فإنت بتقدم له الأرضية اللي تساعده يمشي عليها ويخرج من نمطه. بس هو اللي لازم يخرج بنفسه.

- ما تضغطش عليه ولا تخنقه. هو بيخاف من الضغط والتطلب والتحكم والقمع. المساحة الشخصية والاستقلالية عنده مهمة جدًّا، كمان هو بطيء، بياخد وقته في القرب والحب، لو ضغطت عليه هيقفل منك ويهرب.

- خليك واضح مع نفسك واحتياجاتك وما تتنازلش عنها، ووصلها له بشكل واضح ومتفهم لطبيعته. عايز قرب أو وقت مع بعض أو اهتمام، عبر.

- افهم نمطه كويس واعرفه واعرف اللي بيستفزه وبيخوفه وبيخليه يهرب، واعرف طرق إطفائه وتواصله وتعامله مع التوترات والخلافات، واعرف احتياجاته. شوفه كما هو، وشوف هو قادر يقدم لك إيه بشكله الحالي، واختار بدون توقعات أو أوهام.

- طمن نفسك إن طبيعة شريكك وحياته مش مسؤوليتك ولا مسؤوليتك تغييره ولا تقدر، إنت فقط تستطيع أن تمنحه الأمان

والدعم والحب. إنت كمان مش مطالب تتحمل تصرفات مؤذية ولا تكيف حياتك عليها.

- حط حدود وأعلنها، واعرف حقوقك واللي منها حقك في الحب والاهتمام والتشارك والتواصل.

- اعمل علاقات صحية مع ناس كتير تقدر تقدم لك الدعم والمساندة وأنواع مختلفة من الحميمية والتواصل.

- إنت مسؤول عن نفسك وعن الجانب بتاعك في العلاقة بس. العلاقة ونجاحها وفشلها مسؤولية الاتنين.

- تجنب أنواع معينة من التهديدات أو الإنذارات، كلام من نوعية «اتغير ولَّا» على الأغلب لن يؤدي إلا لعدم حصولك على شيء، وبالعكس هروبه. مفيش حد يقدر يدوس على زرار ويتغير. كل اللي تقدر تعمله إنك تطلب منه يطلب مساعدة مختص وتقدم له الدعم. وفي البداية الاختيار لك، إما بالرحيل مبكرًا أو بعد ذلك.

- تجنب الخلافات على الأشياء الشخصية، وخليك حول الأشياء الموضوعية (إنت مش مهتم بيَّ، وإنت وإنت...). الأفضل تحدد احتياجاتك وتتكلم فيها (أنا عايز كذا وكذا) وتحلوها.

- خيره إنك مش عايز حب من بعيد. لازم تعرف درجة تحملك ولو ده تاعبك ارحل أو أخبره إنك مكمل بس مش هتشيل مسؤولياته بالنيابة عنه. لو هو مش قادر يستحمل الحب لازم يتحلى بالشجاعة وينهيه بنفسه. خد بالك ما تقفش في النص

وما تعرفش إنت بتعمل إيه وعايز تروح فين، ده وضع صعب، واتعلم إمتى تبقى لامكترث قليلًا، وده ممكن يساعدك إنك ما تديش كل قوتك في العلاقة.

- أعلن موقفك، واطلب شكل العلاقة اللي إنت عايزها ومسماها. مش عايز حب من بعيد أو علاقة بلا عنوان أو إنك تشيل عنه مسؤولياته أو تتنازل عن حقوقك، خد قرارك إنت بنفسك.

- إنك تكمل أو تمشي ده قرارك، مفيش حاجة أفضل من التانية، وفي كل الأحوال إنت محتاج تتعامل مع الواقع كما هو بدون أحلام أو توقعات غير واقعية.

علاج النمط القلِق (الأغلبية سيدات)

احتياجات النمط القلِق الأساسية هي الحميمية والقرب الشديد، ومخاوفه الأساسية هي الرفض والهجر والخيانة وعدم الاهتمام والإهمال والكذب. بتفتقد الثقة بالنفس والثقة بالآخر وتتوقع رحيله وخيانته وبتحاول منع ذلك إما بإرضائه والتعلُّق به أو الغضب العنيف والهجوم عليه. بتفتقد بشكل أساسي مهارات تنظيم المشاعر والتواصل وحل الخلافات.

هي بالأساس طفلة خائفة خاصة أثناء التوترات، ومعندهاش مهارات كافية لاحتواء خوفها والتعامل معه.

علاجها موجه للنقاط الأساسية والمحركة لها بهدف تحويلها إلى نمط آمن أو تقليل أضرار النمط والتعامل مع السلوكيات المدمرة للذات واللي بتحرمها من الشعور بالأمان والحميمية اللي عايزاهم.

أولًا: هي محتاجة تفهم طريقتها في العلاقات ونماذج تصرفاتها ومخاوفها وما يثيرها وردود أفعالها، وأيضًا عليها معرفة تأثير طفولتها على نظرتها لنفسها وللآخر وللعلاقات. ولازم تنمي القدرة على تكوين ذات ملاحظة تراجع الأفكار والانفعالات والتصرفات وفهم الاحتياجات والمخاوف والتوقعات.

ثانيًا: عليها فهم الأنماط الأخرى وطرق عملها وتفاعلاتها واحتياجاتها ومخاوفها وتوقعاتها، وتكوين ذات مواجدة ومتفهمة للآخرين وطبيعتهم.

هي محتاجة لعلاقة حقيقية مشبعة ومستقرة تقدم لها ما تحتاجه من حميمية وأمان، وتطمئن مخاوفها وتساعدها على التعامل مع عاداتها غير الفعالة واكتساب عادات جديدة، لذلك عليها البحث عن شريك من النمط الآمن.

العلاقة مع شخص من النمط الآمن هي أفضل فرصة لها لتحقيق علاقة مشبعة.

الآمن مش خايف من الحميمية، والأقل تلاعبًا والأفضل في احتواء الآخر وتهدئته.

هي عايزة حميمية وقرب، والآمن مستريح مع الحميمية والقرب وما بيخافش منهم.

هي حساسة لأي علامة رفض وأي تقلبات، وهو مستقر وثابت. هي بتلاقي صعوبة في التعبير عن رأيها وبتستخدم سلوكيات احتجاج بدلًا من التواصل الفعال والمباشر، وهو مهتم ومتفهم وبيساعدها تنفتح وتتعلم طرق مباشرة أكتر.

محتاجة تتطمن، وهو سعيد بتقديم التطمينات مبكرًا.

محتاجة اهتمام واحتواء، وهو قادر يقدمهم بسهولة.

هي عايزة تعرف مكانها ووضعها إيه في العلاقة، وهو سعيد بوضع عنوان للعلاقة والالتزام ويخليها رسمي.

هي محتاجة تتعلم تكتشف النمط التجنبي بدري. في النهاية قرار الاستمرار من عدمه يرجع لها، لكن على الأقل فهم طبيعة العلاقة مع التجنبي لضبط التوقعات والتعامل معها.

عليها تعلم الثقة بالنفس وفهم استحقاقها وأهميتها وقيمتها.

على أصحاب النمط القلِق تعلم تنظيم المشاعر واحتوائها بأنفسهم، وتعلم طرق تهدئة الذات والاسترخاء، ودي مهارات كتيرة ومتنوعة ومحتاجة تدريبات كتيرة. تنظيم المشاعر يكاد يكون أهم جزء في علاج النمط القلِق والنمط الخائف.

أيضًا على النمط القلِق التواصل مع الذات، وتعلم القدرة على التواصل المباشر مع الآخر، والتعبير عن احتياجاتهم ومشاعرهم بطريقة مباشرة.

أيضًا عليه تعلم طرق حل الخلافات والتعامل مع الغضب وفهم الأحداث من وجهة نظر الآخر وعدم التصعيد.

عليه تعلم أن يكون أكثر أصالة وتلقائية وتوكيدية.

لو إنتِ من النمط القلِق:

● اتعلمي تهدي نفسك.

● اتعلمي تعرفي نفسك، واعترفي باحتياجاتك ومخاوفك الزيادة واعتماديتك العاطفية وأزمتك وانفعالاتك.

- اتعلمي تتواصلي مع مشاعرك واحتياجاتك بشكل مباشر، واعرفي إنهم زيادة عن الطبيعي.

- حطي توقعات واقعية، زي إن الآخر مش هيقدر يشبع احتياجاتك طول الوقت.

- خليكي صبورة مع نفسك ومع الآخر. العلاقات محتاجة وقت.

- خدي بالك من ردود أفعالك وتخميناتك، واشتغلي على أخطاء التفكير.

- حبي نفسك واتعاطفي معاها ومع طبيعتها واحتياجاتها.

- اشتغلي على الاستقلالية، وحددي لنفسك هدف أو هواية أو طموح وأصدقاء وعمل مش مرتبطين بشريك الحياة، ووسعي مصادر إشباع احتياجاتك للحميمية والأمان والاهتمام والاحتواء.

- طوري نفسك وهواياتك وهدفك في الحياة، وما تتمحوريش حول الآخر أو العلاقة، وإدي للآخر مساحة للتنفس.

- اسمحي للخلافات وما تخافيش منها. الخلافات طبيعية ومهمة. واتعلمي الهدوء والحل والتفاوض.

- اتعلمي تبقى توكيدية وتحطي حدود وتدافعي عنها، واتعلمي تحافظي على حدودك وحقوقك، وإمتى تقدمي تنازلات وإمتى لأ. بلاش تنازلات على حساب نفسك لإرضاء الآخرين.

- اتعلمي تعبري كويس وتكوني حقيقية. خليكي طبيعية وتلقائية وما تبقيش مزيفة عشان تعجبي أو ترضي حد.

- اتعلمي تدي نفسك التصديق والتأكيد لمشاعرك واحتياجاتك، واقبلي وجودهم وطبيعتهم الزيادة.

- اتعلمي المواجدة مع الآخر وفهم الأمور من وجهة نظره، وخاصة أثناء الخلافات أو أثناء قلقه وتوتره وضغوطه وقدراته على إشباع احتياجاتك واحتياجاته.
- شوفي بتتعاملي إزاي. ردود أفعالك. شوفي اللي بيثير مخاوفك وبيوترك واتعلمي تتحكمي فيهم.
- ما ترميش قلقك وغضبك وتوترك على الآخر وتتهميه.
- ما تقلليش من نفسك ولا اللي تستحقه، واتعلمي تثقي فيها.
- بلاش مقارنات.
- ما تقبليش بالمعاملة السيئة.
- لازم تلاقي حل للغضب والغيرة والتعلُّق الزيادة والتطلب العاطفي.
- ما تفترضيش إن الآخر بيقرا أفكارك. الاهتمام بيتطلب عادي.
- ما تجيش على نفسك ولا على معاييرك للعلاقة أو للآخر أو من استحقاقك.
- ما تبرريش للآخر سلوكياته السلبية.
- ما تكتميش مشاعرك.
- عبري عن اللي مضايقك.
- اتعلمي تطمني وتهدِّي وتحتوي نفسك.
- ما تخافيش من إنك تتشافي اعتمادية أو متطلبة وتلغي احتياجاتك وما تعبريش عن اللي مضايقك.
- خدي بالك، إنتِ بتتشدي للتجنبيين.
- من بداية العلاقات اعرفي التجنبيين بسرعة، وخليكي دوغري

معاهم وأعلني اللي عايزاه. ولو العلاقة مش هتنفعك ابعدي من الأول أفضل قبل أي تورط عاطفي.

- اطلبي مساعدة مختص.

لو إنت في علاقة مع حد من النمط القلِق:

- اتعلم نمطها واقبل طبيعتها.

- اسمع لها ولاحتياجاتها وتشاركوا في التعبير عن مشاعركم.

- انفتح عليها وكلمها كتير وافتح قلبك.

- اعمل مناسبات خاصة.

- خليك حاضر عاطفيًا وجسديًا.

- أكد خبراتها العاطفية وحط نفسك مكانها.

- قضي وقت كويس معاها.

- طمنها كتير وقول لها كلام حب.

- اهتم وانتبه واحتوي.

- اتصل بيها كتير طول اليوم.

- عبر عن التزامك وأكد عليه.

- طمنها إنك أمانها.

- اسألها عن تفاصيلها اليومية.

- بلاش تحتقر أو تقلل من مخاوفها.

- خليك دوغري وواضح وأمين وصادق معاها.

- خليك فاهم نمطك إنت كمان.

- محتاج تعمل حاجات تساعدها تحس بالأمان.

- إديها تطمينات مستمرة إنك هتهتم.

- خليك ثابت مش مذبذب.
- التزم بعهودك والتزاماتك.
- شجعها على الوعي بنفسها.
- أثناء الخلافات اقف مكانك، كل ما هتهرب كل ما هتطاردك.
- حط حدود واضحة بشكل محب، عشان تفهم دورها في المشاكل.
- ادخل في العلاقة وخليك مندمج عاطفيًا. القَلِقة زي الثقب الأسود، عايزة اهتمام وحب وما بتشبعش، وده بيخليك عايز تهرب، لكن الهروب من الثقب الأسود صعب، هتخليه يتوحش ويتوسع.
- مارس التواصل الجسدي والأحضان كتير لحد ما تهدا.
- ساعدها تثق بنفسها، تتعامل مع المواقف وعصبيتها، تبقى حقيقية، تعبر كويس، تطلب، تستقبل، تواجه مخاوفها، تطمن، تعرف تحتوي نفسها وتهدا.
- اسمع واستجيب لاحتياجاتها.
- طمنها وإنت خارج أو مسافر.
- خليك قريب وممكن الوصول ليك.
- احتويها وادعمها واسندها.
- اصبر عليها وهي خايفة.
- إوعى تسخر من مخاوفها ومشاعرها أو تقلل منها حتى لو مش عقلانية.
- إوعى تستغل قلقها ضدها أو تحرجها أو تهينها أو تضايقها.

- إوعى تتجاهلها وهي بتحاول توصل لك.
- إوعى تلف وتدور وبلاش غموض وكدب.
- إوعى تهدد بالرحيل أو الطلاق أو الانفصال أو معرفة حد تاني.
- إوعى تهملها وتتجاهل قربها.
- إوعى تسيبها غضبانة بدون احتواء.

علاج النمط التجنبي الخائف (الأغلبية سيدات)

أصحاب النمط ده خليط من النمط التجنبي والنمط القلِق، وهم نتاج صدمات في الطفولة. جوهر مشكلتهم هو الرغبة المتناقضة في القرب والبعد، خوفهم من الحب ومن الرفض ومن الوحدة والهجر. وما يميزهم هو تقلبات المشاعر القوية والحادة والمفاجئة والغضب الشديد. علاقاتهم قصيرة وكثيرًا ما تكون سامة.

على أصحاب هذا النمط العمل بشكل مستمر على تنظيم المشاعر والمتانة النفسية والتحكم في الغضب.

عليهم أيضًا اكتساب الثقة بالنفس والآخرين، واكتساب طريقة جيدة للتواصل.

عليهم تغيير أفكارهم بخصوص الذات والآخر والعلاقات.

لو إنتِ من النمط التجنبي الخائف:

- من الأفضل العمل مع مختص لحل أزمات الطفولة.
- كتابة قصتهم وفهم النمط الخاص بهم.
- ممارسة تمرينات التيقظ والتأمل والاسترخاء بشكل منتظم.
- اتعلمي تهدي انفعالاتك وتحتويها.

- اعرفي احتياجاتك مع كل لحظة وخاصة أثناء التوترات.
- اتعلمي تتواصلي مع مشاعرك واحتياجاتك وتعبري عنها.
- دوري على شركاء آمنين.
- عبري عن مشاعرك ومخاوفك واحتياجاتك للآخر، ساعديه يبقى قاعدة أمانك.
- اتمرني على قبول التقلبات الطبيعية للعلاقات وإن فيها إيجابيات وسلبيات.
- حطي حدود واضحة وقوية.
- خدي وقت طويل جدًّا قبل ما تتصرفي بناء على انفعالاتك القوية حتى تهدئي وتحصلي على الحقائق.
- ما تتكلميش كتير عن صراعاتك الداخلية لحد ما تطمني للآخر. الانكشاف والتعري السريع ممكن يوترك ويخليكي تهربي.
- اتعلمي تثقي في الآخرين تدريجيًا.
- أثناء الخلافات والخوف من الرفض والهجر، امسكي في العلاقة واتمسكي بأرضك وما تجريش، واتوقعي إن انفعالاتك العاطفية اللي بتحصل هتحصل باستمرار بس ده مش معناه تتجاهلي الإساءات العاطفية أو العلاقات السيئة.
- اعرفي إيه اللي بيثير انفعالاتك وخاصة الخوف من الهجر، عشان تقدري تفرملي مشاعر الغضب أو القلق والخوف والتعلُّق.
- اشتغلي على إساءات الطفولة والفقد والتعافي منها.
- أظهري الحساسية تجاه مشاعر الآخرين والتناغم معهم.
- مارسي الشكر والامتنان.

- اتدربي على الإنصات الفعال.
- اتدربي على استخدام لغة الجسد بشكل جيد والتواصل البصري.
- العناق والقبل والأحضان واللمس مع الآخر بتزود التناغم والثقة.
- اخرجي من الحالة الدفاعية وخليكي منفتحة على الآخر.
- خليكي أمينة مع نفسك وشريكك بالاعتراف بطبيعتك.
- اتعاطفي مع نفسك واقبليها.
- زودي الوعي بالذات.
- عدلي طريقة تفكيرك ونظرتك للأمور.
- اتعلمي تلاحظي تصرفاتك وتفكري فيها.

لو إنت في علاقة مع حد من النمط التجنبي الخائف:

- على شريك الحياة إنه يبقى صبور ويفهم قدراته، وإنه ما يقدرش يغيرها ويحط حدود ويطمنها ويحتويها ويتواصل معها.
- خليك فاكر، إنت ما تقدرش تشيل عن الآخرين ألمهم. كل اللي تقدر تعمله هو إنك تكون موجود وتقدم الدعم والتطمين، إنك تكون قاعدة أمان لحد ما يشتغل على نفسه. لو عايز تستمر في العلاقة محتاج تعرف إنك هتتعرض لاختبارات منه وسلوكيات متعبة. هيشوف إنت هترفضه أو تؤذيه ولَّا لأ، لأنه مع الوقت بقى متوقع ده من الآخرين. لو أخدت السلوكيات على الظاهر أو بشكل شخصي هتتعب. مع المساعدة ممكن ينظم مشاعره وسلوكياته.
- احسب قدراتك على التحمل وعلى البقاء أو الرحيل.

كيف نختار علاقة صحية؟

عشان تعمل علاقة صحية ومشبعة وآمنة يقبلنا فيها الآخر كما نحن، إنت محتاج تعرف إنت عايز إيه ومش عايز إيه. هدف العلاقات هو الحميمية بكل مستوياتها، وعشان تحصل على علاقة تقدم ده محتاج علاقة توفر ثلاثة أشياء:

١- الحضور العاطفي: العلاقات هتحتاج نعتمد فيها عاطفيًّا على الآخر، وبالتالي محتاجينه حاضر ومتاح عاطفيًّا. أطراف العلاقة محتاجة تبقى منتبهة ومتقبلة ومستجيبة لاحتياجات بعض. لما يكون الآخر غير متاح أو غير موجود عاطفيًّا هنحس بالوحدة والرفض والهجر وهنشك في قيمتنا وذاتنا.

٢- ملاذ آمن: هنحتاج بشكل أو بآخر إلى التطمين والدعم والاحتواء. العلاقات الصحية بتبقى ملاذ لكل طرف لما يحتاج أو يتعب أو يكون في كرب. محتاجين حد نروح له ونتسند عليه لما نحتاج. عدم وجود ده هيخلينا ملناش حد نلجأ إليه وهيملانا الخوف وهنحس بالرفض.

٣- قاعدة أمان: عشان نعيش كويس محتاجين نطارد أحلامنا

ونحققها، ومش هنعرف نعمل ده وإحنا خايفين. العلاقات بتدي قاعدة أمان، الناس تطمن لوجودها ودفئها وحبها واهتمامها عشان تعرف تخرج تكتشف أحلامها وتحققها وهي مطمئنة.

اللي هيقدر يحقق ده هما الأشخاص اللي فيهم الصفات التالية:

- شخص آمن وناضج.
- محاور جيد.
- بيقدر ويحترم ويحب ويتقبل الآخر.
- مناسب لينا في صفاته واهتماماته وقيمه.
- مستعد لإقامة علاقة.

مهم نعرف نختار من البداية، ونبعد قدر الإمكان عن الأنماط غير المناسبة لينا، وأشهرها فخ القلِق والتجنبي.

الحفاظ على العلاقات وتطويرها

كويس إن العلاقات تبقى سعيدة ومشبعة ومتناغمة وداعمة وبتنمو، بس العلاقات محتاجة عمل من الطرفين. فشل العلاقات ممكن يحصل بسهولة، ولكن نجاحها محتاج طرفين مستعدين لإنجاحها.

كل طرف محتاج يكون:

- قادر على الانفتاح على الآخر: القدرة على فتح قلوبنا بتقربنا لبعض، وبتستدعي التعاطف والمواجدة والدعم والتفهم المهمين للعلاقات، وبتشجعنا إننا نتخلى عن دروعنا، وبتعزز الثقة والحميمية. الانكشاف المتبادل زيه زي كل شيء رايح جاي وهات وخد.

- التعاضد والتشارك: القدرة على الموازنة بين الاعتمادية والاستقلالية مهمة. إننا في العلاقة قادرين نعتمد على بعض بسهولة وقادرين على الاستقلال لما نحتاج. الموازنة هتمنع تحول العلاقة إلى جزر متباعدة أو علاقات تحكم وسيطرة أو ابتلاع وتماهي.

لكي تستمر العلاقة نحتاج:

١ - القدرة على التناغم: التناغم بيحصل بالتواصل اللفظي وغير اللفظي.

القدرة على التواصل اللفظي:

- عبر عن احتياجاتك ومشاعرك، وخليك واضح ومحدد.
- اطلب الدعم واحتياجاتك بشكل مباشر.
- مارس الاستماع الفعال.
- ما تلومش ولا تهاجم الآخر ولا تنتقده ولا تسخر من احتياجاته أو مشاعره.
- الحوار وقضاء أوقات جيدة معًا.
- تبادل المغازلات والتعبير عن الحب.
- خليك ممتن للعلاقة والآخر واكتب قائمة امتنان.

القدرة على التواصل غير اللفظي:

- التواصل الجسدي المستمر في هيئة أحضان وعناق وقبلات وتلامس.
- المشاركة في هوايات أو مشاريع أو خروجات أو اهتمامات.
- زيادة الجاذبية بالحفاظ على المظهر والصحة.
- أفعال تعبير عن الحب: حفلات، هدايا، خروجات...

٢ - امتلاك آليات صحية لحل الخلافات.

- خليك ملاذ آمن، الآخر يلجأ له ويشكي له.
- قدر الآخر واحترمه وخليك إيجابي ومنفتح.

- ركز في موضوع الخلاف.
- ممارسة الغفران والاعتذار.

خطوات الخروج من رقصة اللامكترث والقلِق

- على الطرفين أن يعلما أن خناقاتهم المتكررة هتتكرر مهما كان الحل لأنها نابعة من أنماطهم، وإن الحل مسؤوليتهم هما الاتنين. بدون قيام أي طرف بحل أزمته وفهمها لن يجدي أي حل فعال للرقصة.

- محتاجين يتحولوا للعلاقة الصحية باستخدام التواصل الفعال وأساليب حل الخلاف والمشاكل لتجنب التصعيد ومحاولة زيادة الحميمية مركزين على نقاط القوة.

- محتاجين يعرفوا إيه بالظبط اللي بيثير وينشط مخاوفهم عشان يلاقوا لها حلول ويتعلموا أساليب تهدئة واحتواء الذات وفهم احتياجات ومخاوف بعضهم البعض.

- تنمية الشعور بالمواجدة تجاه الآخر.

- كل طرف محتاج يعرف اللي بيشعله في الشجار وإيه اللي بيقفله ويخليه يبعد.

- كل الأطراف محتاجة تتعلم التواصل غير العنيف مع الآخر.

- كل طرف عليه أن يجعل من أهدافه رفاهية الآخر.

- إنتم الاتنين مش أعداء، بل شركاء في علاقة واحدة.

- العلاقة ممكن تستمر وتكون فعالة جدًّا لو الأطراف عندها رغبة حقيقية وقوية لإصلاحها.

- يجب على كل طرف أن يحترم حقوقه واحتياجاته ويعبر عنها بتوكيدية، وأن يحترم حقوق وحدود الطرف الآخر ويساعده على التعبير عنها.

- في حالة فشل الحلول لا يوجد ما يمنع من إعادة حسابات القرارات بالاستمرار أو الرحيل.

- على كل طرف تحمل مسؤولياته عن نصف العلاقة فقط نجاحًا وفشلًا دون الانهماك في قبول اللوم أو إلقاء اللوم على الآخر في لعبة مين الغلطان.

- على الطرف التجنبي الانفتاح على العلاقة والدخول فيها وإظهار الكثير من الاهتمام والتطمينات وقضاء وقت جيد مع الآخر.

- على الطرف القلِق عدم التمحور حول العلاقة وصنع اهتمامات أخرى، عمل وهوايات وأصدقاء، وضبط توقعاته من ناحية الاهتمام والانتباه.

خاتمة

هذا الكتاب كُتب بحب. حرصت فيه أن يكون من القلب إلى القلب. يُقال إن واحدًا من أعمق احتياجاتنا هو أن نجد من يفهمنا ويسمعنا ويرانا، وهذا ما حرص عليه الكتاب؛ أن يرسل رسالة لك: «أنت مفهوم ومحسوس ومتشاف».

هدف الكتاب أن نفهم أنفسنا، ومن نحبهم، حتى نستطيع أن نساعد أنفسنا ونساعدهم، لا أن نقوم بتشخيص الآخرين أو التنمر عليهم أو استغلالهم. لذلك، كُن حريصًا على أن ترسم لنفسك خريطة حب، وأن تفهم خرائط حب الآخرين، علّنا نجتمع مع من نحب في خريطة واحدة مفهومة لعلاقة قوية ومشبعة.

مراجع

BAIM Clark and Tony MORRISON, *Attachment-Based Practice with Adults: Understanding Strategies and Promoting Positive Change*, 2013.

BECKER-PHELPS Leslie, *Insecure in Love: How Anxious Attachment Can Make You Feel Jealous, Needy, and Worried, and What You Can Do About It*, 2014.

BEEBE Beatrice and Frank M. LACHMANN, *The Origins of Attachment: Infant Research and Adult Treatment*, 2013.

BENAMER Sarah and Kate White (eds). *Trauma and Attachment*. 2008.

BOWLBY John, *Attachment and Loss*. Vol. 1: *Attachment*, 1969. Vol. 2: *Separation: Anxiety and Anger*, 1973. Vol. 3: *Loss: Sadness and Depression*, 1980.

BOWLBY John, *A Secure Base: Parent-Child Attachment and Healthy Human Development*, 1988.

BOWLBY Richard, *Fifty Years of Attachment Theory: The Donald Winnicott Memorial Lecture*, 2004.

CASSIDY Jude and Phllip R. SHAVER (eds), *Handbook of Attachment: Theory, Research, and Clinical Applications*, 2016.

CLULOW Christopher (ed.), *Sex, Attachment and Couple Psychotherapy: Psychoanalytic Perspectives*, 2009.

CUNDY Linda (ed.), *Anxiously Attached: Understanding and Working with Preoccupied Attachment*, 2017.

DANIEL Sarah I. F., *Adult Attachment Patterns in a Treatment Context: Relationship and Narrative*, 2015.

DIAMOND Diana, Sidney J. BLATT and Joseph D. LICHTENBERG (eds), *Attachment and Sexuality*, 2007.

FIRESTONE Tamsen and Robert W. FIRESTONE, *Daring to Love: Move Beyond Fear of Intimacy, Embrace Vulnerability, and Create Lasting Connection*, 2018.

HART Susan, *The Impact of Attachment*, 2006.

HOLMES Jeremy, *John Bowlby and Attachment Theory*, 2014.

HOLMES Jeremy, *Exploring in Security: Towards an Attachment-Informed Psychoanalytic Psychotherapy*, 2010.

HOLMES Jeremy, *The Search for the Secure Base: Attachment Theory and Psychotherapy*, 2001.

LEVINE Amir and Rachel Heller, *Attached: Are You Anxious, Avoidant or Secure? How the Science of Adult Attachment Can Help You Find - and Keep - Love*, 2010.

MARRONE Mario, *Attachment and Interaction: From Bowlby to Current Clinical Theory and Practice*, 2014.

MCKINSEY CRITTENDEN Patricia, *Raising parents: Attachment, Representation, and Treatment*, 2016.

MCKINSEY CRITTENDEN Patricia and Andrea LANDINI, *Assessing Adult Attachment: A Dynamic-Maturational Approach to Discourse Analysis*, 2011.

MIKULINCER Mario and Phillip R. SHAVER, *Attachment in Adulthood: Structure, Dynamics, and Change*, 2016.

MULLER Robert T., *Trauma and the Avoidant Client: Attachment-Based Strategies for Healing*, 2010.

ODGERS Andrew, *From Broken Attachments to Earned Security: The Role of Empathy in Therapeutic Change*, 2014.

POWELL Bert, Glen COOPER, Kent HOFFMAN, and Bob MARVIN, *The Circle of Security Intervention: Enhancing Attachment in Early Parent-Child Relationship*, 2014.

PRIOR Vivien and Danya GLASER, *Understanding Attachment and Attachment Disorders: Theory, Evidence and Practice*, 2006.

RAPSON James and Craig ENGLISH, *Anxious to Please: 7 Revolutionary Practices for the Chronically Nice*, 2006.

RICHO David, *Daring to Trust: Opening Ourselves to Real Love and Intimacy*, 2010.

TATKIN Stan, *Wired for Love: How Understanding Your*

Partner's Brain and Attachment Style Can Help You Defuse Conflict and Build a Secure Relationship, 2011
YELLIN Judy and Kate White (eds), *Shattered States: Disorganized Attachment and its Repair*, 2012.

عن المؤلف

الدكتور ماهر عبد الحميد، استشاري الطب النفسي، تخرج في كلية الطب جامعة المنيا، حاصل على الزمالة العربية في الطب النفسي. اشتُهر بكتاباته النفسية المبسَّطة على منصات التواصل الاجتماعي في مجال الطب النفسي والعلاقات الإنسانية وفهم النفس البشرية بشكل يساعد على تطوير الذات وتنمية الوعي بأهمية الصحة النفسية.